Werner Kuchar

Ein Gott für Groß und Klein

Modelle für gemeinsame Gottesdienste
von Jung und Alt in der Gemeinde
Lesejahr B

Werner Kuchar

Ein Gott für Groß und Klein

HERDER

FREIBURG · BASEL · WIEN

www.herder.de

Umschlaggestaltung Finken & Bumiller
Titelbild: Samuel Buri, Lichtbrücke (Fondation Beyeler, Riehen)

Herstellung: fgb · freiburger graphische betriebe
www.fgb.de

Gedruckt auf umweltfreundlichem,
chlorfrei gebleichtem Papier
ISBN 3-451-27885-5

Inhalt

Vorwort 7

WEIHNACHTSFESTKREIS
1. Advent: Türhüter 11
2. Advent: Ein neuer Anfang 15
3. Advent: Auf der anderen Seite 19
4. Advent: So klein und schon so groß 23
Weihnachten – In der Heiligen Nacht: Am Tiefpunkt 27
Sonntag in der Weihnachtsoktav: Überraschungsgäste 31
Erscheinung des Herrn: Wo sind die Geschenke geblieben? 35

OSTERFESTKREIS
Ostersonntag – Messe am Tag: Aufgeräumt 39
2. Sonntag der Osterzeit: Schmucknarben 42
3. Sonntag der Osterzeit: Vampirgeschichten 46
4. Sonntag der Osterzeit: Hirtenbrief 50
5. Sonntag der Osterzeit: Früchtchen 54
6. Sonntag der Osterzeit: Liebe 58
Christi Himmelfahrt: In den Himmel wachsen 62
7. Sonntag der Osterzeit: Jesus betet 65
Pfingstsonntag: Lebensatem 69

SONNTAGE IM JAHRESKREIS
1. Zufall 73
2. Wo wohnst du? 76
3. Zebedäus 80
4. Das unselige »man« 84
5. Familienfieber 87
6. Zweischneidiges Schwert 91
7. Partytypen 95
8. Flickwerk 99
9. Sabbat ist Sabbat 103
10. Familienstammbaum 107
11. Wie ein trockener Schwamm 111
12. Was im Sturm einschläft 115

13. Schneewittchen und der Märchenprinz 119
14. Woher hat er das alles? 122
15. Wanderstab 126
16. Los komm, hinterher! 130
17. Fest der fünf Gerstenbrote 134
18. Jesus im Sommer 138
19. Die sieben Sachen 142
20. Wirklich 146
21. Judasse 150
22. Hübsche Fassade 154
23. Appetit auf Leben 158
24. Gespaltene Doppelgänger 162
25. In einer bizarren Welt 166
26. Greenaways Erntealtar 170
27. Drahtseilakt 174
28. Kamele wie wir 178
29. Zwischen zwei Stühlen 182
30. Mantelsonntag 186
31. Aller guten Dinge sind drei 190
32. Fingerabdrücke im Opferkasten 194
33. Countdown 198
34. Die Königswürde erlangen 203

Vorwort

»Höre, Israel, unser Gott, Jahwe ist einzig.« Es gibt nur einen Gott. *Einen* Gott für Große und Kleine. Und doch lässt unser Gottesdienstfeiern manchmal die Großen nach Hause gehen mit dem Gedanken: Das war heute nur für Kinder – da kam mein Gott nicht vor. Meistens aber sind es die Kleinen, die schon im Sonntagsgottesdienst alles langweilig finden; das ist ihre Art zu sagen: Das ist heute wieder mal nur für die Erwachsenen – mein Gott kommt da nicht vor.

Es sieht so aus, als gäbe es *zwei* Götter: einen für die Großen und einen für die Kleinen. Dieser Eindruck entsteht, weil sich das Gottesbild des Menschen wandelt und entwickelt. Ein Kind von sechs Jahren hat von Gott eine andere Vorstellung als ein Mensch im reifen Alter von sechzig Jahren.

Dennoch möchte jeder Gläubige, ob klein oder groß, in seinem religiösen Entwicklungsstadium und mit seiner Gottesvorstellung wahrgenommen und ernst genommen werden. Das betrifft vor allem die Feier der Liturgie.

Nach dem Zweiten Vatikanischen Konzil haben sich viele Formen des gottesdienstlichen Feierns herausgebildet; man bleibt auch weiterhin auf der Suche, *jedem* und *jeder* Gläubigen in seinem / ihrem Bedürfnis und Verstehenshorizont gerecht zu werden. Mit der Formulierung, die Riten »seien der Fassungskraft der Gläubigen angepasst« (SC 34), hat es die Konstitution über die Liturgie niemandem leicht gemacht, aber sie hat die Fenster geöffnet für eine Suche in dieser Richtung.

»Die Seelsorger«, betonen die Konzilsväter an anderer Stelle, »sollen eifrig und geduldig bemüht sein um die liturgische Bildung und die tätige Teilnahme der Gläubigen, die innere und die äußere, je nach deren Alter, Verhältnissen, Art des Lebens und Grad der religiösen Entwicklung.« (SC 19) Damit ist an die konkrete Seelsorge vor Ort der deutliche Auftrag ergangen, nicht alle über einen Kamm zu scheren – gerade nicht in der Feier der Liturgie.

Zu den vielen Facetten, die der Gottesdienst inzwischen erhalten hat – aus dem Bemühen heraus, dem Auftrag des Konzils nachzukommen –, fügt dieses Buch eine weitere hinzu. Sein Leitfaden: Liturgie als »Dienst Gottes an der Gemeinde« betrifft die *ganze* Gemeinde, und als »Dienst der Gemeinde vor Gott« (beide Zitate v. P. Brunner) feiert und verehrt sie *einen* Gott. Kinder sollen sich im Sonntagsgottesdienst der Gemeinde genauso wohl fühlen wie Erwachsene. Sie sollen sich in ihrem Gottesbild verstanden wissen und ihr Glaubensverständnis einbringen können.

Um Erwachsene braucht man sich in dieser Beziehung eher wenig Sorgen zu machen. Die Hochform der Liturgie, die Feier der Eucharistie, ist – da machen wir uns nichts vor – für Erwachsene gedacht. Deshalb konzentriere ich mich auf einen m. E. sinnvollen Anteil für Kinder innerhalb der Eucharistiefeier: Kinder brauchen Phantasie und Kreativität. Viele Inhalte erschließen sich ihnen nicht über das Wort, sondern über die Hand. Deshalb legt wenigstens ein festes Element im Sonntagsgottesdienst Wert auf die Hände der Kinder. Sie dürfen nicht nur »etwas tun«, sondern leisten einen Beitrag. Als dieses Element habe ich (überwiegend) die Fürbitten ausgewählt. Die Bitten wenden sich direkt an Gott, sie sind Gebete, die für andere etwas Gutes tun. Mit den Handlungen, die die Kinder in diesem Rahmen ausführen, kommunizieren auch sie direkt mit Gott und tun dazu für andere etwas Gutes. Auch für sich selbst. Ebenfalls in diesem Rahmen wird die Auslegung des Evangeliums, die ja unmittelbar vorausgeht, auf einer ganz anderen Ebene lebendig. Aus dem Thema der Auslegung leiten sich die Fürbittgedanken ab.

Weil auch die Kinder mit »ihrem Gott« vorkommen, gewinnt das Gottesbild, das aus der Liturgie spricht, eine in jedem Fall größere Dimension, als es die übliche, vorgeschriebene Liturgie ermöglicht. So gelingt es auch, voneinander zu lernen, manche verschüttete Phantasie und Kreativität bei den Erwachsenen wieder zu wecken und bei den Kindern einen nächsten Schritt auf ihrem Glaubensweg anzuregen.

Der Weg, den dieses Buch geht, wurde über einen Zeitraum von zwei Jahren in einem kleinen niederbayrischen Pfarrverband mit ländlichen, teils städtischen Strukturen vorangegangen. Inzwischen gehören die Elemente für unsere Kinder zum festen Bestandteil unserer Sonntagsgottesdienste. Kinder und Jugendliche haben die bilderreiche Sprache der Schriftauslegung schätzen gelernt, Erwachsene sind gespannt auf die kreativen Teile, die das Wort auch für sie ergänzen und vertiefen.

Selbstverständlich erreicht auch dieser Weg nicht *alle*. Er wird auch nicht *immer* gegangen. Obwohl das vorliegende Buch möglichst viele Sonn- und Festtage ausgestaltet, wurden nicht alle Elemente in allen unseren drei Pfarreien umgesetzt. Mal da, mal dort, aber immer irgendwo – das ist unser Motto. Einige wenige Vorschläge (ehrlichkeitshalber!) sind erst für das Manuskript entstanden.

Auch Pausen sind notwendig. Die große Pause ist die Fastenzeit, in der die Liturgie insgesamt etwas schlichter gehalten ist.

Die Gottesdienstteile können so, wie sie abgedruckt sind, übernommen werden. Eigentlich aber stellen sie Anregungen dar. Jede Gemeinde hat andere Bedürfnisse. Auch die Evangelien enthalten noch mehr und andere Sinnspitzen als die, auf die sich die Auslegungen in diesem Buch konzentrieren. Die Modelle sollen zeigen: Jeder Gedanke bietet die Möglichkeit, Wort und Hand zu verbinden – und damit *einen* Gott für Groß *und* Klein zu feiern.

Hinweise zum Aufbau

Einführung

Einführung und Kyrie enthalten hin und wieder bereits kreative Elemente, die später in den Fürbitten noch einmal Verwendung finden. Alle Materialien, die für das gewählte Thema benötigt werden, sind jedoch bei den Fürbitten direkt angegeben.

Kyrie

Kyrie-Texte sind fakultativ.

Lesungstexte

- Aus den angegebenen Texten des Alten bzw. Neuen Testaments habe ich eine Lesung ausgewählt, die mir für das Thema besonders passend erschien. Nur im Notfall ist eine Perikope angegeben, die nicht in der Leseordnung vorgesehen ist.
- *für Kinder:* Zusätzlich zu den biblischen Lesungen ist ein Kinderbuch oder eine Geschichte vorgeschlagen und inhaltlich kurz skizziert, die das Thema für die Kinder noch einmal unterstreicht.

  Einsatzmöglichkeiten für die Lesung »für Kinder« gibt es viele: anstelle einer zweiten Lesung im Gottesdienst, vorbereitend oder nachbereitend im Religionsunterricht oder im Kindergarten, als Kopie zum Vorlesen und Selberlesen zu Hause, als Vorschlag für Eltern, Lehrer und Erzieher, die eine gute »Kinderbibliothek« anlegen möchten (dazu liegt das betreffende Buch für die Zeit nach dem Gottesdienst im Kirchenraum auf; kleine Handzettel zum Mitnehmen enthalten die nötigen Informationen für alle Interessierten).
- Das Evangelium ist die Richtlinie für das Thema und sollte nach Möglichkeit den ganzen Gottesdienst durchziehen, auch in den Einleitungen zu VaterUnser und Friedensgruß und beim Segen.

Fürbitten

- *Die Idee:* Was als »Idee« angegeben ist, sollte in kurzen, eigenen Worten den Fürbitten vorausgeschickt werden, damit Kinder und Gesamtgemeinde sich darauf einstellen können, was folgt.
- Alle Materialien und sonstigen Vorbereitungsmaßnahmen sind gesondert und ausführlich beschrieben.
- Die Rahmengebete zu den Fürbitten spricht der Priester, die Bitten selbst können von LektorInnen oder von Kindern gelesen werden. Ein Mitglied der Vorbereitungsgruppe oder der Priester selbst übernimmt die weiteren Hinweise (die »Regieanweisungen« für die Kinder).
- Ein möglicher Gebetsruf, auf den die Gemeinde mit »Wir bitten dich, erhöre uns« antworten kann, ist jeweils am Ende der ersten Bitte angefügt.

1. ADVENT
Türhüter

Einführung

- *Es ist notwendig, vor Beginn des Gottesdienstes zusammen mit den Ministranten am Portal zu warten und alle Besucher mit Handschlag zu begrüßen.*

Sie sind heute nicht einfach nur in die Kirche hineingegangen. Sie sind eingetreten in den ersten Advent, in ein neues Kirchenjahr. Deshalb sind Sie heute ganz besonders empfangen worden. Wieder ein Jahr erwartet uns, mit Adventskranz und bald mit Christbäumen, mit Osterfeuer und Fronleichnamsprozession, mit Taufwasser, Eheversprechen und Sterbegebeten, mit den weißen Kleidern der Erstkommunionkinder und den gespannten Gesichtern der Firmlinge. Unsere Kirche wird sich verändern und fast jede Woche ein anderes Gesicht zeigen.
Viele Menschen werden daran beteiligt sein, der Kirche ihr immer neues Gesicht zu geben. Alle haben ihre Aufgabe, Kinder und Erwachsene. Wollen wir das kommende Kirchenjahr mit all seinen Ereignissen, öffentlichen wie privaten, vorhersehbaren und unerwarteten, vor Gott tragen. Er möge uns bei unseren Aufgaben behilflich sein.

Kyrie

- Du hast uns in die Welt gestellt. Herr, erbarme dich.
- Du hast jedem seine Aufgabe zugedacht. Christus, erbarme dich.
- Du wirst uns überraschen mit deinem Kommen und uns hoffentlich wachsam vorfinden. Herr, erbarme dich.

Lesungstexte

- 1 Kor 1,3-9
- *für Kinder:* Ausschnitte aus »Adam der Gaukler« von Edda Reinl, Innsbruck (Tyrolia) 1997 *(Adam, der Gaukler, wird von Mönchen vor dem Erfrieren gerettet und in das Kloster aufgenommen. Dort gelingt es ihm, die Mönche entgegen ihrer Erwartung von seiner Berufung, seiner Lebensaufgabe als Gaukler zu überzeugen.)*

- Mk 13,33-37

Predigt

Liebe Gemeinde, verehrte Gäste.

Vor der Disco stehen sie manchmal noch und schauen düster, diese Muskelpakete mit Goldkettchen und verschränkten Armen. Auch vor feinen Hotels erster Klasse stehen sie, in samtenen Livrées, leicht gelangweilt und immer offen für größere Trinkgelder. Die einen heißen grob »Gorillas«, die anderen eher abschätzig »Boys«. Beiden möchte man nicht unbedingt in die Arme laufen, so als Normalbürger. Sogar der Boy im Hotel ist eigentlich nur wenn ein Rolls Royce vorfährt, so richtig erfreut. Wer heutzutage beruflich vor einer Tür steht, will meist nur wen abhalten, nicht wen einladen, so scheint es.

Sie haben sich gewundert, warum ich an der Tür gestanden habe. Ist ja sonst nicht üblich. Vielleicht war es Ihnen auch gar nicht recht; einfach zu viel der Aufmerksamkeit. Vielleicht hatte das für Sie etwas von Kontrolle, ganz so, wie in manchen Geschäften die Verkäufer auf einen losstürzen und sich von der Hilfestellung beim Einkauf gar nicht mehr abbringen lassen. So einen Laden hat man schnell wieder verlassen – und man kommt so schnell nicht wieder.

So weit sind wir heute also schon: Lieber unbeachtet kommen, lieber ungestört ein wenig schauen und hören, lieber unbemerkt wieder gehen – als hofiert und gegängelt zu werden, als umsorgt und ausgenommen zu werden, als umarmt und erdrückt zu werden. Unsereins geht eher auf Distanz, weil alle bloß nehmen statt zu geben. Die, die so ausschaun, als würden sie geben, sind die Schlimmsten im Nehmen.

Man hätte unser Evangelium vielleicht umschreiben sollen. Der Mann, der auf Reisen geht, ernennt einen Türhüter. Aber das ist nur ein Beispiel. Er überträgt auch noch viele andere Aufgaben, von denen wir so direkt nichts erfahren. Wir können es uns denken: Jesus hätte auch mit einem Schatzmeister weitererzählen können. Geld zu hüten, Aktienmärkte zu beobachten, Immobilien zu vermarkten oder einfach nur die Zinsen am Bankkonto zu zählen – das wäre doch was für unsere Zeit. Sie wissen, da gibt es tatsächlich dieses Gleichnis von den Talenten Silbergeld, die ein Mann, der auf Reisen geht, unter seinen Dienern aufteilt (Mt 25,15-30). Da heißt der Auftrag eher: »Seid fleißig! Denn ihr wisst nicht, wann der Hausherr kommt, ob bei Inflation oder Deflation, ob vor oder nach dem Euro. Er soll euch, wenn er plötzlich kommt, nicht untätig antreffen.«

Das Gleichnis von den Talenten steht in einem anderen Buch – bei Matthäus (und nur dort!). In wieder einem anderen, bei Lukas (und nur dort!), steht das Gleichnis vom Feigenbaum, der keine Frucht trägt (Lk 13,6-9). Der Gutsherr hätte ihn längst umhauen lassen, wenn nicht ein Gärtner Sorge tragen würde. Auch ein Gärtner wäre ein sinnvoller Beruf, nicht so angesehen wie ein Schatzmeister, aber nützlich allemal. »Seid also sorgsam! Denn ihr wisst nicht, wann der Gutsherr kommt, ob im Winter oder im Frühling, ob zu einer Dürre oder einer Überschwemmung. Er soll euch, wenn er plötzlich kommt, damit beschäftigt finden, den Garten vor Schaden zu bewahren.«

Wollen wir noch kurz in das vierte Evangelium schauen, ob auch hier (und nur dort!) ein ganz eigener Vorschlag zu lesen ist: Da ist es wie mit einer Schwangeren, die eine Zeit der Schmerzen auszuhalten hat, bis das Kind zur Welt kommt, und dann denkt sie daran nicht mehr. So haben jetzt die Jünger eine Zeit der Schmerzen, bis der Menschensohn wiederkommt, und eine Zeit der Freude anbricht (Joh 16,21-24). Mutterschaft ist heutzutage viel zu verkannt als Beruf. Aber es ist doch eine wichtige Aufgabe. Wenn nicht *die* Aufgabe schlechthin. »Seid also geduldig wie Mütter! Denn ihr wisst nicht, wann der Stammhalter kommt, ob unterwegs oder spät nachts, ob schnell und unkompliziert oder nur durch schwere Eingriffe. Er soll euch, wenn er plötzlich kommt, mit dem Schutz des Lebens beschäftigt finden.«

Der Türhüter, eine Aufgabe, die bei Markus (und nur dort!) zugeteilt wird, ist nicht allein zurückgeblieben im Hause Gottes. Der Schatzmeister des Matthäus lebt mit ihm zusammen unter einem Dach, der Gärtner des Lukas und die Mutter des Johannes. Das Dach, unter dem sie wohnen und auf das Kommen des Herrn und Menschensohnes warten, heißt Neues Testament. Auf den Säulen der Evangelien ruht unser christlicher Glaube. Wenn schon der Schatzmeister so gut ist, Geld zu vermehren, wenn schon der Gärtner so gut ist, auch den scheinbar nutzlosen Gewächsen eine Chance zu geben, wenn schon die Mutter alles auf sich nimmt, um dem Kind das Leben zu ermöglichen, dann kann der Türhüter doch nicht der Böse sein.

Er möchte doch nicht so anfangen, wie es letzte Woche aufgehört hat, und sagen müssen: »Herr, wann habe ich dich hungrig oder durstig oder obdachlos oder nackt oder krank oder im Gefängnis gesehen und habe dir nicht geholfen?« Er wird wachsam sein, um für den Geringsten das zu tun, was er für seinen Hausherrn tun würde. »Seid also wachsam! Denn ihr wisst nicht, wann der Hausherr kommt, ob als Bettler oder Kind, ob als Wanderer oder Flüchtling. Er soll euch, wenn er plötzlich kommt, nicht abweisend antreffen.«

Vielleicht verstehen Sie den Türhüter jetzt besser. Er heißt nicht grob »Gorilla« oder abschätzig »Boy«; er könnte anerkennend »der Einladende« heißen. Und wenn Sie sich immer noch nicht mit ihm identifizieren können – macht nichts. Im Hause Gottes wohnen noch mehr Menschen. Vielleicht sind Sie eher der Schatzmeister, »der Fördernde« – oder der Gärtner, »der Bewahrende« – oder die Mutter, »die Annehmende«. Ich wünsche Ihnen, Ihre Aufgabe zu finden und wahrzunehmen in dieser adventlichen Zeit, bis der Hausherr kommt, als Kind in der Krippe.

Fürbitten

- *Die Idee: Die verschiedenen Bewohner im Hause Gottes haben wir eingeladen, dass sie uns bei unseren Bitten unterstützen.*
- *4 verschiedene Sprecher; aufstellbare, noch geschlossene Tür, dahinter ein Tisch mit: Schatztruhe und einige Schokoladenmünzen; Harke und Gartenschere, dazu einige kleine Blumentöpfchen mit Gras oder Kresse; Suppenfläschchen und Schnuller, dazu kleine Spielsachen; kleine Schokoladentäfelchen. Die Kleinigkeiten zum Verschenken sind zunächst abgedeckt.*

Guter Gott. Wir erwarten dein Wiederkommen in Herrlichkeit, doch manchmal fürchten wir uns davor, manchmal ist es uns egal, manchmal wird uns das Warten zu lang. Damit wir das Warten nicht aufgeben, bitten wir dich:

1. Viele Menschen sind misstrauisch und verschließen anderen die Tür zu ihrem Herzen. Ich bin der Türhüter. Hilf mir, dass ich nicht so bin. Hilf mir, dass ich auch andere überzeugen kann, ihre Türen zu öffnen und die Menschen damit zu beschenken. *Gott, unser Vater:*

Der »Türhüter« öffnet die Tür und gibt den Blick auf den Tisch frei; er nimmt das Tuch von den Schokoladentäfelchen und beschenkt damit einen Teil der Kinder.

2. Viele Menschen sind geizig, nicht nur mit Geld, auch mit guten Worten und manchmal mit guten Taten. Ich bin der Schatzmeister. Hilf mir, dass ich nicht so bin. Hilf mir, dass ich auch andere überzeugen kann, sich Freunde zu schaffen mit all ihren Talenten.

Der »Schatzmeister« öffnet die Truhe (evtl. kann er den Schlüssel einem Kind reichen), dann verschenkt er die Schokoladenmünzen an einen anderen Teil der Kinder.

3. Viele Menschen geben nicht genügend auf sich und ihre Umgebung acht. Ihre Beziehungen verkommen, wie ein Garten verwildert, den man nicht pflegt. Ich bin der Gärtner. Hilf mir, dass ich nicht so bin. Hilf mir, dass ich auch andere überzeugen kann, Beziehungen zu pflegen und Selbstachtung wachsen zu lassen.

Der »Gärtner« deckt die Blumentöpfchen ab und verschenkt sie an einen anderen Teil der Kinder.

4. Viele Menschen verzweifeln am Leben und können sich nicht mehr darüber freuen. Ich bin eine Mutter. Hilf mir, dass ich nicht so bin. Hilf mir, dass ich auch anderen Menschen die Freude am Leben weiterschenken kann.
Die »Mutter« deckt die Spielsachen ab und verschenkt sie an den restlichen Teil der Kinder.

Denn du, o Gott, vergisst keinen, wenn du zurückkommst in dein Haus. Reicher, als wir Menschen uns beschenken können, hast du uns beschenkt durch deinen Sohn, Jesus Christus, unseren Herrn. Amen.

2. ADVENT
Ein neuer Anfang

Einführung

Das kennen Sie bestimmt: Morgens klingelt der Wecker, im Bett dreht man sich doch noch einmal um, und vielleicht noch einmal. Erst unter der Dusche wird man wach. Jeder neue Tag macht einem das Anfangen schwer – ist der Anfang aber gemacht, geht der Tag dahin wie nichts. Nach der Messe heute ist der Sonntag schon so gut wie gelaufen. Schön, dass Sie hier den Anfang gemacht haben. Den Beginn des Tages legen wir in Gottes Hände.

Kyrie

- Du schenkst uns Umkehr und Neuanfang. Herr, erbarme dich.
- Bei dir sind tausend Jahre wie ein Tag. Christus, erbarme dich.
- Dein Kommen macht alles neu. Herr, erbarme dich.

Lesungstexte

- 2 Petr 3,8-14
- *für Kinder:* »Die fünf Holzwürmer« von Erwin Moser; in: »Das Brotwunder«, hg. v. Erich Jooß, Freiburg (Herder) 1995, S. 149
(Alle fünf Holzwürmer hören von der anderen Welt, die es außerhalb ihres Balkens geben soll, aber nur einer wagt den ersten Schritt. Die Geschichte endet eher tragisch, man hat ihm den falschen Weg gewiesen, »aber versucht hab' ich's doch!« – und das ist entscheidend.)
- Mk 1,1-8

Predigt

Liebe Gemeinde, verehrte Gäste.

»Anfang des Evangeliums von Jesus Christus, dem Sohn Gottes.« Da fängt man an zu überlegen als aufmerksamer Bibelleser. Jedes Buch beginnt mit einem Anfang, ist doch klar. Es ist kein sonderlich origineller Kunstgriff, ein Werk so zu beginnen. Und dann tut der Schriftsteller noch so, als sei es das einzige, zumindest das einzig wahre Evangelium von Jesus Christus, dem Sohn Gottes: »Anfang *des* Evangeliums«.

Wenn wenigstens das Neue Testament mit diesem Buch beginnen würde, aber nein, den »Anfang« macht das Evangelium nach Matthäus. Und der ist weniger hochtrabend mit seiner Ankündigung, er beginnt beim Wesentlichen, sein erstes Wort ist »Stammbaum« – »Stammbaum Jesu Christi, des Sohnes Davids, des Sohnes Abrahams«. Das ist wirklich ein »Anfang«; Matthäus setzt bei den Anfängen der Geschichte an. Er verwurzelt Jesus im Volk Israel. Dahinter bleibt Markus scheinbar weit zurück. Der Prophet Jesaja ist zwar eine wichtige Figur, doch blass im Vergleich zu Namen wie David und Abraham. Trotzdem will das Evangelium des Markus *das* Evangelium sein.

Markus hat damit nicht ganz unrecht. Er hat zu schreiben begonnen, als er das Ende bereits gewusst hat. Alles, was Markus schreibt, erfährt er aus erster Hand, vielleicht hat er Jesus sogar noch selbst erlebt. Er ist einer von vielen, die von Jesus berichten. Nicht nur Matthäus, Lukas und Johannes haben es gemacht wie er, sondern einige Dutzend andere Männer der ersten beiden Jahrhunderte.

Nicht jedes Evangelium ist in die Bibel aufgenommen worden. Vielleicht ist es das Selbstbewusstsein des ersten Satzes, das beeindruckt hat. Das Evangelium des Markus wird uns begleiten durch dieses Kirchenjahr – so können Sie selbst feststellen, was so beeindruckend ist, dass es sich lohnt, davon auf der ganzen Welt zu hören.

Es ist schon ein Selbstbewusstsein, dass man einen so plumpen Anfang wählt wie Markus und doch das Vertrauen hat, gelesen und verstanden zu werden – mehr noch: angenommen und weitergesagt zu werden.

Es ist ein Selbstbewusstsein, das jedem Leser sagt: »Der Stil ist mir egal, wenn nur meine Botschaft ankommt.« Und so beginnt Markus tatsächlich mit einer Botschaft, von einem Boten aus dem Alten Testament überbracht. David und Abraham sind zwar die größeren Namen im Vergleich zu Jesaja, aber diese beiden haben sich selbst genügt. Abraham ist der auserwählte Stammvater, die Botschaften Gottes galten allein ihm. David ist der mächtigste König, von einem noch Größeren konnte gar nicht die Rede sein.

Bei Markus tritt zuerst einer auf, der nur eine Botschaft zu überbringen hat, ohne selbst etwas zu gelten. Und einer tritt auf, der von einem Größeren spricht, einem, dem er selbst nicht einmal die Schuhe aufschnüren dürfte, so viel größer ist der.

Da hören wir zwei Stimmen, eine aus längst vergangener Zeit und eine in unmittelbarer Nähe. Die eine Stimme ruft: »Bald«, die andere ruft: »Jetzt«. Jesaja ist lange tot, Johannes dagegen kurz vor Jesus erst geboren. Die Linie, die Markus zeigt am Anfang seines Buches, ist klar bis in die Buchstaben hinein: Die drei Namen, die da aufeinanderfolgen, Jesaja, Johannes, Jesus, haben denselben Anfang: ein Jota, den kleinsten Buchstaben, den die hebräische Schrift hat.

»Aber du, Betlehem-Efrata, so klein unter den Gauen Judas, aus dir wird mir einer hervorgehen, der über Israel herrschen soll.« (Mi 5,1) So heißt es bei Micha, einem anderen Boten aus dem Alten Testament. – Aber du, Buchstabe, so klein geschrieben unter all den Zeichen, mit dir beginnt der Name, der größer ist als alle Namen (vgl. Phil 2,9). Es ist der Anfang, der zählt.

Mitten in der Bibel, fast sogar schon mitten im Neuen Testament, finden wir den »Anfang des Evangeliums von Jesus Christus, dem Sohn Gottes«. Auch dies ist eine Botschaft. Es ist die Botschaft, wie sie das erste Buch der Bibel spricht: »Am Anfang schuf Gott Himmel und Erde.« Mit Jesus Christus, dem Sohn Gottes, ist nun ein neuer Himmel und eine neue Erde möglich. Dieser Anfang kommt trotz aller Boten wie Jesaja, Micha und Johannes plötzlich. »Seid also wachsam! Denn ihr wisst nicht, wann der Hausherr kommt.« (Mk 13,35) So haben wir Markus letzten Sonntag sprechen hören. Mit seinen Worten am Anfang des Evangeliums nimmt er sich selbst ernst. Matthäus hat gesprochen, vom Stammbaum bis zum Kreuzesbaum, von den Sterndeutern bis zur Himmelfahrt, dem mag nichts mehr hinzuzufügen sein. Nur das noch: Mittendrin gibt es einen neuen Anfang. Es gibt immer einen neuen Anfang. Es ist der Anfang, der zählt.

Auch die Evangelien sind längst abgeschlossen. Es mag ihnen nichts mehr hinzuzufügen sein, nicht einmal dem Markus. Nur das noch: Jeder neue Anfang im Namen Gottes beginnt mit kleinen Buchstaben und bäckt kleine Brötchen. Dass es aber ein *Anfang* ist, das zählt. Auch in unserem Leben kann es sein, dass das Evangelium von Jesus Christus anfängt, dass ein neuer Himmel, neue Chancen sich auftun und eine neue Erde, eine neue Umwelt und Gesellschaft entsteht. Dann ist das alles plötzlich nicht mehr so plump und banal. Jeder Anfang kann der kleinste unter den Samen sein und doch ein großer Baum werden.

Bereiten wir dem Herrn unsere Wege.

Fürbitten

- *Die Idee: Das Sinnbild unseres Lebens ist eine »Lebensbahn«. Anfang und Ziel sind schnell gesetzt, der Weg ist vielleicht sogar überschaubar – aber ihn zu gehen ist schwer. Jedoch: Der Anfang zählt, nur wer wagt, gewinnt.*
- *Drei Teile einer Zimmer-Minigolfanlage oder eine zerlegbare Tischkegelbahn: Start, einfaches Bahnstück; Ziel; entsprechende Bälle/Kugeln und evtl. Schläger dazu; kleine Preise für Spieler (auch für die, die nicht ins Loch bzw. keine Kegel treffen!).*

Guter Gott. Dein Sohn ist in die Welt gekommen, um unserer Beziehung zu dir und unserem ganzen Leben einen neuen Anfang zu schenken. Durch ihn bitten wir dich:

1. Aller Anfang ist schwer. Lass uns trotzdem immer wieder einen Anfang setzen, wenn alte Wege nicht weiterführen. *Christus, höre uns.*

Mit Kindern wird das Start-Teil aufgebaut.

2. Alle Wege führen nach Rom. Mach uns immer wieder aufmerksam auf die Wege in unserem Leben, die wir eingeschlagen haben, damit wir nichts und niemanden übersehen. Führe uns, damit wir uns nicht verirren.

Das Zwischen-Teil wird aufgebaut.

3. Wer das Ziel kennt, findet einen Weg. Lass uns dich und deine Botschaft nicht aus den Augen verlieren, denn du bist unser Ziel.

Das Ziel wird aufgebaut.

4. Nur wer losgeht, kommt auch an. Hilf uns, das Leben in die Hand zu nehmen und das Beste daraus zu machen, denn du hast uns den Weg geebnet.

Ball und Schläger werden an Freiwillige für einen Versuch ausgegeben / Die Kegel werden aufgestellt, wer will, darf einmal kegeln.

Du kennst keine Verlierer, in deinem Reich gibt es nur Gewinner, wenn wir genug Mut haben und das Leben anpacken. Für diese Verheißung danken wir dir jetzt und in Ewigkeit. Amen.

3. ADVENT

Auf der anderen Seite

Einführung

Haben Sie schon versucht, über Ihren eigenen Schatten zu springen? Nein? Das geht sowieso nicht? Mag sein. Wenn es aber schon nicht geht, über den eigenen Schatten zu springen, versuchen wir doch einen kleinen Trick: Gehen wir an einen Fluss, direkt ans Ufer. Ins Wasser fällt kein Schatten, im Wasser sehen wir nur unser Spiegelbild. Und so wird es uns gelingen, über unser Spiegelbild zu springen.
Das ist kein Betrug. Mit einem Sprung sind wir von der einen Seite des Flusses auf die andere gelangt. Auf der anderen Seite haben wir plötzlich ganz neue Möglichkeiten.
Johannes der Täufer – von ihm hören wir heute im Evangelium – steht an einem Fluss, am Jordan. Jesus ist bei ihm, obwohl sein Name noch nicht fällt. Doch Weihnachten ist bald, bald beginnt die Geschichte mit Jesus. Bald überschreitet er die Grenze in unseren Alltag hinein. Er hat es sogar geschafft, über seinen Schatten zu springen: Er war Gott und wurde Mensch. Denken wir darüber nach, wie es uns gelingt, bei so manchen Entscheidungen nicht vielleicht doch über den eigenen Schatten zu springen und die Denkrichtung zu wechseln.

Kyrie

- Du hast einen Platz mitten unter uns eingenommen. Herr, erbarme dich.
- Du hast den Schritt gewagt, dich für uns einzusetzen.
  Christus, erbarme dich.
- Du willst uns Mut machen, unsere Schritte selbst zu tun.
  Herr, erbarme dich.

Lesungstexte

- 1 Thess 5,16-24
- *für Kinder:* »Kai kann's« von Edith Schreiber-Wicke, mit Bildern von Carola Holland; Stuttgart (Thienemann) 1998

(Bei Kai geht alles schief, was nur schief gehen kann, bis die große graue Katze kommt. Kai hat gar keine Katze, es ist ein Symboltier für sein Selbstbewusstsein, das sich zu entwickeln beginnt. Er nimmt sein Leben anders in die Hand, so dass er am Ende zufrieden sagen kann: »Na bitte, geht ja.«)

- Joh 1,6-8.19-28

Predigt

Liebe Gemeinde, verehrte Gäste.

Wie kann man nur so viel fragen? »Wer bist du? Bist du der und der? Warum dann das ganze?« Eine lästige Gesellschaft, diese Priester und Leviten. Die haben den Johannes wahrscheinlich schon lange im Auge – ein Dorn im Auge. Und, Sie wissen das, wenn man sich mal auf jemanden eingeschossen hat, dann ist dieser Jemand ständig im Gespräch und in den eigenen Gedanken – das Zentrum der Welt. Der Messias kann doch nur Johannes sein, einen andern mit soviel Aufmerksamkeit um sich herum gibt's nicht!

Die Enttäuschung ist sicher groß gewesen, als Johannes so darauf besteht, nichts von allem zu sein, nicht Elia, nicht »der Prophet« Mose. Er will einfach nur Johannes sein. Er will nicht verwechselt werden. Er will mit seinem *eigenen* Auftrag gesehen werden. Und der ist so wichtig, dass er nicht falsch verstanden werden soll.

Wir wissen nicht, wie die Priester und Leviten gegangen sind, was sie gesagt und gedacht haben. Wir lesen im Evangelium nur einen kleinen abschließenden Hinweis: »Dies geschah in Betanien, auf der anderen Seite des Jordan, wo Johannes taufte.« Ein komisches Ende. Oder spielt der Ort seine eigene Rolle?

Das antike Betanien lag auf der östlichen Seite des Jordan, während Jerusalem und all die anderen Zentren jüdischen Lebens westlich vom Jordan sind. Um zu Johannes zu kommen, mussten sie alle erst über den Jordan. Da, bei Johannes, ist die andere Seite. Und es ist die falsche Seite. Auf dieser Seite des Jordan finden sie den Messias nicht. Da können sie noch so viel fragen.

Der Messias ist zwar mitten unter ihnen, als einfacher Mann aus Nazareth, einer unter vielen, er wird am nächsten Tag und noch einmal am übernächsten von Johannes erkannt und auch gerufen. Aber Johannes ist der einzige, der ihn wahrnimmt. Erst auf das Wort des Johannes hin werden die ersten Jünger auf Jesus aufmerksam und folgen ihm. Und auch dann bleibt es noch seltsam still um Jesus. Seine Zeit ist noch nicht gekommen. Auch er selbst ist noch auf der falschen Seite des Jordan.

Er muss schon nach Kana in Galiläa gehen, vom süd-östlichen Ufer des Jordan in den Nord-Westen des Landes, nicht weit von der Küste des Mittelmeeres. Dort geschieht sein erstes Zeichen, das Wunder auf der Hochzeit zu Kana. Erst da ist er auf der richtigen Seite des Jordan und im Zentrum des jüdischen Lebens. Von dort ist er nun nicht mehr wegzudenken.

Für Jesus steht es also an, eine Grenze zu überschreiten, die Grenze zwischen Unbekannt-Sein und Aufsehen-Erregen, zwischen Messias-Sein und

Als-Messias-Auftreten. Der Jordan ist ein Grenzfluss. Er war immer ein Grenzfluss.

Genau die Stelle, an der Johannes getauft hat, bei Betanien, war für Israel schon einmal entscheidend. Eine niedrige Furt, man kann bequem im Wasser stehen, man kann da den Fluss leicht überqueren. Manchmal mag es wohl sein, dass der Fluss sein Bett freigibt, und man geht trockenen Fußes von der einen auf die andere Seite. So ging es damals wohl auch, als Josua mit dem Volk Israel auf der anderen Seite des Jordan Jericho gegenüberlag. Die Bibel berichtet, wie Gott zu Josua sagt: »Mein Knecht Mose ist gestorben. Mach dich also auf den Weg, und zieh über den Jordan hier mit diesem ganzen Volk in das Land, das ich ihnen, den Israeliten, geben werde.« (Jos 1,2) An diesem Punkt zwischen Betanien und Jericho endet der Auszug aus Ägypten und beginnt das Reich Israel. »Die Priester, die die Bundeslade des Herrn trugen, standen, während ganz Israel trockenen Fußes hindurchzog, fest und sicher mitten im Jordan auf trockenem Boden, bis das ganze Volk den Jordan durchschritten hatte.« (Jos 3,17)

Mit Johannes und Jesus stehen wir wieder an derselben Stelle des Jordan. Mit ihm stehen wir am Grenzfluss, an der Grenze. Johannes rief die Menschen zu Umkehr und Buße auf. Es war auch der Aufruf, seine eigenen Grenzen zu erkennen. Mitten im Advent stehen wir auch noch da auf der anderen, falschen Seite des Jordan. Und es ist gar nicht sicher, ob wir am Weihnachtsabend plötzlich auf der richtigen Seite angekommen sind. Wenn wir uns nicht einlassen auf unsere Grenzen, können wir sie nicht überschreiten. Dann haben wir auch die Taufe umsonst empfangen.

Wir haben heute keinen Johannes mehr, und hier bei uns ist kein Jordan. Wir haben nur die Worte der Schrift, die davon erzählen. Aber immer noch sind so viele Menschen auf der Suche nach dem Sinn und Ziel ihres Lebens. Viele suchen einen Johannes, der weiterhelfen soll. Viele gehen hinaus an so etwas wie den Jordan mit echter Umkehr im Herzen. Manchmal sind es andere Menschen, manchmal die Heilige Schrift, die hinweist auf den, der unerkannt mitten unter uns lebt, der uns den Sinn und das Ziel des Lebens schenken kann, der uns ein Messias sein kann. Wer offen mit seinen Grenzen umgeht und sich genau dort begleiten lässt, der hört am nächsten Tag auch den Hinweis des Johannes: »Seht das Lamm Gottes.« Und am übernächsten wird er ihm folgen und die Grenzen überschreiten. Und am dritten Tag das Wunder auf der Hochzeit zu Kana miterleben.

Wer aber nur kommt, um zu fragen, um Beweise zu haben, ohne sein Herz mitzubringen, wer glaubt, er hat den Sinn und das Ziel des Lebens schon gefunden und gepachtet, der wird sich gewaltig irren. Der kommt trotz aller

Fragerei nicht weiter. Der bleibt auf der anderen, der falschen Seite zurück. Vom Wunder auf der Hochzeit zu Kana bekommt der nichts mit.
Manchmal darf man eben nicht kommen, um alles über Gott zu erfahren, alles zu wissen und die letzten Beweise zu haben. Man darf nicht wegen Gott kommen. Man muss manchmal nur wegen sich selber kommen, an den Jordan, um sich selbst zu reinigen und etwas von seinen Grenzen zu spüren. Man muss manchmal ganz unbefangen mit jemandem mitgehen. Man muss manchmal ganz unbefangen eine Hochzeit mitfeiern können, um zu merken, dass Gott das eigene Leben begleitet.
Dann stehen wir auf der richtigen Seite, dann ziehen auch wir trockenen Fußes in das Land, das Gott schon den Israeliten gegeben hat.

Fürbitten

- *Die Idee: Jeder steht einmal vor wichtigen Entscheidungen. Da sucht man nach Wegweisern, die eine Richtung fürs Leben anzeigen – aber sind sie immer richtig aufgestellt, müsste man sie nicht manchmal umdrehen und auch von der anderen Seite ansehen?*
- *Drei große Holzpfähle auf Ständern, an deren oberem Ende jeweils ein Karton-Wegweiser angebracht ist. Aufschrift s.u.*

Guter Gott. So viel hören und sehen wir den ganzen Tag. Jeder will Recht haben. Jeder sagt, er wisse, wo's lang geht. Doch manchmal stehen wir auf der falschen Seite. Wir bitten dich:

1. Viele Menschen wollen in Richtung Geld gehen. Sie meinen, Geld allein macht reich. Hilf uns, wahren Reichtum zu suchen, den Schatz im Himmel: dass wir unsere Berufung erkennen und sie erfüllen, wird uns reich machen. *Gott, unser Vater:*
Gemeinsam wird der Wegweiser mit der Aufschrift »Geld« umgedreht. Jetzt ist »Reichtum« zu lesen – der Pfeil zeigt in genau entgegengesetzte Richtung!
2. Viele Menschen wollen in Richtung Gesundheit gehen. Sie meinen, körperliche Gesundheit allein sei das einzig Wichtige. Hilf uns, mehr zu suchen als nur die körperliche Gesundheit. Auch der Geist und die Seele brauchen Gesundheit. Hilf uns, an Körper, Geist und Seele heil zu werden.
Umgedreht wird der Wegweiser »Gesundheit« – es erscheint »Heil«, wiederum in entgegengesetzter Richtung.
3. Viele Menschen wollen in Richtung Macht gehen. Sie meinen, viel Einfluss mache aus ihnen eine Persönlichkeit. Hilf uns, erst unsere Fähigkeiten zu entwickeln, damit wir eine Persönlichkeit werden, dann werden wir merken, dass wir nicht einfach Macht, sondern echtes Ansehen besitzen.

Der Wegweiser »Macht« wird umgedreht – es erscheint Ansehen, auch wieder in ganz anderer Richtung.

Denn um zum wahren Ziel zu gelangen, müssen wir manchmal die Richtung wechseln, damit wir nicht auf der falschen Seite des Lebens bleiben. Wir danken dir für das Beispiel deines Sohnes, der in der Einheit des Heiligen Geistes mit dir lebt und wirkt in alle Ewigkeit. Amen.

4. ADVENT
So klein und schon so groß

Einführung
Wie oft haben wir sie schon gehört, und doch ist sie immer wieder faszinierend: die Botschaft des Engels, der aus heiterem Himmel vor Maria steht. Immer wieder gibt sie uns Gelegenheit, uns hineinzuversetzen in diese junge Frau, die ganz plötzlich vor dem größten Problem ihres Lebens steht. Damit nicht genug: Ihre eigene Zukunft beschäftigt Maria, und dann muss sie auch noch an die Zukunft ihres Kindes denken. Auch in unserer Zeit gehört das zu den größten Problemen, die es gibt.
Wie gut, dass die Zukunft des Kindes bereits geregelt ist. Gott hat den Überblick, ihm unterlaufen keine Planungsfehler. Aber wie schwer ist es, loszulassen und ihm wirklich zu vertrauen. Wir planen zu gern selber und meinen, ohne uns ginge gar nichts. Doch es geht. Vor allem dann, wenn uns einmal bewusst wird, was eigentlich in uns steckt – auf uns müssen wir zuerst schauen, dann erst auf andere.

Kyrie
- Du achtest auf uns, du kennst jeden und weißt, was wir brauchen. Herr, erbarme dich.
- Du hast dein Leben nicht für dich behalten, du hast es verschenkt für alle Menschen. Christus, erbarme dich.
- Du allein bist groß, so groß, dass wir uns ganz auf dich verlassen können. Herr, erbarme dich.

Lesungstexte

- 2 Sam 7,1-5.8b-12.14a.16
- *für Kinder:* »Benjamin« von Britta Seeler-Kreimeyer, in: »Die Antwortfee und andere Ermutigungsgeschichten«, hg. v. Theo Schoenaker u. Britta Seeler-Kreimeyer; Freiburg (Herder) 1998, S. 45

(Benjamin ist das Kind, das ein Ehepaar sich wünscht. Die Erwachsenen planen und planen, aber Benjamin kommt nicht, weil er keinen Platz für sich findet. Erst als die Eheleute aufhören, die Zukunft des Kindes zu verplanen, will Benjamin geboren werden.)

- Lk 1,26-38

Predigt

Liebe Gemeinde, verehrte Gäste.

Die meisten Eltern stellen sich schon kurz nach der Geburt eines Kindes vor, wie es einmal sein wird, wenn es groß ist. Sparbücher werden angelegt, in manchen Kreisen schon die Plätze an Privatschulen und an Universitäten reserviert. Es gibt Familien, da steht sogar schon das Auto für den Sprössling in der Garage, lange bevor der den 18. Geburtstag feiern wird. »Du wirst mal ein Pfarrer,« sagte meine Oma einmal zu mir und war ganz stolz dabei. Da war ich fünf. Und siehe da ... sie hatte recht. Es geht nichts über eine solide Zukunftsplanung.

Was einmal werden wird – aus ihr und dem Kind, aus der Beziehung zu dem Mann, den sie doch liebt –, das sind Gedanken, die sich auch bei Maria einstellen, sicher bald nachdem der Engel sie verlassen hat. Sie wird sich in der Tat sehr verlassen fühlen bei diesen Gedanken. Was wird werden aus dem kleinen Jesus? Und vielleicht stutzt Maria jedes Mal, wenn sie diesen Namen ausspricht oder vor sich hindenkt. Ein Kind soll sie bekommen und darf sich nicht einmal den Namen selbst aussuchen. Was *ist* bloß mit diesem Kind? Die Gegenwart verdrängt die Zukunft.

Zur Gegenwart wird immer wieder, noch Tage, Wochen, Monate und vielleicht Jahre danach, auch der seltsame Besuch des Engels. Die Worte werden wiederholt und hinterfragt, um den Sinn der Botschaft zu verstehen. Warum ich und warum so? lauten die Fragen dabei. Sie bleiben immer ein Geheimnis. Es scheint, als habe die Botschaft des Engels von Anfang an nur eine einfache Gegenfrage gestellt: Warum nicht? Auf sanfte Art und Weise vermittelt Gabriel, dass Widerstand zwecklos ist.

Was *ist* bloß mit diesem Kind, dass es auf die Welt kommen wird, so oder so und ganz egal, wie die Zukunft einmal aussehen wird? So gefragt kommen wir der Sache schon etwas näher. Nicht die Zukunft soll uns beschäftigen, sondern die Gegenwart. Es gibt Menschen, die sehen in Kindern nur das, was aus ihnen werden wird. Was sie jetzt sind, interessiert sie eigentlich gar nicht. Vor allem Väter sind es, die mit kleinen Kindern nichts anzufangen wissen, die erst Beziehung entwickeln, wenn die Kinder wissen, wie man Werkzeug in die Hand nimmt. Und für die kuscheln und schmusen irgendwie komisch ist. Sei nicht kindisch, sagen sie und: Wann wirst du endlich erwachsen? Dabei ist es meistens wichtiger zu sehen, was ist, als was werden wird. Nur aus dem, was ist, kann einmal etwas werden.

»Er wird groß sein und Sohn des Höchsten genannt werden.« Das ist kein frommer Wunsch, das ist keine Zukunftsplanung. Das ist bereits Gegenwart. »Im Anfang war das Wort. ... Im Anfang war es bei Gott.« (Joh 1,1-2) Das Wort, das der Engel gesprochen hat, war von Anfang an vorgedacht. Der Engel spricht es aus, und es wird lebendig als ein Mensch. Denn »in ihm war das Leben.« (Joh 1,4) Nur aus dem, was ist, kann einmal etwas werden. Gottes Sohn wird nicht erst in ferner Zukunft, in seinen letzten Lebensjahren, etwa gar erst nach dem Tod groß sein. Sohn des Höchsten ist er, seit Gott den Gedanken an ihn im Herzen trägt. Von Anfang an. Da bereiten nicht Menschen den Weg, da ist Johannes nicht verantwortlich und nicht einmal Maria, dass Jesus der Retter der Welt ist.

Wären diese Gedanken von Menschen ausgegangen, dann wären wir Christen einem aufgesessen, der in seiner ganzen Liebenswürdigkeit nichts weiter als ein Hochstapler gewesen wäre. Maria hätte es Jesus so lange einreden können, bis er selbst es geglaubt hätte – nur weil es so stolz macht, die Mutter eines Gottes zu sein. Johannes hätte ihm so lange nachrufen können »Seht, das Lamm Gottes« (Joh 1,29), bis Jesus diese Identität übernommen hätte – nur weil schon so viele so sehnsüchtig auf den Messias warten und endlich zufrieden sein wollen. Menschen können das gut, auf andere ihre Wünsche und Gedanken zu projizieren. »Du wirst mal ein Pfarrer« ... vielleicht muss man das wirklich nur lange genug sagen.

Glücklich wird keiner, der nur den Wünschen anderer folgt, der dankbare Projektionsfläche ist und seine Identität nur aufgesetzt bekommt. Manche merken ihr ganzes Leben lang nur eine unbestimmte Unzufriedenheit, merken an sich seltsame Gewohnheiten, die sie besser vor anderen geheim halten, oder einfach nur schlechten Schlaf. Sie kommen nicht darauf, dass sie ihr Leben lang nur das taten, was man von ihnen erwartet hatte. »Du wirst mal...« und »Du wirst doch nicht...« waren die Wegweiser für ihren Lebensweg. Wer aber unzufrieden ist, wenn er auch nicht weiß, woher das kommt, wird in seiner Aufgabe nicht aufgehen können. Es bleibt immer nur beim Notwendigen, aller Einsatz ist immer ein wenig lustlos. Oder der Eifer schlägt

die Gegenrichtung ein, wird Zwanghaftigkeit und Terror. Wer selbst zu seinem Glück gezwungen wurde, zwingt gern auch andere.
Beides hätte der Botschaft Jesu wenig Erfolg beschert. Zwar ist es wichtig, dass andere an einen glauben, doch allein davon wird man nicht der Sohn des Höchsten. Sohn des Höchsten *wird* man überhaupt nicht, man *ist* es oder man ist es nicht. Für Maria, die Mutter, ist es entscheidend zu sehen, was ihr Sohn *ist*. Sie lässt ihm Raum, das, was ist, zu entfalten. Sie lässt es sich gefallen, im Hintergrund zu stehen. Sie glaubt an ihren Sohn, weil es ein Engel war, der ihr sein Wesen nannte, und weil nicht ihre eigene Wunschtraumstimme ein Wesen schuf, das so nicht war.
Maria unterstützt, dass Jesus seinen Weg gehen kann, dass er zu der Identität findet, die ihm in die Wiege gelegt worden ist. Erst dann nimmt er seine Aufgabe wahr, stellt sich dem Ernst des Lebens und des Todes. Nicht nur ein bisschen und nur mit dem Notwendigsten und nicht zwanghaft und diktatorisch. Er findet sich – das reißt andere mit. Es ist ihm selbst und schließlich auch vielen anderen klar, was immer schon Gegenwart war: Er ist groß und der Sohn des Höchsten. Der Engel hat für die Zukunft gesprochen und die Zukunft gemeint, in der auch andere seiner Meinung sein werden.
Kinder Gottes sind wir selbst. Das muss ein jeder selbst entdecken. Einem jeden ist seine ganz persönliche Aufgabe in die Wiege gelegt. Drücken wir niemandem unsere Wunschträume auf. Verwirklichen wir lieber selber, was in uns steckt. Nur aus dem, was ist, kann etwas werden.

Fürbitten

- *Die Idee: Weil wir uns manches denken, muss es noch lange nicht richtig sein – schon gar nicht bei jungen Menschen, die sich entwickeln sollen wie junge Pflanzen.*
- *Drei verschiedene Pflanzschalen/Blumentöpfe: groß, mittel, klein; aus einer Gärtnerei drei Pflanzen, die passend sind für die Gefäße – vorsichtig jedoch falsch eingesetzt; evtl. zusätzliche Blumenerde.*

Guter Gott. Du siehst unser Bemühen mit anderen Menschen; wir meinen es doch nur gut. Wir möchten, dass sie wachsen und sich entwickeln ihr Leben lang. Doch wir haben allen Grund, dich zu bitten:
1. Ich dachte mir, du brauchst das, wenn du mehr Platz hast für dich. Aber, sagst du, es sei dir zu groß und unüberschaubar? Guter Gott, hilf mir, dass ich den anderen vorher frage, bevor ich entscheide.
Kinder helfen mit, die kleine Pflanze aus dem großen Topf zu heben, die mittlere Pflanze aus dem kleinen Topf zu befreien und zunächst nur die kleine Pflanze in den kleinen Topf einzusetzen.

2. Ich dachte mir, du brauchst das, wenn du deine Grenzen spürst. Aber, sagst du, es sei dir zu eng geworden, deshalb seiest du aus den gewohnten Verhältnissen ausgebrochen? Guter Gott, hilf mir, dass ich mich besser in andere hineinversetzen kann.
Kinder geben der mittleren Pflanze eine neue Heimat im mittleren Topf, heben dazu aber erst die große Pflanze aus dem Topf.
3. Ich dachte mir, du brauchst das, wenn dich mal jemand vom hohen Ross herunterholt. Aber, sagst du, ich hätte dich nicht so beleidigen brauchen, weil ich selber auch nicht besser sei? Guter Gott, hilf mir, dass ich zuerst vor der eigenen Haustür kehre, bevor ich die Fehler anderer verbessern will.
Kinder setzen die große Pflanze in den großen Topf – so hat alles seine Ordnung.

Du allein weißt, was gut für uns ist; du allein weißt, was in uns steckt. Sende deinen Sohn, damit er uns ein Beispiel gibt, wie das Leben gelebt werden kann. Darum bitten wir dich durch ihn, Jesus Christus, unseren Herrn. Amen.

WEIHNACHTEN – IN DER HEILIGEN NACHT

Am Tiefpunkt

Einführung

Die Einführung zur Feier der Heiligen Nacht gestaltet sich in jeder Gemeinde anders. Nach der Gewohnheit unserer Pfarrei (und wohl einiger anderer) wird nach der Krippenlegung das alte Martyrologium verkündet.
Um dennoch das besondere Thema dieses Vorschlags einzubeziehen, ist im Anschluss eine Minute der Stille sinnvoll, um einen kurzen Gedanken zu fassen an alle Menschen, die heute nicht »in Stimmung« und nicht glücklich sein können: an einsame alte Menschen, an schwer Kranke, an Menschen, die vor kurzem einen Angehörigen oder lieben Freund verloren haben...

Kyrie

- Du kennst das Menschenleben mit seinen Höhen und Tiefen...
  Herr, erbarme dich.
- ... und hast es nicht verschmäht, mitten unter uns zu leben.
  Christus, erbarme dich.
- Du reichst uns die Hand, die wir zum Leben brauchen.
  Herr, erbarme dich.

Lesungstexte

- Jes 9,1-6
- *für Kinder:* »Stille Nacht, Zaubernacht« von Dominique Marchand, illustriert von Albrecht Rissler; Gossau Zürich (Neugebauer) 2000
(Einem Mann am Tiefpunkt – obdachlos am Heiligen Abend – läuft ein kleiner Hund nach, so heimatlos wie er. Ein Zauberer in Tiergestalt, wie sich herausstellt. Um dem einsamen Mann den sehnlichsten Wunsch zu erfüllen, nämlich einen Hund zum treuen Freund zu haben, gibt der Zauberer seine Zauberkraft endgültig auf und bleibt dieser kleine Hund.)
- Lk 2,1-14

Predigt

Liebe Gemeinde, verehrte Gäste.
Heute ist eine Nacht, in der man besser alle Türen verschließt. Heute um Mitternacht bleibt besser niemand allein zu Hause. Heute um Mitternacht hört man die Tiere die Zukunft sagen. Heute um Mitternacht erscheinen die Geister der Toten. Heute ist Raunacht.
Wie gut, dass wir hier sind, Licht gemacht haben und Gottesdienst feiern. So bleiben alle Gespenster draußen in der klirrenden Kälte. Was hat diese Nacht, dass man um sie herum so unheimliche Legenden findet? Sie hat dunkle Vorfahren, unsere Christnacht.
Die Menschen haben einmal stärker als heute mit der Natur empfunden. Vielleicht haben sie damit auch stärker ihre eigene Natur empfunden. Da war ein spürbarer Zusammenhang zwischen der Welt draußen und der Stimmung in den Häusern. Jeder Schneesturm eine Geisterfahrt, jedes Ächzen unter Schneelast eine Botschaft aus der Unterwelt, jeder kahle Baum im Dämmerlicht eine teuflische Gestalt. In Geschichten und Legenden versucht man zu sagen: »Mir ist unheimlich – ich stoße an die Grenzen meiner Natur, an die Grenzen meiner seelischen Belastbarkeit.« Der Mensch ist doch einem Kreislauf unterworfen, und jeder Kreislauf hat seinen Tiefpunkt.
Am Weihnachtsabend sind wir am Tiefpunkt des Jahres angekommen. Deshalb nennen nach der Sage die Tiere im Stall auch nicht ein beliebiges Ereignis in naher Zukunft, sondern die Todesstunde.
Wir aufgeklärten Menschen wissen, dass draußen keine Geister warten. Wenn sie dennoch losgelassen sind in den Raunächten, dann aus den Tiefen unserer Seelen. Der eigene Tiefpunkt, die Erschütterungen der eigenen Persönlichkeit werden uns mit einem Mal bewusst. So gibt es für jeden von uns viele Raunächte im Jahr.

Wie gehen wir um mit ihnen? Wir sind Meister im Verdrängen: »Ach was...!« und »Wird schon werden!« Da zünden wir eben die Kerzen am Christbaum an, singen ein paar Lieder zusammen, packen die Geschenke aus und machen besinnliche Atmosphäre. Man hat weitherzig und laufend ein bisschen gerührt zu sein. Weihnachten ein Tiefpunkt? Quatsch. Der Höhepunkt im Jahr ist das!

Und dann? Kaum sind die Tage vorbei, die Bäume abgeschmückt und weggeworfen, dann ist alles wieder beim Alten und die Probleme wie ehedem dieselben. Dann wird unsere Belastbarkeit doch noch geprüft – bereinigt ist nichts und ein Neuanfang ist es auch nicht.

Weihnachten brauchen wir dennoch genau zur dunkelsten Raunacht des Jahres. Mit all den Bräuchen an und um Weihnachten lassen sich eigene Sorgen zwar gut verdrängen und Familienstreitigkeiten überspielen, aber der Kern des Festes hat eine andere Bedeutung zu dieser Zeit.

Gott kommt auf die Welt. Und er landet von seiner höchsten Höhe am endgültigen Tiefpunkt. Im selben Moment, in dem die Tiere im Stall und die eigene Seele mit ihnen die Todesstunde vorausahnen, beginnt sein Leben: zur Mitternacht. Im selben Moment, in dem die Geister losgelassen werden, verkünden die Engel den Frieden auf Erden. Im selben Moment, in dem die Toten aufstehen, sind sie bereits erlöst. Und so ist diese Geisterstunde eine ganz ungewöhnliche: Nicht erst Schlag ein Uhr endet der Spuk, sondern im selben Moment, in dem er beginnt.

Gott kommt nicht zu spät, Gott kommt im rechten Augenblick. Wir feiern einen Gott, der am Tiefpunkt menschlicher Grenzen begleitet. Ein Kind in der Krippe zu sein ist für Gott nämlich noch längst keine Grenzerfahrung. Er kennt keine Grenzen. Er kennt nur unsere Grenzen.

Wenn wir an so einen Gott glauben, dann darf Weihnachten nicht ein einmaliges Ereignis sein, vor 2000 Jahren geschehen und nie mehr wieder. *Historisch* ist nur ein einmaliges Weihnachten. *Symbolisch* ist es jedes Jahr dasselbe. Und nicht nur einmal im Jahr. In jeder unserer Raunächte, immer dann, wenn es neue Lebenskraft und neues Licht, neue Wärme und neuen Mut braucht, immer dann, wenn wir unsere Grenzen erfahren und uns bewusst wird, dass auch wir eine Todesstunde haben, muss Weihnachten sein. Die dunklen Stunden und die Todesstunden werden uns nicht abgenommen. Aber Jesu Geburt sagt uns: Alles ist aufgehoben bei Gott; neues Leben gibt es immer, und wenn es am Ende das ewige sein wird.

Nicht nur für heute, sondern für alle Tage unseres Lebens gilt: Christ, der Retter, ist da.

Fürbitten

- *Die Idee: Wenn wir ganz unten sind, am Tiefpunkt, schickt uns Gott ein Licht. In der dunklen Nacht wird Christus geboren. Auch wir können ein Licht sein für Menschen am Tiefpunkt.*
- *Auf den Sitzplätzen der Kinder liegen aus: Goldene (Streu-)Sterne, Teelichte, Spiegelplättchen (gibt's im Kindergartenbedarf); jedes Kind sollte eines dieser drei Dinge erhalten. Ein großes schwarzes Tuch liegt vor der Krippe / vor dem Altar aus.*

Guter Gott. Du hast den Menschen das Kostbarste geschenkt, das es gibt: deinen eigenen Sohn. Zu ihm, der unser Leben gern geteilt hat, rufen wir:

1. Schau auf alle Menschen, die nicht mehr weiterwissen, weil ihre Lebenspläne sich zerschlagen haben. Am Fest deiner Geburt lass ihnen einen Stern aufleuchten in ihrer Dunkelheit, damit sie ihren Weg wieder finden. *Du Licht der Welt:*

Die Kinder, die einen Stern genommen haben, legen ihn auf dem dunklen Tuch aus.

2. Schau auf alle Menschen, die mit sich hadern, weil sie das Vertrauen in sich selbst verloren haben. Am Fest deiner Geburt halte ihnen einen Spiegel vor, der sie ihre guten Seiten entdecken lässt.

Jetzt werden alle Spiegelplättchen ausgelegt.

3. Schau auf alle Menschen, denen die Gesellschaft eisig und kaltherzig erscheint, weil sie das Vertrauen in die Mitmenschen verloren haben. Am Fest deiner Geburt zünde ihnen ein Feuer an, das ihre Herzen wärmt.

Zuletzt dürfen die Kinder mit den Teelichten kommen, sie anzünden und zwischen die Sterne und Spiegel stellen.

Wir danken dir für das Geschenk der Geburt Jesu Christi. Wir wollen unseren Beitrag leisten, dass am Fest seiner Geburt die Dunkelheit in der Welt hell wird. Du stehst uns bei durch Christus, unseren Freund und Herrn. Amen.

SONNTAG IN DER WEIHNACHTSOKTAV

Überraschungsgäste

Einführung

Die Heilige Familie hat heute ihr eigenes Fest. Am Weihnachtsabend war sie der Mittelpunkt aller Welt, die Hirten kamen, die Engel, und Tage später – wir feiern es noch – die Magier aus dem Morgenland. Heute sind sie ganz unter sich.

So möchten es auch unsere Familien gerne öfter haben – Zeit fürs Familienleben bleibt doch nur selten. Oft genug ist gerade Weihnachten mehr Anlass zu Streit als zum Frieden, da müsste Zeit sein, so manchen Konflikt auszuräumen, ganz unter sich.

Aber dass wir uns da nicht täuschen. Die Heilige Familie bleibt nicht unter sich. Sie wollten im Tempel ihren Sohn Gott weihen, und schon werden sie auch hier, in der fremden Stadt, unter fremden Leuten, erkannt. Vor Überraschungen kann man nie sicher sein. Der Mensch, der plötzlich vor ihnen steht, ist dennoch eine Bereicherung für das Familienleben. Der Tag soll sich lohnen.

Kyrie

- Du hast den Stall und die Krippe in Betlehem nicht gescheut.
  Herr, erbarme dich.
- Du hast dich einer Familie anvertraut. Christus, erbarme dich.
- Dich hat deine Familie in dein wahres Zuhause getragen,
  in das Haus deines Vaters. Herr, erbarme dich.

Lesungstexte

- Kol 3,12-17 (!) od. Mal 3,1-4 (Lesung zum Fest der Darstellung des Herrn)
- *für Kinder:* »Schenk deiner Seele ein Lied« von Ingeborg Pilgram-Brückner; in: Dies.: »Komm, kleine Freude«; Stuttgart (Mellinger) 1999, S. 39

(Der kleine Wicht, der plötzlich aus dem Rosenquarz stieg, will Felicitas zum Glück verhelfen. Der Überraschungsgast will einfach nur ein Viertelstündchen Zeit, jeden Tag. Und jeden Tag stellt der Wicht nun eine Aufgabe, die Felicitas tatsächlich rundum glücklich macht. Wie gut, dass sie sich die Zeit genommen hat.)

- Lk 2,22-35 (!)

Predigt

Liebe Gemeinde, verehrte Gäste.

... Sie wollen jetzt wirklich eine Predigt hören? Aber kurz muss sie sein? Sie dürfen auf die Uhr schauen: zwei Minuten – wirklich, nicht länger. Ich will Sie nicht aufhalten. Schön jedenfalls, dass Sie mir überhaupt zuhören wollen. Sie haben sich gesetzt, Sie sind nicht einmal so arg in Eile. Vielleicht haben Sie heute gar keinen Termin mehr. Finden Sie's dann schlimm, wenn die Predigt jetzt, sagen wir mal, drei Minuten dauert? Und wenn sie sogar noch ungewöhnlich oder interessant würde, wenn sie nicht einfach irgendwie dahergesagt und belanglos wäre, wenn Sie das Gefühl hätten, wirklich etwas erfahren zu haben – würden Sie dann vielleicht auch vier Minuten genehmigen?

Ich will Ihnen nichts vormachen. Die Predigt dauert acht Minuten. Eine haben wir schon hinter uns. Ich habe sie vergeudet, indem ich mich fast entschuldigt habe dafür, dass ich so frei war, einfach am Mikrophon zu bleiben. Dabei haben Sie sich extra hingesetzt; ich brauche mich nicht zu entschuldigen. Sie erwarten etwas von mir.

Damit haben Sie Maria und Josef etwas voraus. Die beiden jungen Eltern wollten soeben ihre Pflicht tun. Mit den Gedanken sind sie bei der Zeremonie im Tempel, der kostspieligen und langwierigen. Es ist ja das erste Mal, dass sie wegen des Kindes hier zu tun haben, und der Priester wartet nicht auf sie. Und ausgerechnet dann kommt ein alter Mann und geht nicht aus dem Weg, sondern starrt sie einfach an. Den hat die Heilige Familie nun absolut nicht erwartet. Den kennen sie gar nicht.

Wohl aber kennt er sie. Und er hat sie erwartet. Es ist für ihn sicher nicht ganz einfach, die jungen Leute anzusprechen. Er hält sie dennoch auf. Er entschuldigt sich nicht, er denkt nicht daran, dass den Eltern Jesu vielleicht die Zeit davon läuft. Ein Glück, dass Maria und Josef die Überraschungen in ihrem Leben gewohnt sind. Den Engel, der Maria die Botschaft der Mutterschaft überbringt und dem Josef den guten Rat erteilt, der Maria treu zu bleiben, haben sie genauso wenig erwartet wie den greisen Simeon. Und dann war da noch die Geschichte mit den Sterndeutern aus dem Morgenland. Von denen erzählt uns Lukas nichts. Sie hätten doch gut zu all den Überraschungsgästen der Weihnachtszeit gepasst – warum überlässt er es dem Matthäus, von den Sterndeutern zu berichten? Wusste er am Ende nichts davon? Wir müssen feststellen, dass andererseits Matthäus nichts von einem gewissen Simeon wusste. Wer hat nun Recht?

Im Stall von Betlehem hatte die Familie reichlich Zeit. Da werden sie sich gefreut haben über den unerwarteten Besuch der Magier. Da hat man sich

gern zusammengesetzt, man war ja daheim, auch wenn es nur ein vorübergehendes Zuhause war. Und es hat sich gelohnt – hätte man sich nicht mit ihnen aufgehalten, hätte es weder Gold noch Weihrauch noch Myrrhe gegeben.
Im Tempel ist es etwas anders, da sind sie nicht daheim. Im Tempel macht man keine Kaffeekränzchen. Da ist es wie heute in den Kirchen: Das Sitzfleisch spart man sich für den Frühschoppen. Hier geht man seiner Pflicht nach. Man hat Kontakt mit Gott, nicht mit seinesgleichen, und weil der Kontakt mit Gott eine ernste Sache ist, möchte man es so schnell wie möglich hinter sich bringen. Maria und Josef ist es ernst, dass sie ihren Jesus bringen, sie sind mit dem Herzen dabei, und doch ist es eben ein Ritual, das vollzogen sein muss und irgendwann auch wieder vorbei sein darf. Sie sind auch nur Menschen.
Simeon kommt ungünstig. Anstatt etwas zu bringen, nimmt er sich das Kind. Und dann spricht er seine Botschaft. Er spricht sie zu Gott, dem er den Augenblick verdankt. Und er spricht von sich in der dritten Person, als wäre er ein anderer. »Nun lässt du, Herr, deinen Knecht, wie du gesagt hast, in Frieden scheiden.« Er ist ein anderer geworden, plötzlich. Und darauf hat er sein Leben lang gewartet. Er ist nicht mehr Simeon, der seltsame Alte, der jeden Tag durch die Stadt wandert und den Messias des Herrn sucht. Er hat einen Stern aufgehen sehen, »ein Licht, das die Heiden erleuchtet, und Herrlichkeit für dein Volk Israel.« Er ist zum Sterndeuter geworden, jetzt, da er das Licht auf dem Arm trägt.
Auch für Maria und Josef, die sich gewundert haben, ist er nicht mehr irgendeiner, der so daherkommt. Simeon hat in ihren Augen nicht mehr nur einfach das Kind an sich genommen. Mit seiner Botschaft hat er ihnen auch etwas geschenkt. Gold kann man ausgeben und verschwenden – die Worte nicht, die Jesus das Heil nennen und Licht und Herrlichkeit. Jesus, das erkennen sie, ist ihr wahrer Schatz. Weihrauch verraucht – der Friede nicht, der dem Simeon gegeben ist. Es ist ein Friede, den Jesus an alle Menschen weitergibt. Myrrhe muss man nicht zu sich nehmen – das Schwert schon, das Maria durch die Seele dringen wird. Es wird nicht alles schön werden mit Jesus, das macht die Botschaft so ehrlich.
Bei Lukas gibt es nur einen einzigen Magier. Er kommt nicht an die Krippe, nicht an die vorübergehende Heimat des Menschensohnes, sondern dahin, wo er wirklich zu Hause ist. Der Tempel ist das Haus seines Vaters; so nennt es Jesus selbst. So väterlich, wie Simeon das Kind in die Arme nimmt, ist er auch mehr als ein Magier. »Der Heilige Geist ruhte auf ihm.« In diesem Augenblick ist geschehen, wozu Maria und Josef in den Tempel kamen:

Sie wollten ihr Kind dem Herrn weihen, gemäß dem Gesetz. Ganz unerwartet hat der Herr das Kind geweiht, durch den Geist, der auf Simeon ruhte. Der Ritus bestätigt nur, was schon geschehen ist.
Wie gut, dass Maria und Josef sich aufhalten ließen. Die wenigen Minuten haben sie beschenkt für das ganze Leben. Gott sucht sich nicht immer den Ritus und den Gottesdienst. Er sucht sich Überraschungsgäste, um den Menschen etwas zu schenken. Vielleicht kann das für Sie auch eine Botschaft sein, von der Sie sagen: Gut, dass ich mir acht Minuten Zeit genommen habe.

Fürbitten

- *Die Idee: Auch wir lassen uns überraschen, wer von den Kindern Gast am Mikrophon sein wird und in einer Fürbitte eine wichtige Botschaft an Gott weitergibt.*
- *Für jedeN SprecherIn (Kinder) ein Überraschungsei. Die Eier sind in Geschenkpapier eingewickelt, auf dem das Stichwort der Fürbitte steht.*

Guter Gott. Das Leben hält für jeden von uns seine Überraschungen bereit. Damit es keine schlechten Überraschungen werden, bitten wir dich:

1. Ich bitte um **Frieden**, wo Krieg herrscht. Wenn alle Menschen sich bemühen würden – das wäre eine Überraschung.
2. Ich bitte um **Nahrung**, wo Hunger herrscht. Wenn alle Menschen teilen würden – das wäre eine Überraschung.
3. Ich bitte um **Trost**, wo jemand traurig ist. Wenn alle Menschen füreinander da wären – das wäre eine Überraschung.
4. Ich bitte um **Hilfe**, wo Not herrscht. Wenn alle Menschen aufeinander schauen könnten – das wäre eine Überraschung.
5. Ich bitte um **Mut**, wo Unrecht geschieht. Wenn alle Menschen eingreifen würden – das wäre eine Überraschung.
6. Ich bitte um **Heilung**, wo Krankheit ist. Wenn alle Menschen ihr Möglichstes täten – das wäre eine Überraschung.
7. Ich bitte um **Kraft**, wo andere nicht weiter wissen. Wenn alle Menschen sich gegenseitig stärken würden – das wäre eine Überraschung.

Denn in all diesen guten Überraschungen könnte dein Geist sichtbar werden, der jetzt noch durch unsere Welt weht, durch Christus unseren Herrn. Amen.

ERSCHEINUNG DES HERRN

Wo sind die Geschenke geblieben?

Einführung

Beim feierlichen Einzug gehen auch die Sternsinger mit, die in den vergangenen Tagen im Ort unterwegs waren. Nach ihrem Spruch findet ein kurzes Gespräch mit ihnen statt; dazu folgende Impulse:
Wie anstrengend es war... Wie die Leute euch aufgenommen haben... Was man euch gegeben hat... Worüber ihr euch am meisten gefreut und am meisten geärgert habt... Wie wohl die Empfänger des Sternsinger-Geldes (je nach Aktion) reagieren werden, wenn sie es bekommen... Geschenke machen, Geschenke bekommen, wie das ist...
Dann: Geschenke bekommt auch Jesus in der Krippe. Es ist eines der wenigen Male, dass Jesus überhaupt etwas geschenkt bekommt – und dabei hat er noch nicht einmal mit den Werken begonnen, deretwegen er auf die Welt gekommen ist. Gold, Weihrauch und Myrrhe sind keine Gegenleistung und kein Dank, sondern ein Vorschuss. Und Jesus gibt ihn später einmal tausendfach zurück.
In dieser weihnachtlichen Feststimmung dürfen wir uns mit ihm freuen über den unerwarteten Besuch und uns mit den Sterndeutern zusammen noch eine Weile an der Krippe aufhalten.

Kyrie

- Du Kind im Stall, so reich beschenkt: Herr, erbarme dich.
- Du Kind, das auch uns Menschen reich beschenkt:
  Christus, erbarme dich.
- Du Kind, lass uns dein Leben Beispiel sein: Herr, erbarme dich.

Lesungstexte

- Jes 60,1-6
- *für Kinder:* »Etwas Lebendiges für den lahmen Peter« von Astrid Lindgren; in: Dies.: »Erzählungen«; Hamburg (Oetinger) 1990, S. 74

(Eine Geschichte über Geschenke, die wirklich Freude machen: Annastina und Stummelchen überlegen, wie sie es anstellen können, dem kranken Peter, der nicht laufen kann, etwas »Lebendiges« zu Weihnachten zu schenken, sein sehnlichster Wunsch! Schließlich schenken sie ihm eine kleine Katze. Die Freude ist riesengroß.)

- Mt 2,1-12

Predigt

Liebe Gemeinde, verehrte Gäste.

Kaum sind die Sterndeuter heimwärts gezogen, ist es mit der Herrlichkeit des Weihnachtsfestes vorbei. Das gilt heute wie damals. Morgen schon wartet der Recyclinghof auf unsere Christbäume. Morgen schon flieht die Heilige Familie vor dem ganz unweihnachtlichen Zorn des Herodes nach Ägypten. Viel haben sie nicht mitzunehmen, Josef, Maria und das Kind. Ein paar Windeln, ein wenig Proviant, Geschenke der Hirten, und die Dinge, die die Sterndeuter dagelassen haben: Gold, Weihrauch und Myrrhe.

Stellen Sie sich die arme Flüchtlingsfamilie vor, die an der Grenze zu Ägypten Asyl beantragt – und dann stellt sich heraus, dass sie einen nicht unerheblichen Batzen Gold dabeihat, von dem wertvollen Weihrauch und der teuren Myrrhe ganz abgesehen. Heute würde Herr Schily das nächste Flugzeug bereitmachen: Abschiebung ins Herkunftsland. Aber Josef, der so schlau war, auf seine Träume zu achten und diesen einen als böse Vorahnung zu deuten, wird auch so schlau gewesen sein, die Schätze nicht jedem auf die Nase zu binden.

Was ist also mit ihnen geschehen, mit dem ganzen Gold, dem Weihrauch, der Myrrhe? Nie mehr wird davon berichtet, nie mehr erwähnt, ob damit vielleicht der Lebensunterhalt in Ägypten gesichert worden war, oder ob vielleicht das Häuschen in Nazaret gekauft worden war nach der Rückkehr, oder ob die Schätze aus Angst einfach vergraben worden sind. Nie mehr ein Wort darüber.

Wir heute sind gewohnt, auf Besitz zu achten; es ist ja auch ein biblisches Wort: »Halte fest, was du hast.« (Offb 3,11) Wenn aber die Bibel so deutlich vom Besitz spricht, ist, wie wir wissen, Geld und Hab und Gut nicht gemeint. Es geht um Werte und inneren Besitz. Wie passen da also Gold, Weihrauch und Myrrhe, so teure Sachen, zu einer Familie, deren Sohn die Werte, den inneren Besitz und sogar die Armut predigt? Reich sind sie tatsächlich nie geworden, die Nazarener. Ihr Gold haben sie nicht verwandelt. Ihren Weihrauch nicht vermehrt. Ihre Myrrhe nicht zu weiterem Gold gemacht. Und dennoch begegnen uns die Geschenke der Sterndeuter im Leben Jesu immer wieder. Da ist die Myrrhe ihr Gold wert geworden. Da ist der Weihrauch vermehrt bis ins Unendliche. Da ist auch Gold verwandelt.

Die Myrrhe ist ein Balsamgewächs (Bursera). Ihr Harz wird als Balsam oder als Räucherwerk benutzt. Heute noch schwört man auf ihre heilende Wirkung. Der Evangelist Lukas fasst das Lebenswerk Jesu zusammen, wenn er sagt: »Alle Leute versuchten, ihn zu berühren; denn es ging eine Kraft von ihm aus, die alle heilte.« (Lk 6,19) Myrrhe ist das Geschenk für einen Arzt.

Jesus selbst sagt über sich: »Nicht die Gesunden brauchen den Arzt, sondern die Kranken.« (Lk 5,31 par) Und er heilt nicht nur körperliche Gebrechen, sondern auch die kranken, schuldig gewordenen Seelen. Sein ganzes Leben war Myrrhe für die Menschen.
Am Ende seines menschlichen Lebens erhält er dieses Geschenk noch einmal so wie am Anfang in der Krippe: »Am ersten Tag der Woche gingen die Frauen mit den wohlriechenden Salben, die sie zubereitet hatten, in aller Frühe zum Grab.« (Lk 24,1) So beginnt die Erzählung vom Ostermorgen. Die Salben sind nichts anderes als der Balsam der Myrrhe – ihn haben schon die ägyptischen Priester zur Einbalsamierung der Toten verwendet.
Der Weihrauch gilt keinem Toten, sondern einem, der ewig lebt. Mose erhält von Gott dieses Gesetz: »Das Räucherwerk, das du bereiten sollst – in derselben Mischung dürft ihr euch kein anderes herstellen –, soll dir als dem Herrn heilig gelten. Wer solches um des Duftes willen herstellt, soll aus seinen Stammesgenossen ausgemerzt werden.« (Ex 30,37-38) Wer einem Kind wie dem in Betlehem Weihrauch darbringt, muss wissen, dass er ihn einem Gott darbringt, um nicht schuldig zu werden.
Weihrauch, verbrannt zur Ehre Gottes, ist flüchtig. Seine Wirkung kann man spüren und ahnen, aber nicht mehr greifen. So ist Gott. So ist Jesus. Sein Ruf eilt ihm voran wie ein Duft. Wo er hinkommt, erwartet man ihn längst. Und als er in den Himmel auffährt, lässt er seinen Geist zurück. Der Duft Gottes bleibt uns erhalten. So empfindet es auch Paulus, wenn er an die Korinther schreibt: »Dank sei Gott, der uns stets im Siegeszug Christi mitführt und durch uns den Duft der Erkenntnis Christi an allen Orten verbreitet. Denn wir sind Christi Wohlgeruch für Gott unter denen, die gerettet werden, wie unter denen, die verloren gehen.« (2 Kor 2,14) Der Weihrauch der Sterndeuter weht bis heute durch die Welt.
Wir müssen selbst das Unsere tun, um den Duft, den Geist Gottes lebendig zu halten. Wir müssen auch selbst suchen, um das Gold zu finden, das die Sterndeuter einst gebracht haben. Es ist das Gold für einen König. Es bedeutet Macht und Reichtum, Einfluss und Stärke. Es bedeutet auch Missbrauch und Unrecht. Jesus war nicht der König, wie Israel ihn sich erwartet hat. Er war ein ganz anderer König. In ihm verwandelt sich der Begriff des Königtums, und auch der Goldschatz ist unerwartet anders: Jesus herrscht über Leben und Tod, über Krankheiten und Dämonen, über Lebenseinstellungen und Gewohnheiten. Und er befreit die Menschen von der Versklavung durch religiöse Gesetze. Seine Macht lässt sie zu Kindern Gottes werden. »Jesus Christus hat uns freigekauft«, (Gal 3,14) sagt Paulus. Er hat mit seinem Leben bezahlt, das ist das Gold, das er anbieten konnte.

Kostbarer als das Gold, das wir für unsere Messgeräte verwenden, ist uns heute das Gold, das wir in ihnen aufbewahren. Bis heute zahlt Christus für unser Leben. Er zahlt mit dem Gold eines einfachen Weizenbrotes und dem Gold eines klaren Weißweins. Er zahlt mit seinem Leib und seinem Blut. Das sind die Geschenke der Sterndeuter. Und wenn wir anfangs wissen wollten, wo sie geblieben sind, dann feiern wir jetzt, dass wir sie gefunden haben: hier bei uns. Legen wir Weihrauch ein, holen wir Brot und Wein auf den Altar und begehen wir das Messopfer als heilenden Balsam für unsere Seelen.

Fürbitten

- *Die Idee: Die Geschenke der Sterndeuter breiten wir noch einmal vor Jesus aus.*
- *Vor dem Altar sind drei Tücher, halbkreisförmig ausgebreitet (kann auch während der Fürbitten durch Kinder gemacht werden): gold, silber und grün oder rot; ein Weihrauchgefäß mit glühender Kohle auf dem silbernen Tuch; Kinder erhalten (vor der Messfeier oder unmittelbar bei der Fürbitte von einem eigenen Tischchen): vergoldete Messgeräte (Kelch, Patene usw.), Weihrauchschiffchen und eine Schale mit Myrrhe (gibt's in der Apotheke).*

Guter Gott. Wir bringen neben unseren Gaben auch unsere Bitten zu dir. Höre, was wir dir sagen wollen:

1. Gib auch uns dein Gold in die Hände, damit wir es für uns haben und weiterschenken können: das Gold schöner Tage, das Gold eines aufmerksamen Blicks, das Gold eines Lächelns, das Gold unserer guten Taten und das Gold eines erfüllten Lebens. Du Geber alles guten:

Kinder bringen die vergoldeten Messgeräte auf ihren Platz: goldenes Tuch

2. Gib auch uns deinen Weihrauch, damit wir ihn selbst einatmen und weitergeben können: die Beziehungen, die untereinander stimmen; die Streitigkeiten, die sich auflösen können; die gespannte Atmosphäre, die plötzlich aufheitert; die Menschen, die sich endlich wieder »riechen« können.

Kinder legen Weihrauchkörner ein

3. Gib auch uns deine heilende Myrrhe, damit wir ihre Kraft selbst erfahren und weitergeben können: immer, wenn es keinen Ausweg mehr gibt; immer, wenn der Sinn des Lebens verloren scheint; immer, wenn schwere Krankheit am Leben verzweifeln lässt; immer, wenn der Tod in unser Leben dringt.

Kinder stellen die Schale mit Myrrhe auf ihren Platz: grünes/rotes Tuch

Unser Gebet ist dir wichtig. So höre und erhöre uns durch deinen Sohn, der heute erschienen ist, Christus, unseren Herrn, Amen.

OSTERSONNTAG – MESSE AM TAG

Aufgeräumt

Einführung

Eine lange Nacht liegt hinter uns. Wir feiern die Auferstehung nun zum zweiten Mal. Wir feiern sie vielleicht auch schon zum tausendsten Mal – wir feiern Auferstehung jedes Mal, wenn wir am Sonntag Eucharistie halten. Wir können nicht oft genug zum Grab gehen und uns vergewissern, dass es wirklich wahr ist, was die Frauen gesehen haben. Wir sind wahre Jünger und Jüngerinnen Jesu, denn auch Petrus und Johannes machen sich auf den Weg und sehen nach, ob alles so ist, wie die Frauen es ihnen berichtet haben. Gehen wir heute ganz bewusst mit ihnen, lassen wir uns überraschen von den Entdeckungen, die die Jünger machen. So, wie wir es hier aufgebaut haben, sieht es jedenfalls nicht aus. Es ist ganz anders, ganz eigenartig anders…

Kyrie

- Du bist unter den Toten nicht mehr zu finden. Herr, erbarme dich.
- Du hast die Macht des Todes zerbrochen. Christus, erbarme dich.
- Du sendest uns Boten und Zeichen, damit wir an das Leben glauben können. Herr, erbarme dich.

Lesungstexte

- Apg 10,34a.37-43
- *für Kinder:* »Martins Ostern« von Felix Leibrock; in: »Vorlesebuch Erzähl mir vom Glauben« (Hg.: Arbeitsgruppe Kinderkatechismus); Lahr (Kaufmann), Gütersloh (Gütersloher Verlagshaus) 2002, S. 56

(Martin hat Kummer, weil seine Eltern sich trennen wollen. Ohne dass die beiden etwas davon ahnen, führt er sie durch eine Einladung zum Osterkonzert wieder zusammen. Die Beziehung kann »aufgeräumt« werden, ein Neuanfang ist möglich.)

- Joh 20,1-9

Predigt

Liebe Gemeinde, verehrte Gäste.

In Turin kann man ein besonderes Tuch bewundern, ein einfaches Leinentuch, das den Abdruck eines liegenden Mannes zeigt: das »Turiner Grabtuch«. Das Original stammt nicht etwa aus Turin, sondern wurde im Jahre 1204 durch Kreuzritter aus Konstantinopel in den Westen gebracht. Seitdem ist es hochverehrt und hochumstritten. Vielleicht ist der Mann, dessen Spuren das Leinen trägt, Jesus Christus? Zahlreiche Untersuchungen hat man durchgeführt, zahlreiche Kopien angefertigt, zahlreiche Menschen zieht es immer wieder in seinen Bann. Das »Turiner Grabtuch« ist eine Reliquie ganz besonderer Art. Seine Verehrung zeigt einmal mehr, dass der Mensch gern Greifbares will. Wäre es am Ende ein Beweis für unseren Glauben?

Die Frage nach dem Aussehen Jesu beschäftigt uns. Der Ostermorgen aber sorgt für eine ganze Menge weiterer, nicht unwesentlicher Fragen. Die Frauen, von denen wir gehört haben, sind mit Sicherheit die ganze Nacht wach gewesen. Welche Mutter könnte ruhig schlafen, wenn ihr Sohn so tragisch ums Leben gekommen wäre? Bei der ersten Gelegenheit, dem ersten leichten Morgenrot, verlassen sie die Betten, in denen sie sich gequält haben. Und noch auf dem Weg zum Grab mag das Aussehen Jesu, sein Gesicht, seine Hände, seine Worte und Taten, eine wichtige Rolle gespielt haben. Man sieht ihn noch deutlich vor sich. Man erinnert sich eben. »Weißt du noch...?« Und plötzlich ist es aus mit der Erinnerung. Die Gegenwart holt sie ein, alle drei. Wir haben heute Nacht einen knappen Text gehört. Markus schilderte, was unmittelbar vor sich ging. Irgendwie friedlich war es, nur ein bisschen komisch. Wie sollten die Frauen, in all den Gedanken, in all der Trauer, nicht erschrecken, als plötzlich einer dasaß, so friedlich, und glücklich strahlte: »Er ist auferstanden.«

Was Markus ebenfalls nicht berichtete, was wir jedoch gerade eben gehört haben, da wir schon ein bisschen wacher sind und aufmerksamer, da wir uns jetzt selbst einen zweiten Blick in die Grabkammer gönnen, ist diese Sache mit den Leinenbinden. Nur Johannes, der späteste der Evangelisten, erwähnt sie. Sie liegen sauber zusammengebunden auf ihrem Platz, das Tuch für das Gesicht, das Schweißtuch, daneben an einem besonderen Platz. Eine allzu ausführliche Beschreibung, wie ich finde. Wir sollten sie nicht links liegen lassen, die Leinenbinden, in die der Körper des Toten eingewickelt war. Jemand hat aufgeräumt, bevor die Frauen kamen.

Eine Auferstehung, bei der man alles sauber aufgeräumt hinterlässt, bei der auch noch ein Bote Zeit findet, es sich in Ruhe bequem zu machen, als wartete er schon seit Stunden, könnte von den großen Kriminalroman-Autoren nicht besser beschrieben werden: Ein von langer Hand sorgfältig geplantes Verbrechen gegen den Tod. Jesus ist als Verbrecher hingerichtet worden. Nur hat er nicht *ver*- sondern *zer*brochen: Auf elegante und seriöse Weise zerbricht er die Macht des Todes, das Siegel am Grabstein und die Enge der dunklen Kammer.

Vor den drei Frauen hätte Jesus einen filmreifen, beeindruckenden Ostermorgen aufführen können. Imposante Zeichen dieser Art sind uns bekannt: Die Taube und die Stimme vom Himmel bei der Taufe am Jordan, die Verklärung am Berg Tabor mit Elia, Mose und viel hellem Licht, und schließlich der Tod mit Finsternis und Erdbeben. Jesus selbst sagt einmal zu einem dieser Zeichen: »Nicht mir galt diese Stimme, sondern euch.« (Joh 12,30) Gott wählt seine Zeichen passend, denn der Mensch soll sie verstehen. Gott hat nicht nur Brachiales im Programm. Nach all dem Schmerz, den besonders die Frauen durchgemacht haben – sie waren ja bis zuletzt bei Jesus –, haben sie liebevolle Zeichen verdient.

Ein Mann sitzt da und wartet auf sie. Gott lässt die Frauen nicht allein mit der Erfahrung des leeren Grabes. Jemand nimmt sie bei der Hand und beruhigt mit seiner wohltuenden Ausstrahlung.

Und die Leinenbinden sind sauber zusammengelegt. Wenn das, was Jesus am Körper hatte, seine allerletzten Kleider, so gut aufgehoben wurden, dann muss auch Jesus selbst gut aufgehoben sein in seinem neuen, verwandelten Leben.

So können die Frauen eine neue Richtung einschlagen, sie gehen nach Galiläa zurück, zum Anfang der Geschichte. Und sie machen dort einen neuen Anfang. Auch für sie beginnt ein neues Leben.

Ob sie die Leinenbinden mitgenommen haben, ob sie es sind, die als Grabtuch Christi nach Konstantinopel und Turin gelangt sind, hat kein Evangelist aufgeschrieben, auch Johannes nicht, für den sie doch ein so wesentliches Detail waren. Das alte Leben spielt einfach keine Rolle mehr. Vielleicht ist es ganz gut aufgehoben da, in seiner Grabkammer. Und die Frage, wie er aussieht, unser Jesus, stellt der Ostermorgen ganz anders: Die Frauen sind gespannt, wie das neue Leben aussieht.

Fürbitten

- *Die Idee: Wenn auch wir die »Grabkammer« aufräumen, alles sorgsam zusammenlegen, wird hier in unserer Kirche das Wesentliche sichtbar.*
- *Ein Tisch, mit schwarzem Tuch vollständig bedeckt; darunter verbirgt sich weißes Tuch, das den Tisch ebenfalls vollständig abdeckt; auf dem weißen Tuch liegt ein Schild aus weißem Karton, in großen Buchstaben ist dort zu lesen: »Leben ist Neubeginn«; Stüt-*

zen oder eine andere Möglichkeit, das Schild aufzustellen, sind vorbereitet; auf dem schwarzen Tuch sind drei weitere weiße Tücher recht unordentlich verteilt.

Guter Gott. Etwas Altes zurückzulassen und Neues zu beginnen, fällt uns schwer. Wir bitten dich:

1. »Legt den alten Menschen ab. Zieht den neuen Menschen an«, schreibt Paulus an die Epheser (4,22.24). Hilf uns dabei, mit alten Gewohnheiten und überkommenen Lebensweisen im Guten abzuschließen, damit wir Neues beginnen können. *Du Weg zum Leben:*

Die Kinder legen das erste der drei weißen Tücher zusammen und vor dem Tisch ab.

2. »Lass die Toten ihre Toten begraben«, sagt Jesus denen, die ihm nachfolgen wollen (Mt 8,22 par). Hilf uns, nach einer Zeit des Abschiednehmens die Trauer um Vergangenes abzulegen, damit die Freude an dem, was kommt, ihren Platz haben kann.

Das zweite weiße Tuch wird zusammengelegt...

3. »Die Huld des Herrn ist nicht erschöpft, sein Erbarmen ist nicht zu Ende. Neu ist es an jedem Morgen«, bekennt der Prophet Jeremia (Klgl 3,22-23a). Wenn wir in unseren Familien Streit haben, gib ihnen den Mut, innerlich und miteinander Konflikte auszuräumen, gib ihnen Kraft zum Neuanfang.

... dann das dritte.

4. »Das Wesen der ganzen Schöpfung wurde neu gestaltet«, betet ein Weisheitslehrer der Bibel (Weish 19,6). Hilf uns allen auf dem Weg zu dir, dass auch wir als Teil deiner Schöpfung neu gestaltet werden im ewigen Leben.

Zuletzt nehmen die Kinder die schwarze Abdeckung vom Tisch: Zum Vorschein kommt das weiße Tischtuch; die Botschaft wird vorgelesen und aufgestellt.

Denn in Jesus Christus hast du uns den Weg gezeigt, die Wahrheit und das Leben. Dafür danken wir dir durch Christus, unseren auferstandenen Herrn. Amen.

2. SONNTAG DER OSTERZEIT
Schmucknarben

Einführung

Nach Ostern – was bleibt? Vor den Jüngern erscheint Jesus, der Auferstandene, als hätte er nie im Grab gelegen. Sie erkennen ihn. Auch an den Worten, an seiner Botschaft, die klar und deutlich ist wie vorher. Sein besonde-

res Erkennungszeichen in dieser Zeit nach Ostern aber sind seine Wundmale. Mit ihnen ist er unverwechselbar der, der gelitten hat und gestorben ist, und zugleich der, der auferstanden ist.
Thomas, der den Berichten seiner Freunde keinen Glauben schenkt, erfährt das heute in besonderer Weise. Wäre Thomas nicht gewesen, hätten wir vielleicht stärker auf seine Worte geachtet als auf die unauslöschlichen Zeichen an Händen und Füßen und an seiner Seite. Auch wir haben die Gelegenheit, ihnen so nahe zu kommen wie Thomas, der Zweifler.

Kyrie

- Deine Geduld mit uns kennt keine Grenzen. Herr, erbarme dich.
- Du zeigst dich, damit die Menschen glauben können.
  Christus, erbarme dich.
- Deine Nähe stärkt und bringt den Frieden. Herr, erbarme dich.

Lesungstexte

- Apg 4,32-35
- *für Kinder:* »Der glückliche Prinz« von Oscar Wilde; versch. Ausgaben, z.B. nacherzählt und illustriert von Jane Ray; Freiburg (Herder) 1994

(Eine goldene Statue, die die Not der Stadt sehen, aber nicht lindern kann, erhält Hilfe von einer Schwalbe. Stück für Stück bringt sie das Gold und die Edelsteine der Figur zu den Not leidenden Menschen. Die Schwalbe stirbt, weil sie in ihrer Fürsorge der Winter überrascht. Die Statue wird eingeschmolzen, weil sie schäbig geworden ist. Durch die tödlichen Wunden bleiben die Menschen lebendig – und noch etwas bleibt: Das bleierne Herz der Statue und der tote Vogel werden das Kostbarste, was der Engel in Gottes Paradiesgarten bringen kann.)

- Joh 20,19-31

Predigt

Liebe Gemeinde, verehrte Gäste.
Es gibt so vieles, wovon man Narben davonträgt. Man kann sogar stolz auf sie sein. In fast allen afrikanischen Völkern ist es üblich, sich Schmucknarben anbringen zu lassen – sie kennzeichnen den Eintritt in einen neuen Lebensabschnitt. Die Riten, in denen diese Narben zugefügt werden, sind ebenso genau festgelegt wie die Zeichen und die Körperstellen, für die sie bestimmt sind. Die Zeremonien können Tage dauern, sind oft verbunden mit einer Zeit der Abgeschiedenheit, einer Zeit, in der die meist jungen Menschen von ihrer Familie getrennt leben und nur mit dem Zeremonienmeister Kontakt haben dürfen.

In manchen Völkern werden schon Neugeborene mit Schutzzeichen versehen. In vielen Gebieten sieht man an den Narben der Frauen, ob sie verheiratet sind, ledig oder verwitwet und wie viele Kinder sie geboren haben, und an den Narben der Männer, welchen Stand sie innerhalb der Gemeinschaft haben oder wie es mit ihrem Jagdglück steht. Die Narben dienen auch der Information. Der Eintritt ins Erwachsenenalter gehört zu den intensivsten Riten der afrikanischen Völker. Die jungen Frauen und Männer, die daran teilnehmen, erhalten die unauslöschlichen Zeichen ihrer Stämme, sind von da an mit allen Rechten und Pflichten ausgestattet. Die Schmucknarbe sagt, was ist: »Dahinter kannst du nie mehr zurück.«
Stolz sein auf Wunden, die einem jemand zufügt, und wichtige Schlüsse auf Leben und Stand aus ihnen zu ziehen, ist jedoch nicht nur eine Sache Afrikas. Ich kenne Weltkriegsveteranen, die in geselligen Runden nicht etwa ihre Orden präsentieren, sondern ihr Holzbein, das Glasauge oder die Narbe der tiefen Schnittwunde mitten durchs Gesicht. Was andere verstecken, tragen sie bewusst und stolz, weil es von einem Einsatz zeugt, der von Anfang an bewundert und hoch dekoriert wurde. Eine Kriegsverwundung kann für sich schon ein Orden sein, mehr wert sogar als glänzendes Blech und eine hübsche Urkunde. Die Geschichte, die unbedingt dazugehört, führt noch Jahrzehnte später zu respektvollem Schweigen. So ist der Erzähler wieder ein bisschen versöhnt mit den Verletzungen einer grausamen Zeit. Die Narben werden zu Schmucknarben, zu Zeichen für den Mut und die Tapferkeit ihres Trägers.
Jesus zeigt sie ebenfalls, seine Narben, die Wundmale an Händen und Füßen und an der Seite. Sind auch sie bewundernswerte Trophäen? Sie könnten es sein. Sie könnten die Zeichen von Mut und Tapferkeit in jenem Weltkrieg sein, den das Gute gegen das Böse, den Gott gegen den Teufel ausgefochten hatte. »O Lebensfürst, o starker Held« (Gotteslob Nr. 226, 3. Strophe) singen wir in der Osterzeit und »Preist den Todesüberwinder« (Nr. 854, Passauer Diözesanteil). Manchmal brauchen wir ihn, den Kriegsgott, der mit starkem Arm aus der Bedrängnis befreit und Verwundung nicht scheut. Wir brauchen ihn, weil wir so viele Situationen erleben, in denen wir selbst einem üblen Schicksal machtlos gegenüberstehen. Wenigstens unser HerrGott ist ein todesmutiger Held, ein Sieger noch dazu. So ist er – unser Vater im Himmel. Mit einem Helden, einem Sieger sind wir gern verwandt. Man kann ebenso stolz auf ihn sein wie ein Sohn auf seinen Vater, der im Krieg zwar ein Bein verlor, dafür aber Stalingrad überlebte.
Hat man Jesus nicht auch so angekündigt? Die Weissagungen der Propheten sind uns etwas wert. Jedes Jahr zur Weihnachtszeit sehen wir, was sie gesehen haben: »Uns ist ein Kind geboren, ein Sohn ist uns geschenkt.« (Jes 9,5)

Jesaja, von dem diese Worte überliefert sind, sieht schon das Kind als starken Gott, er sieht die Herrschaft auf seinen Schultern liegen. Er lässt ihn von Anfang an mit uns verwandt sein und nennt ihn »Vater in Ewigkeit«. Aber wir staunen: In diese Pauken- und Trompetentöne vom starken Helden mischen sich ganz andere, fast fremde Klänge. Die Herrschaft auf den Schultern unseres Helden wird nicht durch Kampf und Krieg stabil, sondern »er festigt und stützt es durch Recht und Gerechtigkeit.« (Jes 9,6) Er ist gar kein Kriegsheld, unser Gott, er ist vielmehr »wunderbarer Ratgeber« und, das vor allem, ein »Fürst des Friedens« (Jes 9,5).
Was dem Messias in die Wiege gelegt war, sind nicht die Schwerter, die Gewehre, die Atombomben für den finalen Weltkrieg gegen das Böse. Für einen wirklich starken Gott und Friedensfürsten ist das Böse doch gar kein ernsthafter Gegner. Gott wäre nicht Gott, wenn das Böse ebenso mächtig wäre. Dann hätten wir zwei Götter. Aber es gibt »keinen Gott außer dem einen« (1 Kor 8,4).
Welchen Sinn haben dann die Narben, die Jesus seinen Jüngern und ganz besonders eindringlich dem Jünger Thomas vorzeigt? Wenn da kein Krieg war, warum dann die Verwundungen, die doch tatsächlich tödlich waren? Diese Narben lassen sich nicht wie Trophäen präsentieren. Jesus hat es nicht nötig, stolz auf sie zu sein; stolz muss man sein, wenn man es nicht ertragen kann, schwach und verletzlich zu sein. Die Narben Jesu verstehen am ehesten die Eltern, die von ihren Kindern verachtet und allein gelassen werden. Viele von ihnen sind imstande, diese ihre Kinder dennoch zu lieben und immer wieder den Kopf und den Geldbeutel hinzuhalten, und haben im Herzen tiefe Wunden, die nur langsam vernarben.
Jesus ließ sich verletzen, obwohl er es nicht nötig gehabt hätte, obwohl er anders hätte handeln können. Er ließ sich so freiwillig verwunden wie die jungen Frauen und Männer der Völker Afrikas, die einem neuen Lebensabschnitt entgegengehen. Jesus ist in der Liebe zu den Menschen erwachsen geworden, er hat Einsamkeit und Schmerz erduldet, um ins ewige Leben einzutreten. Weil er alles so kommen ließ, blieb er der »Fürst des Friedens«; weil er sich nicht gewehrt hat, hat er den Krieg verhindert. Jesus zeigt sich in seinen Wundmalen als der »Vater in Ewigkeit«, an seinen Narben kann man erkennen, wie viele Kinder er mit seiner Auferstehung gezeugt hat: uns alle. »So bezeugt der Geist selber«, schreibt Paulus, »dass wir Kinder Gottes sind.« (Röm 8,16) Die Narben sind keine Trophäen. Es sind die Schmucknarben eines neuen Lebens, und sie sagen: »Dahinter kannst du nie mehr zurück.« Nach so einer Botschaft muss man sich nicht mutig und tapfer fühlen, sondern geliebt – das ist ein wesentlich schöneres Gefühl.

Fürbitten

- *Die Idee: »Dahinter kannst du nie mehr zurück« heißt auch, dass Wunden nicht mehr sein müssen. In den Fürbitten ist Jesus der Arzt, der sich um unsere Verwundungen sorgt.*
- *Für jedes Kind je ein Stück: Heftpflaster, Papiertaschentuch, Vitamin-Brausetablette – in einem Arzt-Koffer aufbewahrt.*

Guter Gott. Die Wunden deines Sohnes sind verheilt und schmerzen nicht mehr. Er ist vielmehr der Arzt, der sich um unsere Wunden sorgt. Durch ihn bitten wir dich:

1. Kämpfe und Kriege verursachen viel Leid auf unserer Welt. Verbinde du die Wunden, die die Völker sich schlagen, und bringe du den Menschen Frieden. *Gott, unser Vater:*

Einige Kinder dürfen »Ärzte« sein und den Arzt-Koffer öffnen. Sie verteilen an die anderen (und sich selbst) die Heftpflaster.

2. Böse Worte und schlechte Meinung verwunden die Menschen, die sie treffen, in ihrem Herzen. Trockne du die Tränen, die viele im Stillen weinen, und bringe du den Menschen Versöhnung.

Jetzt dürfen andere Kinder »Ärzte« sein und die Taschentücher verteilen.

3. Fehlendes Lob und mangelnde Anerkennung lassen die Mensche ausbluten und in der Seele verarmen. Schenke du der Seele neue Kraft und gib du den Menschen das Gefühl, beachtet und geliebt zu werden.

Wieder andere »Ärzte« verteilen die Tabletten.

Dein Sohn brachte die Botschaft: Nicht die Gesunden brauchen den Arzt, sondern die Kranken. Dass du für uns ein Arzt bist in allen Nöten, dafür danken wir dir durch ihn, Christus, unseren Herrn. Amen.

3. SONNTAG DER OSTERZEIT
Vampirgeschichten

Einführung

Die Jünger haben keine Ruhe in ihrer Kammer. Sie hatten sich eingeschlossen, keiner sollte ihnen etwas antun können. So beginnt die Osterzeit. Alles andere als Freude. Die erste Erscheinung, der vergangene Sonntag, hat ihnen aus dieser Angst nicht herausgeholfen. Immer noch sind sie eingeschlossen.

Ein Einbrecher überrascht sie. Sie erschrecken. Wir werden hören, wer sich hinter dem Geist verbirgt, den sie zu sehen glauben. Ostern soll nicht so gespenstisch bleiben, wie es zu Beginn dieser Begegnung scheint.
Auch an uns liegt es, zu überwinden, was Angst macht. Für einen Gott, der Angst macht, ist kein Platz in unserem Glauben. Wie sollte sonst das Leben möglich sein, das das Osterfest verheißt?

Kyrie

- Aus dem Reich des Todes bist du erstanden. Herr, erbarme dich.
- Aus Liebe erscheinst du den Jüngern und zeigst dich als der Lebendige. Christus, erbarme dich.
- Aus der Dunkelheit führst du auch uns zum Licht. Herr, erbarme dich.

Lesungstexte

- 1 Joh 2,1-5a
- *für Kinder:* »Die will ich sehen!« von Annegret Reimann; Zürich (Palazzo) 1999

(Peter will unbedingt die Monster sehen, die sich laut Zeitung in der Stadt aufhalten sollen. Als dann tatsächlich drei merkwürdige Gestalten hinter ihm auftauchen, ist es erst einmal vorbei mit der Abenteuerlust. Doch Peter ist mutig – das Unbekannte zeigt sich oft ganz anders als erwartet oder befürchtet.)

- Lk 24,35-48

Predigt

Liebe Gemeinde, verehrte Gäste.
Stellen Sie sich vor: Da ist ein Festsaal voller Leute. Alle tragen sie etwas altertümliche Kleider und haben etwas seltsame Sitten, aber sie scheinen es recht lustig zu haben. Die drei Gäste, die sich auf ihr Schloss verirrt hatten und die nun eingeladen sind zu ihrem Fest, lassen es sich ebenfalls gut gehen. Manches kommt den Gästen komisch vor, und Klarheit erhalten sie, weil in dem Saal – wie es sich für einen Festsaal gehört – einige Spiegel an den Wänden hängen. Der Festsaal ist voll; im Spiegel: nur drei Leute. Die Gäste erkennen, dass sie es mit Vampiren zu tun haben, die ihre neuen Opfer feiern.
Keine Angst, diese Geschichte ist nur eine Szene aus dem Film »Tanz der Vampire«. Vampirgeschichten haben in der Kirche nichts zu suchen? Das meine ich auch.
Ein Vampir saugt dem Menschen das Blut aus den Adern – und war einmal selber ein Mensch. Er existiert eine kurze Zeit im Dunkel der Nacht und lebt vom Leben eines Menschen. Er ist tot und kann nicht wirklich sterben.

Alles, was Angst und Dunkelheit verbreitet, was das Leben fordert und den Lebenssaft aussaugt, hat seit der Osternacht nichts mehr in der Kirche zu suchen. In dieser Nacht haben wir einen gefeiert, der mit dem Tageslicht in eine dunkle Gruft eingebrochen ist. Wer dort das Licht gescheut hat, musste zu Staub zerfallen.

Vampir- und Geistergeschichten haben in der Osternacht ein Ende gefunden. Die Jünger haben das Grab mit eigenen Augen leer gesehen, die Frauen die Botschaft der Engel gehört, die Freunde aus Emmaus eben ihre Begegnung mit Jesus erzählt: Sie wussten es alle. Das wissen auch wir durch die Verkündigung der Kirche – aber allein das Wissen darum reicht noch nicht aus, um eine tief verwurzelte Angst auszuschalten. Es ist die Angst vor allem Fremden und Unfassbaren, vor allem, was sich verändert und nichts mehr so sein lässt wie früher. Wir alle haben eine tiefe Angst, unsere Sicherheiten zu verlieren und das, was uns als Person ausmacht.

Wenn mich jemand in Frage stellt, bin ich verunsichert. Und je größer meine Unsicherheit ist, desto heftiger wehre ich mich. Ich schlage zurück. Ich habe ja einen Gegner, ein Gegenüber für meine Angst. Es sei denn, ein Gegenüber ist zu mächtig. Dann bleibt man allein mit seiner Unsicherheit – die Geburtsstunde für eine ganz persönliche kleine Horrorgeschichte.

Vor einigen Jahren beobachtete ich einen Jungen, den ich gut kannte, wie er Vampire auf einen Luftballon malte. Einen großen, einen mit Rock, ein paar kleinere. Seine Antwort auf meine Frage nach der Bedeutung war ganz beiläufig: »Ach, sind nur meine Eltern.« Das Bild des Blutsaugers passte gut zu seinem Vater, der jede eigene Initiative im Keim erstickte – und damit jede eigene Entwicklung, jede Lebensenergie förmlich aussaugte.

Jeder Geist, jeder Vampir ist ein Stück der eigenen Seele, mit der man allein gelassen ist. Immerhin sind wir zu Bildern fähig für das, was wir in uns entdecken. Wir machen uns ein Gegenüber, wenn kein wirkliches greifbar oder zu mächtig ist. Dass es so feststehende Bilder für unsere Ängste gibt wie die Figur des Vampirs zum Beispiel, zeigt nur, dass viele Menschen ähnliche Erfahrungen gemacht haben müssen und weiterhin machen. Manchmal vermuten wir auch da, wo wirklich ein Mensch aus Fleisch und Blut vor uns steht, ein Gespenst. Unsere tiefe innere Angst übertragen wir auf den Anderen. Aus Angst, dass der Vater wieder zuschlägt, zuckt das Kind auch vor dem Lehrer zusammen beim geringsten Wort.

Da haben wir also Osternacht gefeiert und alles Dunkle, alle Geister vertrieben, und trotzdem treiben sie noch ihr Unwesen. Das ist auch das Geheimnis, das die Jünger in den ersten Tagen nach Ostern umgibt. Was sie *wissen*, was man ihnen *gesagt hat*, hat zunächst keine Wirkung. Jesus ist tot, sie

haben ihn sterben sehen. Und sie haben Angst, wie es weitergeht. Ihr Lebenskonzept, das ganz auf Jesus gebaut ist, wird in Frage gestellt. Die Bevölkerung, die jüdische Obrigkeit, die römische Besatzungsmacht haben zum Angriff geblasen. Dieses Gegenüber ist zu mächtig, als dass man ihm Widerstand leisten könnte. Mit ihrer Angst sind sie alle allein. Und noch schlimmer: Jesus hat sie hineingeritten und dann im Stich gelassen. Er hat ihnen die schönsten Jahre ihres Lebens genommen. Er hat sie ausgesaugt. Wenn Jesus jetzt in dieser Situation erscheint, dann muss er auf den ersten Blick ein Albtraum sein, eine Projektion des Schreckens. Den Jüngern schießen die Gedanken durch den Kopf: »Soll das jetzt so weitergehen? Hört das denn nie auf?« Und genau hier greifen die Sätze, die Jesus spricht: »Ich bin es selbst. Fasst mich doch an. Kein Geist hat Fleisch und Knochen.« Und hier greift sein Beweis: Er isst vor ihren Augen. Er ist eben kein Albtraum. Er hat das Leben seiner Jünger nicht umgekrempelt, um es zu ruinieren, sondern um es zu erfüllen. Er beschenkt sie und saugt sie nicht aus wie ein Vampir. Er nimmt ihnen nicht jeden Mut und jede Lebenskraft, er macht sie nicht blutleer, sondern lässt sogar noch sein eigenes Blut zurück als Zeichen eines neuen und ewigen Bundes, eines Bundes fürs Leben.
Es braucht Zeit, es braucht sein vielfaches Erscheinen, bis er auffahren kann zu seinem Vater im Himmel. Langsam nur kann Jesus die Angst seiner Jünger, nun allein mit sich selbst und gegen eine vernichtende Übermacht dazustehen, abbauen. Wenn sie frei von ihrer Angst sind, wenn die Begegnung mit Jesus keine Geistergeschichte mehr ist, dann können sie auf eigenen Füßen stehen, dann reicht ihre Sicherheit und Persönlichkeit aus, um auch anderen glaubhaft zu machen: Er ist wahrhaft auferstanden.
Die Zeit nach Ostern erleben wir jedes Jahr. Jeder von uns erlebt seine Zeit nach Ostern. Manchmal meine ich, ich hätte Gott gefunden. Doch dann geht es mir so wie den drei Gästen im Festsaal beim Tanz der Vampire: Im Spiegel sehe ich ihn plötzlich nicht mehr. Genau betrachtet war also das Bild, das ich mir gemacht habe, das eines kraftraubenden Geistes. Dass Gott Fleisch und Blut hat, *weiß* ich. Bis ich es wirklich glauben kann, auch, dass er durch mich Fleisch und Blut annimmt, dass auch ich ein Teil Gottes bin, dazu wird noch viel Lebenserfahrung nötig sein.

Fürbitten

- *Die Idee: Allem Gespenstischen, Geisterhaften wollen wir auf den Grund gehen; wir werden sehen, wie es zerplatzt und was tatsächlich übrig bleibt.*
- *Drei dunkle Luftballons, aufgeblasen und auf einen Haltedraht gesteckt; ein Ziegelstein zum Einstecken der Drähte.*

- *Auf die Luftballons werden Fledermäuse und Gespenster aufgemalt; in den Luftballons wurden vor dem Aufblasen versteckt: ein goldenes Kettchen mit einem Kreuzanhänger, ein Kettchen mit einem kleinen Ring, eines mit einem Herzanhänger.*

Guter Gott. Weil du ein lebendiger Gott bist und ein Gott der Lebenden und nicht der Toten, kommen wir mit unseren Bitten zu dir:

1. »Selig, die nicht sehen und doch glauben.« Deine Worte an den Apostel Thomas gelten auch uns. Hilf uns in allen Glaubenszweifeln, dass wir dich als Wirklichkeit erfahren und nicht als Gespenst, auch wenn wir nichts von dir sehen. *Gott, der du Mensch warst unter uns:*
Ein Kind darf den ersten Luftballon zerplatzen und das Kettchen mit dem Kreuzanhänger behalten. Übers Mikrophon beschreibt es der Gemeinde, was sich bei »näherem Hinsehen« hinter dem Gespenst verborgen hat. So wird auch bei den anderen Fürbitten verfahren.
2. »Tut dies zu meinem Gedächtnis.« Deine Worte beim Letzten Abendmahl hören wir in jeder Messfeier. Sei leibhaftig unter uns, wenn wir an dein Werk denken, damit du spürbar bist, auch wenn wir nichts von dir sehen.
(Hier kommt das Kettchen mit dem Ring zum Vorschein: das Zeichen der Treue und des Gedenkens.)
3. »Wer aus der Wahrheit ist, hört auf meine Stimme.« Deine Worte an Pontius Pilatus wollen uns aufmerksam machen. Lass uns deine Worte annehmen als Wege zu einem wahren und erfüllten Leben, auch wenn wir nichts von dir sehen.
(Das Herzchen als Zeichen der Wahrheit und des erfüllten Lebens.)

Denn du willst uns nicht verunsichern, sondern stärken, damit wir als reife Persönlichkeiten vor dir stehen können. Dafür danken wir durch Christus, unseren Herrn. Amen.

4. SONNTAG DER OSTERZEIT
Hirtenbrief

Einführung
Der Sonntag des Guten Hirten, den wir heute feiern, zeigt uns Jesus ganz anders als die vergangenen Sonntage der Osterzeit. Das Evangelium heute ist keiner Erscheinung des Auferstandenen vor seinen Jüngern mehr gewidmet. Es ist genug bewiesen, dass Jesus lebt.

Heute hören wir Worte, die Jesus lange vor seinem Tod gesprochen hatte. Es scheint so, als dämmere es den Jüngern endlich, was ihr Meister damals gemeint hatte. »Ich gebe mein Leben hin für die Schafe.« Jetzt endlich, nachdem ihnen Jesus so oft als der Lebendige erschienen war, können sie all ihre Erinnerungen, all die Reden, Mahnungen und Gleichnisse richtig einordnen. Jetzt können sie anfangen, selber gute Hirten für die junge Christengemeinde zu sein, damit ihre Erinnerungen durch ihr eigenes Wort und ihre eigenen Taten gepflegt werden und dem Heil der Menschen dienen.
Heute, am Sonntag des Guten Hirten, ist auch Weltgebetstag für geistliche Berufe. Verstehen wir es denn heute noch, die Worte Jesu zu pflegen und darzulegen, dass die guten Hirten nicht ausgehen?

Kyrie

- Du bist der gute Hirt. Herr, erbarme dich.
- Du kennst die Deinen, und die Deinen kennen dich.
  Christus, erbarme dich.
- Du gibst dein Leben hin für die Schafe. Herr, erbarme dich.

Lesungstexte

- Apg 4,8-12
- *für Kinder:* »Der junge Schafhirt und der Wolf« aus den Äsopischen Fabeln; versch. Ausgaben, z.B.: nacherzählt von Werner Thuswaldner, mit Bildern von Gisela Dürr; Gossau Zürich (Neugebauer) 1994, o. Seitenangabe *(Ein Junge, dem das Schafe Hüten zu langweilig ist, hält die Dorfgemeinschaft zum Narren, indem er sie grundlos zu Hilfe holt mit dem Ruf: »Ein Wolf!« Als tatsächlich ein Wolf kommt, glaubt ihm niemand mehr. Seine Schafe werden Opfer des Tieres. Auf das richtige Gespür für Worte und Handlungen sowie für den Ernst der Lage kommt es an, wenn man ein guter Hirt sein will.)*
- Joh 10,11-18

Predigt

(Heute trifft, passend zum Thema, ein Hirtenbrief:)
Meine sehr verehrten lieben Schwestern und Brüder im Herrn, liebe Schäfchen alle.
Fühlt man sich nicht oft so? So verehrt und lieb die Anrede sein mag – da spricht der Oberhirte durch seine Unterhirten zu seinen Gemeindeschäfchen. Dazwischenblöken darf man auch nicht.
Sie kennen das Problem, dass solche Briefe gern zu lang werden. Und nicht selten sprechen sie eine Sprache, die ihre Hörer nicht wirklich ins Herz trifft.

Da wird zwar Wichtiges und Gutes gesagt, aber gern über die Köpfe hinweg. »... Und sie werden auf meine Stimme hören.« sagt Jesus im Evangelium. Sie – das sind die Schafe, die nicht aus dem Stall Israel sind, die keine Juden sind, sondern Griechen, Römer, Germanen, Deutsche. Sie – das sind wir. Und wir werden auf seine Stimme hören. Da sind wir zwar und feiern Gottesdienst, aber da gibt es so viel zum *Weg*hören. Die Sprache, die hier in diesem Gebäude gesprochen wird, hat sich so lange eingespielt, dass man sie nicht mehr wirklich hören kann. Das ist die Sprache eines Oberhirten, das ist auch die Sprache des Messbuchs.
Haben Sie die Sätze des heutigen Tagesgebetes noch in Erinnerung? »Dein Sohn ist der Kirche siegreich vorausgegangen als der Gute Hirte.« Das ist richtig, mehr noch, eine umwerfende Tatsache: Da ist ein Gott, der sich nicht hinten anstellt, wenn es Probleme gibt, sondern an vorderster Front kämpft. Wer siegreich ist, muss zuvor gekämpft haben – er scheut keine Auseinandersetzung. Auf diese Weise ist er nicht nur seinen Jüngern vorangegangen, sondern auch uns, den Nachfolgern, der Kirche. Gott ist immer noch da. Er geht auch jetzt voraus. Sonst hätten wir niemanden, den wir anreden könnten: »Allmächtiger, ewiger Gott.«
Und diesen entscheidenden Satz für den Weg der Kirche wissen Sie nicht mehr? Obwohl er vor gerade mal 10 Minuten ausgesprochen wurde? Ich verstehe Sie sehr gut. Hätte ich für die Predigt nicht gezielt nachgesehen, ich hätte ihn auch nicht wiederholen können – und habe ihn doch sogar selbst ausgesprochen. Zwei Gründe gibt es, warum so viel gesagt und so viel dennoch nicht gehört wird:
Der eine ist unsere Sprache. Wie sagt man Botschaften weiter, so dass sie immer wieder wiederholt werden können, nichts von ihrem Wahrheitsgehalt verlieren und von Völkern und Kulturen auf der ganzen Erde verstanden werden können – und das auch noch in hundert Jahren? Da entwickeln sich Formulierungen, die man als Fachbegriffe unseres Glaubens bezeichnen kann. Sie sind so wahr, dass man über ihren Sinn niemals streiten kann. Wenn wir sie jedes Mal neu finden und festsetzen müssten, kämen wir ja auch nicht weiter. Wir brauchen auch die Sicherheit des Bekannten. »Gott« selbst ist so ein Begriff. Wer »Gott« sagt, hat Recht. »Im Namen Gottes«, zum Beispiel. »Die Feier der österlichen Geheimnisse« – da gibt es nichts zu Rütteln. Wir können es nicht besser. Aber versuchen könnten wir es öfter.
Die Kritik an der Sprache unseres Messbuchs ist nicht einmal nur meine Privatmeinung – zurzeit arbeitet man an verantwortlicher Stelle an einem neuen Messbuch. Wann es fertig und veröffentlicht sein wird, steht allerdings noch in den Sternen. Wie gut es sein wird, auch.

Der zweite Grund hat mit den Hirten zu tun. Wir Priester, wir Hirten, wir Berufschristen sind dazu da zu verkünden. Wenn wir solche Sätze, wie ich sie als Beispiele zitiert habe, ins Mikrophon sprechen, wundert sich keiner. Es ist völlig normal. Was erwartet man schon anderes von uns? Erwartungen verleiten. Eine Rolle, die angetragen und weiter nicht hinterfragt wird, muss man nicht ändern. Wozu auch? Seit Jahrhunderten hat sich die Rollenverteilung bewährt: Der Bischof und Priester als Hirten, die Gemeinde als ihre Schäfchen. Die Schäfchen werden also schon auf unsere Stimme hören.
Um es aber auch einmal positiv zu formulieren: Es muss eben jemanden geben, der vorausgeht, der sagt, wo's lang geht. Wir Geistlichen dürfen aber nicht vergessen, auch im Ernstfall noch an vorderster Front zu stehen und zu kämpfen wie unser Vorbild, der Gute Hirte.
Sie verstehen jetzt sehr gut, warum dieser Sonntag auch der Weltgebetstag für geistliche Berufe ist. Beten wollen wir aber nicht um Menschen, die eine Rolle übernehmen und ihr Sprachspiel spielen, nicht also um Menschen, die selbst unbedingt Hirten sein wollen, sondern um Menschen, die auf die Stimme ihres Hirten hören und *ihm* folgen, nicht irgendeinem bezahlten Knecht. Dieser eine Gute Hirte hat keine salbungsvollen Briefe geschrieben, er hat keine letztgültigen und immerwährenden Formulierungen für seine Botschaft gesucht, für ihn war keiner »Meine sehr verehrten lieben Brüder und Schwestern im Herrn.« Für ihn hieß es kurz und bündig: »Folge mir nach.« (Mk 2,14 u.ö.)
Beten wollen wir also um jeden von uns, hier in der Kirche und zu Hause. Jeder Christ hat auf die Stimme seines Hirten gehört. Jeder übt zu Hause und in seiner Arbeit einen geistlichen Beruf aus. Mehr noch: Niemand ist nur Christ von Beruf, sondern Christ als Persönlichkeit.
Ich möchte Sie ermutigen: Teilen Sie nicht allzu selbstverständlich Rollen zu, gestalten Sie sie mit. Sagen Sie, wenn Sie weghören mussten, weil wir hier vorne die falsche Sprache sprechen. Kurz und bündig soll es sein – und damit haben Sie Recht.
»Folge mir nach« – das ist kurz und bündig und manchmal brutal. Jesus geht immer noch voran mit solchen Sätzen. Folgen wir ihm. Es gibt schließlich nur *eine* Herde und *einen* Hirten.

Fürbitten

- *Die Idee: Gott ist unser Hirte, auf seiner Weide sind wir alle zuhause, Gott stärkt uns mit seinem Brot.*
- *Der Altar ist noch ohne Kerzen und Kreuz; auf einem eigenen Tisch warten: neben jeder Kerze ein Schaf (aus ganz verschiedenem Material: Stofftier, aus Holz, aus Ton*

– was gerade erreichbar ist); neben dem Kreuz eine Hirtenfigur (von einer Weihnachtskrippe).

- *Außerdem Zaunteile (evtl. Modelleisenbahnzubehör), die wenigstens eine Seite des Altars einfassen können und niedrig genug sind, dass sie die Figuren nicht verdecken.*

Guter Gott. In unserer Sprache versuchen wir, dich zu bitten:

1. Für alle, die in ihrem Beruf häufig von dir reden. Lass sie oft genug auch *mit* dir reden. *Du guter Hirte:*
Zwei Kinder tragen eine Kerze und ein Schaf auf den Altar; beides kommt nebeneinander zu stehen. (Evtl. wird die Kerze erst jetzt angezündet.)
2. Für alle, die sich zu einer besonderen Aufgabe in der Kirche berufen fühlen. Leite sie und hilf ihnen, dass nichts zu selbstverständlich für sie wird.
Noch eine Kerze und ein Schaf.
3. Für alle, die keine Worte finden, mit dir zu sprechen, zu dir zu beten. Schau auf das, was sie tun und lass auch ihre Arbeit Gebet sein.
Eine dritte Kerze und ein Schaf.
4. Für alle, die von dir nichts mehr hören wollen. Finde für sie Menschen, die eine Sprache sprechen, die sie verstehen.
Die letzte Kerze und ein Schaf.

Alle unsere Worte sind unvollkommen. Nimm sie dennoch an, denn mit ihnen zeigen wir ein Stück von uns. Nimm *uns* an durch Christus, unseren Hirten und Herrn. Amen.
Zuletzt werden Kreuz und Hirtenfigur (nebeneinander) in die Mitte des Altares gestellt. Die restlichen Kinder dürfen die »Schafweide« umzäunen.

5. SONNTAG DER OSTERZEIT
Früchtchen

Einführung
Als Gott den Menschen erschuf, so erzählt die Bibel, setzte er ihn in einen Garten, den »Garten Eden«. Gott ist in unserer Vorstellung immer schon der Gärtner, der die Welt, nicht nur die Pflanzen, sondern auch die Tiere und den Menschen, liebevoll hegt und pflegt.
Für Jesus ist er heute ein Weingärtner. Jesus zeigt in seinem Bildwort, dass Gott niemals aufgeben wird, sich um seinen Garten zu sorgen. Er hat einen

ganz besonderen Weinstock gepflanzt: Sein Sohn wächst mitten unter uns auf, und unter all den Früchten, die Gottes Garten zu bieten hat, sind ihm die liebsten doch die, die an diesem Weinstock wachsen.
In Gottes Garten wächst ein jeder von uns. Manchmal muss Gott lange auf uns warten, weil es mit dem Wachsen, dem Erwachsenwerden nicht so recht klappen will. Aber Gott hat Geduld, er weiß ja: Wir wachsen heran an dem einen Weinstock, den er selbst gepflanzt hat.

Kyrie

- Du bist der wahre Weinstock. Herr, erbarme dich.
- Du bleibst in uns, und wir bleiben in dir. Christus, erbarme dich.
- Du bist es, durch den wir reiche Frucht bringen. Herr, erbarme dich.

Lesungstexte

- 1 Joh 3,18-24
- *für Kinder:* »Das Apfelmännchen« von Janosch; Gossau Zürich (Nord-Süd) 1965 *(Der arme Mann hat nur einen Wunsch: An seinem Apfelbaum soll endlich eine Frucht wachsen. Als sein Wunsch sich schließlich erfüllt, wird der einzige Apfel riesengroß. Das ist nun auch wieder nichts – die Leute spotten. Als ein Drache die Menschen bedroht, kann der riesige Apfel doch noch helfen: An ihm erstickt der Drache. Gut, dass es so große Früchte gibt!)*
- Joh 15,1-8

Predigt

Liebe Gemeinde, verehrte Gäste.
»Was bist du denn für Früchtchen?« Dieser Ausdruck weckt auch die Müden auf. Ist ja wohl eine Beleidigung – wer ist hier ein Früchtchen! Ich muss uns enttäuschen: Wir alle sind Früchtchen. Wir alle sind die Trauben an dem Weinstock Christus.
Da hängen wir also herum und warten, bis der Winzer kommt und uns das Leben abnimmt. Das Bild von der Frucht am Weinstock zählt eher zur Kategorie: »Alles schon mal gehört, alles nicht so wahnsinnig spannend.« Aber gerade für uns moderne Zeitgenossen hat es so seine Spannung.
Überlegen Sie mit mir: So ein Früchtchen ist doch alleine gar nichts. Von wegen eigene Größe und Selbstverwirklichung! Da sieht eines wie das andere aus – wehe dir sogar, wenn du ein bisschen anders bist. Die Menschentraube – das ist auch so eine gleichförmige Masse, in der der Einzelne nichts zählt. Dass es um die einzelne Frucht gar nicht geht sondern nur um den Ertrag, beweist das Ende ihrer Lebensgeschichte: Der größte Teil wandert in die

Kelter der Weinbauern, wird zertreten und ausgepresst. So kommt man sich doch vor, wenn man jahrelang arbeitet, Kinder großzieht und einem zum Dank die Rente gekürzt wird. Da kann man dann im Zorn still vor sich hingären, weggeschlossen in einem Eichenfass namens Seniorenresidenz.
Das ganze Leben über hat man von Freiheit eigentlich nichts gemerkt. In ganzen Trauben sind wir doch abhängig, von Gesetzen und Vorgesetzten, von Angebot und Nachfrage, von Bildungswegen und Börsenkursen, von den kleinen Zwängen des Alltags. Eine Rebe ist abhängig von ihrem Weinstock, allein ist sie nicht lebensfähig.
Manchmal, so wie heute, bin ich erstaunt, wie viel Negatives ich in einem Bildwort der Bibel finden kann. »Ich bin der Weinstock, ihr seid die Reben.« Ist das mein Gott, der mich abhängig von sich haben will, der mich ausquetscht und nur an meiner Leistung interessiert ist, der mich am liebsten gleichschalten würde mit hundert anderen Menschen, damit ich nicht so schrecklich eigensinnig bin? Manchmal meine ich, Gott ist wirklich so. Dann muss ich aber auch feststellen, dass ich mich so leicht nicht damit zufrieden geben darf, dass ich noch mal genauer nachlesen muss – dass ich schlicht und einfach nur das gelesen habe, was ich lesen wollte. Gott ist anders.
Jesus ist nicht einfach nur ein Weinstock wie jeder andere auch; er ist der »wahre Weinstock«. Ein unvergleichlicher und außerordentlicher. Mit den Weinstöcken, wie wir sie kennen, hat er allenfalls den Namen gemeinsam – Gott braucht eben Worte aus unserer Sprache, um wenigstens annähernd verständlich zu machen, was es mit ihm auf sich hat. So liefert er selbst alle negativen Deutungen gleich mit und ist sich dessen bewusst. Aber er grenzt ihren Schaden ein. Er spricht davon, dass die Rebe, die keine Frucht bringt, abgeschnitten und ins Feuer geworfen wird. Er will nicht, dass unser Leben fruchtlos bleibt und versauert. Er will, dass wir uns aus dem Rebstock genügend Saft nehmen, um uns in voller Größe einen angemessenen Platz inmitten der hundert anderen Früchte zu verschaffen. Würden wir uns nämlich nicht nehmen, was uns zusteht, dann würden die anderen Früchte uns schnell verdrängen; dann würden wir verkümmern. Dann hätten wir unser Leben längst selbst weggeworfen, bevor noch der Winzer dasteht und uns entsprechend behandelt. Nicht Gott also ist schuld, wenn es so weit kommt. Es gehört zu unserer Freiheit, nach unseren Möglichkeiten zu wachsen und zu reifen. Da kommt es eben auch vor, dass nicht nur einer verkümmert, sondern einer auch zu sehr wächst, sich zu viel vom Leben nimmt und schließlich platzt. Wer noch reif sein will, wenn an den ersten kalten Tagen für den teuren Eiswein geerntet wird, darf weder zu wenig noch zu viel vom Sommer aufgenommen haben. Sein Maß zu kennen ist die Kunst der Reife.

Gott reinigt jede Rebe, sagt Jesus in seinem Bildwort, er schafft jedem seinen Platz, er lässt jedem zukommen, was er braucht, er kennt jeden. So wird es ihm auch am Ende, bei der Ernte, nicht gleichgültig sein, was mit uns passiert. Er beutet uns nicht aus. Jeder moderne Weinbauer behandelt seine Trauben sorgfältig, damit der Wein nicht schlecht wird. Wir werden nicht einfach ausgepresst. Eines Tages werden wir unser Leben einfach abstreifen wie eine alte Haut, und zurück bleibt das, was zählt, unser Lebensinhalt. Und der wird nicht weggeschüttet, der ist nicht umsonst, der verwandelt sich – wie Saft in Wein. Dass es ein schmerzhafter Prozess ist, dass da etwas gärt und vergärt, ist zu verkraften, weil unser Lebensinhalt nur noch wertvoller wird und haltbar für die Ewigkeit.
Vielleicht müssen wir bis dahin warten, um zu sehen, wie wertvoll es wirklich war, an diesem Gott zu hängen und ihn einzulassen mit seiner Botschaft. Manche verlieren die Geduld. Wir sind schließlich zu nichts gezwungen. Wir sind nicht abhängig. Jesus fordert seine Zuhörer auf: »Bleibt in mir, dann bleibe ich in euch.« Das heißt auch, dass wir Nein sagen können, dass wir nicht in ihm bleiben müssen. Vielleicht aber fehlt uns dann ein wirklicher, ein »wahrer« Lebensinhalt – der, den nur der »wahre Weinstock« geben kann. Mitnehmen kann sich jeder, wie immer er sich entscheidet, dass es vor Gott endgültig nun doch keine »Früchtchen« gibt. Jeden Menschen will er als ausgereifte Frucht, als Persönlichkeit mit einem gelungenen, fruchtbaren Leben. Er ist bereit, seinen Teil dazu beizutragen.

Fürbitten

- *Die Idee: An den Trauben einer Rebe können wir entdecken, wie Gott uns gewollt hat: als reife Frucht.*
- *Viele Weinreben auf einer Schale*

Guter Gott. Als Zeichen, dass wir mit dir verbunden sind, dass wir an dir hängen, kommen wir mit unseren Bitten zu dir:

1. Es gibt Zeiten, da sind wir von unserem Leben und Arbeiten enttäuscht. Scheinbar trägt alles so wenig Früchte. Mach uns durch das Bild vom Weinstock Mut – alles braucht seine Zeit, bis es wächst und wieder Früchte trägt, nichts ist umsonst. *Gott, du unser Winzer:*

Die Kinder dürfen sich eine Traube nehmen und gleich aufessen.

2. Es gibt Zeiten, da fühlen wir uns einsam und allein. Scheinbar ist es wenig fruchtbar, mit uns zusammen zu sein. Stärke uns durch das Bild vom Weinstock – nie brauchen wir wirklich allein bleiben, denn immer kann direkt neben uns Beziehung wachsen, die uns mit einschließt.

Kinder holen sich kleinere Reben und verteilen sie unter den Erwachsenen.

3. Es gibt Zeiten, da denken wir an Verlust und Tod. Scheinbar muss alles vergehen, wenn es gerade reif geworden ist. Richte uns auf durch das Bild vom Weinstock – alles wechselt und verwandelt sich, nichts vergeht.

Die Kinder bringen einzelne Trauben auf ihr Familiengrab hinaus, legen sie zwischen die Blumen auf die Erde und sprechen still ein kurzes Gebet, bevor sie zurückkommen (evtl. ist Begleitung nötig).

Durch dein Wort und deine Gegenwart in unserer Feier willst du die Menschen bereichern und gut zu ihrem Ziel führen. Vergiss unsere Bitten nicht, wenn du nun in Brot und echtem Wein zu uns kommst. Amen.

6. SONNTAG DER OSTERZEIT
Liebe

Einführung

»Ich liebe dich so wie du mich, / Am Abend und am Morgen, / Noch war kein Tag, wo du und ich / Nicht teilten unsre Sorgen.« So beginnt der wenig bekannte Dichter Herrosee ein verliebtes Gedicht – Ludwig van Beethoven hat es vertont. Und: Kaum ein Song der modernen Charts kommt ohne dieses Thema aus.
In Worten und Melodien ist die Liebe zuhause. Wie sehen die Taten dazu aus? Worte sind wichtig und Melodien schön, aber in der Tat zeigt sich, was wahre Liebe ist. Jesus macht heute Worte darüber, er kann geradezu ein Lied singen, was die Liebe Gottes zu den Menschen bedeutet – war er doch in den Tod gegangen für sie. Es sind eben keine Sprüche, sondern die Grundlage seiner Taten. »Liebt einander, so wie ich euch geliebt habe«, will er von uns. Seine Worte sollen auch für uns Grundlage unserer Taten sein.

Kyrie

- Deine Liebe zu den Menschen kennt keine Grenzen. Herr, erbarme dich.
- Deine Liebe zeigt, wie dein Vater die Menschen liebt.
  Christus, erbarme dich.
- Deine Liebe will uns nicht als Knechte, sondern als Kinder Gottes.
  Herr, erbarme dich.

Lesungstexte

- 1 Joh 4,7-10
- *für Kinder:* »Eine Liebesgeschichte« von Grégoire Solotareff; in: Ders.: »Sommergeschichten«; Hildesheim (Gerstenberg) 2001, S. 221
(Wie Fred und Lulu, zwei Tintenfische, zueinander finden. In Liebe schlägt die Bewunderung um, als sie entdeckt, dass er »einen sanften Charakter hatte und sich unglaublich glatt anfühlte – ohne klebrig zu sein.« Auch Distanz ist wichtig für eine Beziehung.)
- Joh 15,9-17

Predigt

Liebe Gemeinde, verehrte Gäste.
Sehen wir das mal ganz realistisch: Da kommt einer, stellt sich hin und sagt: »Liebt einander.« Was denken Sie sich?
Es gibt eine Sekte, die hat sich dieses Wort ganz besonders zueigen gemacht. Sie trägt so hübsche Namen wie »Die Familie«, »Kinder Gottes« oder »Familie der Liebe«. Vor fünfzehn Jahren hatte die Sekte, die im Untergrund heute noch existiert, weltweit etwa 12.000 Mitglieder. Und sie alle lieben einander. Ein anderes Wort für diese Art Liebe ist grenzenloser Sex. Es gibt dort keine festen Paarbeziehungen, und auch vor den Kindern macht man nicht Halt. Im sexuellen Akt wird Gott sichtbar – vor allem aber eine der brutalsten Formen von Abhängigkeit, die man sich vorstellen kann. Der freie Wille, nach dem bei uns die Eheleute ausdrücklich gefragt werden, ist bei den »Kindern Gottes« keinen Pfennig wert.
Das also kann es nicht sein, was Jesus von seinen Jüngern erwartet. Er erwartet nicht, dass man Liebe macht, er erwartet keine Talkshow, wo man alles über die Liebe ausbreitet, er erwartet auch keine Regelungen von Kirche oder Staat, wie die Liebe auszusehen hat.
Was erwartet er *denn* – und wieso nennen es die modernen Übersetzungen immer noch so verfänglich und missbrauchbar *Liebe*?
Eine Antwort darauf wissen am ehesten die Ehepaare, die ihre Jubiläen vorbereiten oder schon gefeiert haben. Da spielt immer noch eine Rolle, wie attraktiv der Partner, die Partnerin ist, aber in jedem Blick, den beide füreinander haben, spiegeln sich auch die Zeiten, in denen es der eine mit dem andern schwer hatte. Wie muss man erst miteinander umgehen, wenn eine schwere Krankheit den andern fordert. Da ist es vorbei mit der Attraktivität. Dann stellt sich heraus, wie wenig das Äußere ein Grund ist, zueinander zu stehen. Man hat sich lange genug kennen gelernt, man hat sich manchmal einfach nur ertragen, man hat sich geschätzt. Und doch hat jeder auch so seine Rätsel aufgegeben, seine Geheimnisse bewahrt.

Wie lange Menschen auch zusammen leben, keiner ist wirklich ganz zu erraten. Wo wir offen zueinander sind, erleben wir miteinander wahre Offenbarungen, trotzdem geht das nur, wenn noch genügend Raum für das Geheimnis bleibt. Im richtigen Abstand zwischen Offenheit und Geheimnis kann jeder sein, wie er ist, und den andern sein lassen, wie er ist. So eine Liebe wirkt auch da, wo der Körper nicht mehr mitkommt – oder da, wo der Körper nichts verloren hat.

So hat Gott sich den Menschen gezeigt: Jesus ist die Offenbarung, dass Gott nicht so menschenfern ist, wie manche denken. Aber da gibt es noch so viele Rätsel und Geheimnisse. Jesu Nähe hat den Menschen gut getan, Geheimnisse kann man akzeptieren. Es ist nicht so weit hergeholt, dieses Wort: »Liebt einander, so wie ich euch geliebt habe.« Mit einer wohltuenden Nähe und einer gesunden Distanz nämlich.

Selbstverständlich wird dabei auch der Knecht zum Freund. Man kann sich schon knechten lassen heute von dem Gedanken, wie man wirkt auf andere. Man kann sich selbst damit knechten, immer ein möglichst perfektes Erscheinungsbild zu bieten, um ja geliebt zu werden; von der Masse genauso wie von dem einzelnen Menschen, der mir am meisten bedeutet. Wenn wir auch nur die Hälfte dieser Energien auf unseren Charakter verwenden würden, wäre uns mehr geholfen. Ein Freund nämlich ist einer, an dem ich mich auch dann noch freuen kann, wenn ich hinter das anfängliche Erscheinungsbild geblickt habe. Die Liebe, die den Rahmen der festen Partnerschaft sprengt, heißt Freundschaft. Auch hier braucht es weniger das Äußere als viel mehr die richtige Mischung aus Offenheit und Distanz.

Eine Liebe, die den Menschen sein lässt, wie er ist, verfolgt keinen Zweck, sondern ein Ziel. Fast hört es sich nach einem Zweck an, wenn Jesus sagt: »Ihr seid meine Freunde, wenn ihr tut, was ich euch auftrage.« Freundschaft nur unter einer Bedingung. Freundschaft nur auf Befehl und ziemlich einseitig. »Nicht ihr habt mich erwählt, sondern ich habe euch erwählt.« Aber da würde etwas nicht zusammen passen: Auf der einen Seite Druck und Bedingung, auf der anderen Freiheit zu Nähe, aber auch zu Distanz. Mit Blick auf den entsetzlichen Missbrauch des Wortes von der Liebe, der in Sekten wie der »Familie« bittere Realität ist, mit Blick auch auf die viel subtileren, weniger tragischen und trotzdem schlimmen Formen von Abhängigkeit, die wir mit unserer Liebe und geschicktem Liebesentzug aufzubauen vermögen, ist es vielleicht nicht verkehrt gewesen, dass Jesus in Sachen Liebe gezielte Aufträge erteilt und unverhohlene Mahnungen ausgesprochen hat. Er hätte das auch so formulieren können: »Nicht ihr bestimmt den Maßstab, was als Liebe zu gelten hat; den setze ich.« – »Wenn ihr fähig seid, Liebe so zu zeigen, wie ich es getan habe, dann kann echte Freundschaft entstehen.«

»Kinder Gottes« und »Familie« sind nämlich nicht die, die sich selbst so nennen und mit diesem ihrem Namen Tausende von Menschen ins Unglück stürzen. Kinder Gottes sind die, die gesunde Beziehungen aufbauen können, die also, die nach Jesu Vorbild erwachsen werden.

Fürbitten

- *Die Idee: Mit Seilen kann man verbinden und festbinden, man kann sich auch daran halten – und vor allem kann man wunderschöne Zeichen aus ihnen formen, die etwas über Beziehungen zwischen den Menschen aussagen.*
- *Seile in verschiedenen Farben und verschiedenen Längen (mind. 1 m): rot, grün, blau, gelb (mehrere Seile in derselben Farbe).*

Guter Gott. Beziehung nach dem Vorbild deines Sohnes bedeutet Freiheit und Nähe in einem. Damit wir einander verbinden, aber nicht festbinden, bitten wir dich:

Die Kinder werden nach vorn geholt, um eine größere freie Fläche vor dem Altar herum. (Hinweis an die Erwachsenen, die nicht unmittelbar zusehen können: Nach dem Gottesdienst können sie sehen, was entstanden ist. Es empfiehlt sich, alles genau zu beschreiben, was die Kinder aus den Seilen formen.)

1. Für alle, die sich nach Liebe sehnen wie eine Blume, die nur im Licht aufblüht. Sende ihnen durch andere Menschen einen Sonnenstrahl, der all ihre Schönheit entfalten hilft. *Gott, der du die Welt liebst:*

Aus grünen und roten Seilen formen Kinder am Boden eine Blume, darüber, in einigem Abstand, eine runde Sonne mit zunächst einem Strahl, der die Blume berührt.

2. Für alle, die sich zu sehr an andere binden, so dass sie einander einengen. Sende ihnen durch viele Situationen einen Sonnenstrahl, der ihren festen Griff lockert und die Menschen freier macht.

Zwei weitere Seile (z.B. blau und rot) werden zusammengeknotet und bilden so z.B. einen Kreis. Ein zweiter Strahl, von der Sonne ausgehend, durchbricht den Knoten.

3. Für alle, die ein weites Herz haben für andere Menschen. Sende ihnen durch jedes Wort des Dankes einen Sonnenstrahl, der sie bestärkt.

Aus einem oder zwei roten Seilen wird ein großes Herz gelegt, das wiederum von einem Sonnenstrahl berührt wird.

Du hältst uns deine Hand entgegen und erweist uns deine große Liebe durch Jesus Christus, deinen Sohn. Amen.

In den Himmel wachsen

Einführung

Da »wurde er in den Himmel aufgenommen und setzte sich zur Rechten Gottes«. Diesen Moment feiern wir heute. Es ist der letzte Augenblick einer langen Geschichte, die Jesus Christus mit den Menschen hatte – so scheint es wenigstens.
Der Himmel hat etwas Endgültiges an sich. Jetzt geht es nicht mehr weiter. Wer im Himmel ist, kommt nicht mehr wieder. Der Himmel aber ist in Wirklichkeit ganz anders. »Der Herr stand ihnen bei«, sagt uns das Evangelium noch, nachdem Jesus in den Himmel aufgenommen wurde. Der Beistand kommt aus dem Himmel. Der Beistand sorgt dafür, dass das Christentum wachsen kann, dass das Selbstbewusstsein der Jünger wachsen kann, dass der Mensch an sich wachsen kann.
Wir werden heute darüber nachdenken, wie dieser Himmel sein muss.

Kyrie

- In den Himmel wurdest du aufgenommen,
  aber verlassen hast du uns nie. Herr, erbarme dich.
- Zur Rechten des Vaters sitzt du, aber auch uns stehst du zur Seite.
  Christus, erbarme dich.
- Dein Werk hast du vollbracht, aber du wirst wiederkommen am Ende der Zeit. Herr, erbarme dich.

Lesungstexte

- Apg 1,1-11
- *für Kinder:* »Der Wunderknabe« von Hans Künstler; in: Kurzgeschichten 2 (Hg. Willi Hoffsümmer); Mainz (Grünewald) 1983, S. 109 (Nr. 151)

(Ein Mensch, der bereits im Kindesalter alles weiß, macht sich auf den Weg, um die Welt, von der er alles weiß, auch zu berühren. Er wandert sein Leben lang und büßt dabei sein ganzes Wissen ein, denn er kann ja immer nur einen von so vielen Wegen einschlagen. Am Ende aber stellt sich heraus: Im Gehen, im Kleiner- und Kürzer werden war er immer aufwärts gegangen; die ganze Welt liegt ihm nun zu Füßen.)

- Mk 16,15-20

Predigt

Liebe Gemeinde, verehrte Gäste.

Es geschieht ganz lautlos. Und fast geschieht es unsichtbar. Es geschieht beharrlich, mit unendlicher Ausdauer, ganz anspruchslos. Auf einmal ist ein neuer Trieb, ein neues Blatt zu sehen. Da hat sich die Pflanze am Fenster um 180 Grad gedreht und wächst wieder dem Licht entgegen. Dem Himmel und dem Licht entgegen. Instinktiv und durch keine Macht der Welt zu bremsen. Die gotischen Kathedralen und die Wolkenkratzer – sie erzählen davon, dass der Mensch auch so wachsen will: dem Himmel und dem Licht entgegen. Er will über sich hinaus wachsen, der Mensch. Und weil er selbst nur eine ganz bestimmte Größe erreicht, muss eben sein Lebensraum wachsen. Die Häuser und Gebäude, die Familie und der Freundeskreis, sogar die Staatsgrenzen. Es ist ein Wachstum, das ganz der Natur entspricht; es ist manchmal rücksichtslos und ein Recht des Stärkeren. Wer kann, erobert sich einen Platz an der Sonne. Selbstverständlich werden ein paar Häuser eingerissen, damit das große Einkaufszentrum erbaut werden kann. Selbstverständlich tue ich alles, um möglichst viele Kollegen auf meiner Seite zu haben, und wer mir widerspricht, ist gnadenlos durchgefallen. Selbstverständlich sprechen sie von Mitteldeutschland, weil der schlesische Osten irgendwann auch noch heim ins Reich kommt.

Wer der Größte ist, ist oben auf. Er wirft den größten Schatten auf die Welt. In diesem Schatten kann man ruhen – oder eingehen wie Pflanzen unter dichtem Unkraut. Alles mag gewachsen sein, die Häuser bis zum Himmel – aber ist der mit dem höchsten Haus schon im Himmel? Die Geschichte kennen Sie alle, die Geschichte, in der ein Volk einen Turm baut bis zum Himmel und daran scheitert. »Darum nannte man die Stadt Babel – Verwirrung.« (Gen 11,9a) Denn das Volk scheitert nicht nur, es muss erleben, dass ein Projekt solcher Größe das ganze Leben durcheinander bringt. Keiner versteht den andern mehr. »Dort hat der Herr die Sprache aller Welt verwirrt.« (Gen 11,9b) Der Mensch ist an seiner Größe nicht gewachsen, er war nicht einmal seinem eigenen Größenwahn gewachsen. Der Himmel ist das nicht. Vor lauter Turmbau hat der Mensch vergessen, wo der Himmel ist. Von der Erde aus sieht man nichts mehr von ihm. Denn dazwischen hat sich Asphalt geschoben, Beton, Stahl, Glas und Sommersmog. Vor lauter Turmbau hat der Mensch auch vergessen, worauf man alles bauen kann – nicht nur auf Geld, Einfluss und Macht. Man kann doch auf sich selbst bauen. Muss man das nicht eigentlich zu aller erst? Kommt nicht alles andere in zweiter Linie? Geld, Einfluss, Macht können schwinden, Häuser, Türme, Wolkenkratzer einstürzen – was bleibt einem dann noch, wenn nicht man selbst?

Der Individualismus von heute ist nicht ganz verkehrt. Man muss auf sich schauen, wenn man wirklich wachsen und reifen will. Letzte Woche hörten wir schon eine Botschaft vom Wachsen und Reifen, sogar vom Frucht tragen. Letzte Woche war es der Weinstock, an dem wir die Reben sind. Heute müssen wir wohl wieder zu unserer Zimmerpflanze zurückkehren. Die lebt nämlich nicht in der freien Wildbahn, wo es nur um das Recht des Stärkeren geht. Die lebt in einem eigens für sie besorgten Topf, in einem begrenzten, aber idealen Lebensraum. Und sie hat einen, der sich um sie kümmert. Da, wo wir Menschen uns auch so behütet fühlen, erleben wir Ähnliches. Da können auch wir uns verwurzeln und Fähigkeiten entfalten. Da bauen wir uns nichts auf, da bauen wir an uns selbst. Wahres Wachstum kommt von innen. Und ganz innen spüren wir auch, wo das Licht herkommt, das wir zum Leben brauchen, wo der Himmel ist, nach dem wir uns ausstrecken. Instinktiv und durch keine Macht der Welt zu bremsen. Unsere Grenzen erfahren wir schon – der ideale Lebensraum ist nun einmal ein Raum mit Grenzen, damit nichts wuchert, sich auswächst und an Schönheit verliert. Es schadet uns nichts, wenn hin und wieder einer kommt und uns etwas beschneidet. Den, der sich um uns kümmert, nennen wir Gott. Wir danken es ihm, indem wir auf uns selbst bauen, ohne zu vergessen, woher all unsere Lebensgrundlagen kommen.
Diesen Himmel gibt es auch bei Ihnen zu Hause.

Fürbitten

- *Die Idee: Leben wächst der Sonne entgegen, wir Menschen dem Himmel. Was am Boden liegt, richten wir auf.*
- *Eine große Pflanzschale mit Efeu (der Efeu sollte viele lange Äste haben); größeres Rankgitter, noch besser: Rankgestell; Watte; Sonne: Kartonscheibe, mit Goldpapier und Strahlen verziert; Befestigungsmaterial (kleine Wäscheklammern, Blumendraht).*

Guter Gott. Du willst, dass unsere Seele wächst, sich dir entgegenstreckt und bereits hier auf Erden dein Licht und deinen Himmel spürt. Wir bitten dich:

1. Für alle, die keine Kraft mehr haben, die es aufgegeben haben, nach ihren Idealen zu streben. Sieh auf ihre Not und bereite ihnen den Boden, der sie nährt und ihnen den Mut zu neuem Aufbruch gibt. *Gott, Leben der Welt:* *Kinder bringen die Pflanzschale herein und stellen sie seitlich vor den Altar (evtl. auf einen Hocker). Die Äste hängen zu Boden.*
2. Für alle, die sich mit der Welt und den Gegebenheiten abgefunden haben. Gib ihnen die Gelegenheit, sich vom Boden zu lösen und ihre Fähigkeiten zur vollen Größe zu entfalten.

Das Rankgitter wird in die Schale eingesteckt, die Äste daran hochgerankt.

3. Für alle, die ihr Ziel verloren haben, die sich an etwas festhalten, das ihnen doch keinen Sinn mehr gibt. Öffne ihnen die Augen für das wahre Ziel des Lebens, zeig ihnen, dass dein Reich schon auf der Erde Wirklichkeit werden kann.

Zuletzt wird am oberen Ende des Gitters mit Watte und Sonnenscheibe ein Wolkenhimmel gestaltet.

Wie das Licht der Sonne den Pflanzen Leben und Wachstum schenkt, sorgst du dich um uns, guter Gott. Wir danken dir alle Zeit unseres Lebens bis in Ewigkeit. Amen.

7. SONNTAG DER OSTERZEIT
Jesus betet

Einführung

Manchmal sieht man Jesus-Bilder, auf denen ein schmachtender, pastellfarbener Heiland, von einem hellen Schein umstrahlt, seine Augen zum Himmel richtet. Jesus als unnatürlicher Träumer, weltfremd und immer ein wenig leidend.

»In jener Zeit«, so beginnt das heutige Evangelium, »erhob Jesus seine Augen zum Himmel und betete.« Muss man sich das so vorstellen, wie jene lieblichen Bildchen es uns ausmalen? Ist Jesus der Träumer – oder lässt er im Gebet nicht vielmehr seine Gedanken aufsteigen zu dem, der eben auch sie wahrnimmt, nicht nur die Taten sieht?

Jesu Gebet wird sich als ebenso kraftvoll erweisen wie seine Taten für die Menschen. Jesus ist alles andere als weltfremd. Er weiß: Das Gebet schenkt Kraft und schafft Vertrauen. Lassen wir auch unser eigenes Gebet zu Gott aufsteigen – und halten wir keinen, der betet, für einen weltfremden Träumer.

Kyrie

- Du hast die Menschen in dein Herz geschlossen. Herr, erbarme dich.
- Du willst, dass alle in Gottes Namen bewahrt bleiben und eins sind. Christus, erbarme dich.
- Du willst, dass keiner verloren geht. Herr, erbarme dich.

Lesungstexte

- 1 Joh 4,11-16
- *für Kinder:* »Der Adlergefährte« von Erich Jooß; in: Ders.: »Weißt du, dass die Sterne singen?« (m.Bildern v.Renate Seelig); Freiburg (Herder) 2000, S. 75
(Eine lange Geschichte, die evtl. gekürzt werden muss: Von einem jungen Indianer, der nicht wie die anderen jagen geht, sondern träumen. Er zieht den Zorn seines Stammes auf sich und muss mit seiner Mutter zurückbleiben. och er steht mit den Adlern im Bunde, fliegt manchmal wie sie über das Land. Das rettet nicht nur ihn, sondern auch sein Volk. »Manchmal leben die Geschichten eines Träumers weiter, wenn die Taten der Häuptlinge längst vergessen sind«, schließt die Geschichte.)
- Joh 17,6a.11b-19

Predigt

Liebe Gemeinde, verehrte Gäste.
Es ist so schrecklich, dass es Leute gibt, die einem einfach irgendwelche Sachen in den Mund legen, die man in Wirklichkeit niemals gesagt hat. Und wehren kann man sich dagegen, wenn überhaupt, nur mit großem Aufwand. Das müssen nicht Journalisten sein, die sich die Interviews zurechtschneidern, die sie gerade brauchen.
Bei dem Evangelium, das wir eben gehört haben, kommt es mir auch so vor: Als hätte da einer der Jünger ein Diktiergerät mitlaufen lassen, um die lange Rede Jesu wortwörtlich aufzuzeichnen und zu bewahren, bis der Evangelist Johannes sie etwa hundert Jahre später niederschreiben würde. Da hat man Jesus doch ganz schön was in den Mund gelegt!
Johannes will also genau gewusst haben, was Jesus zu seinem Vater gebetet hat. Wenn Jesus betet, tut er es selbst wie der Zöllner in einem seiner Gleichnisse – nicht vor aller Augen und mit großen Gesten, sondern still und im Hintergrund. Folgerichtig wissen die Evangelisten meistens nur zu berichten: »Er zog sich an einen einsamen Ort zurück, um zu beten.« (Lk 5,16) Der Inhalt solcher Gebete ist uns nicht überliefert. Der Sohn hat mit dem Vater auch seine Geheimnisse. Hier wörtliche Reden zu bieten hieße, die Beziehung zwischen Gott Vater und Gott Sohn besser zu kennen, als Jesus sie selbst seinen engsten Begleitern offengelegt hat. Deutlich genug stellt er ja an anderer Stelle fest: »Euch steht es nicht zu, Zeiten und Fristen zu erfahren, die der Vater in seiner Macht festgesetzt hat.« (Apg 5,2) Und dass es Geheimnisse gibt, die allein im Himmel zu bleiben haben, sagt Jesus ebenfalls sehr deutlich: »Jenen Tag und jene Stunde kennt niemand, nicht einmal der Sohn, sondern nur der Vater.« (Mk 13,32 par)

Die Jünger sind eben manchmal recht neugierig geworden. In dieser Hinsicht sind wir auch gute Jünger. Wir wollen nicht nur genau wissen, was Jesus alles gesagt und getan hat, wir wollen auch genau wissen, was die Zukunft bringt, wir wollen Zeiten, Fristen, Tag und Stunde wissen. Wahrsager haben Hochkonjunktur, Nachrichtenfälscher ebenso. Evangelisten haben auch Hochkonjunktur: Die Sätze, die seit Jahrhunderten dieselben sind, werden überall auf der Welt ständig und jeden Tag aufs Neue abgefragt. Ich glaube, das haben sie gewusst, damals, als sie den Federkiel in ihr Tintenfass getaucht haben, um ihre Geschichte mit dem ersten Wort zu beginnen.
Es mangelt nicht an Büchern, die behaupten, die Evangelien seien eine Fälschung, oder die sagen, die Kirche habe die Evangelien verfälscht und halte die echten Dokumente zurück. Die Funde in den Höhlen von Qumran haben die Diskussion damals besonders angeheizt. Es handelt sich dabei um Schriftstücke, die zu den ältesten Zeugnissen biblischer Texte gehören, geschrieben noch im ersten Jahrhundert unserer Zeitrechnung.
Tatsächlich kommt man ins Grübeln und Zweifeln, wenn man sich so anhört, was Jesus gesagt haben soll, und wenn man weiß, der, der es geschrieben hat, war damals allenfalls ein kleines Baby. Der Schlüssel, der uns mitten im Grübeln in den Schoß fällt, ist der Inhalt des Geschriebenen selbst. Die, die den Bibeltext für heute ausgesucht haben, hätten es uns etwas leichter machen können, indem sie eingefügt hätten, dass Jesus hier ausnahmsweise nicht in der Einsamkeit betet, sondern vor den versammelten Jüngern. Es ist das Abschiedsgebet Jesu. Wenige Verse später schließen sich das Letzte Abendmahl, die Verhaftung, der Tod Jesu an. Es ist noch einen Augenblick Windstille, bevor der große Sturm beginnt. In diesem Augenblick können die Jünger ihrem Meister noch wirklich zuhören, weil keine Ereignisse sie in Beschlag nehmen.
Diesen Zeitpunkt hat Johannes sehr bewusst gewählt. Das Leben Jesu auf der Erde neigt sich dem Ende zu, die Jünger werden Sorge haben, ob nicht alles sinnlos war. Sie brauchen Sicherheit. Deshalb betet Jesus nicht für sich, deshalb sollen alle, die ihn begleitet haben, mithören können, was er sagt. Deshalb ist dieses eine Gebet kein Geheimnis. Jesus wendet sich an den Vater, um für seine Jünger zu beten. »Heiliger Vater, bewahre sie«, sagt er. Dort, wo er nicht mehr leibhaftig da sein kann, soll der Vater im Himmel sein Werk fortführen. Die Jünger haben keine Chance, wenn sie nicht begleitet werden. Und weil man von jemandem, der nicht leibhaftig da ist, so wenig spürt, muss es einem deutlich gesagt werden: Ich vergesse euch nicht. Das Gebet ist wie ein Schutzbrief, mitgegeben von einer Person, deren Macht auch dann noch wirkt, wenn sie nicht selbst anwesend ist.

Und nicht nur Schutzbrief ist das Gebet Jesu, sondern auch Meisterbrief. Jesus teilt seinem Vater mit – so, dass alle es hören wie bei einer feierlichen Verleihung –, dass diese seine Jünger reif sind, ihren Auftrag zu vollziehen. Sie sind nun »in die Welt gesandt«, um von ihren Erlebnissen zu berichten und die Menschen für Gottes Sache zu begeistern. Auch dafür sollen sie vor Bösem bewahrt sein. Im Gebet sagt Jesus: Mit deiner Hilfe werden sie es schaffen.

Um zu erkennen, dass es wirklich so ist, wie Jesus sagt, musste Zeit vergehen. Die christliche Botschaft ist tatsächlich bewahrt worden, die Jünger haben ihre Aufgabe tatsächlich meisterhaft erfüllt. Sonst hätte einer wie Johannes nichts aufzuschreiben gehabt. Es stellt sich heraus: Johannes hat Jesus etwas in den Mund gelegt, was der Wahrheit entspricht, nämlich der geschichtlichen Entwicklung des Christentums. Was er uns eigentlich mitteilt mit seiner Niederschrift, ist nicht der Wortlaut Jesu, sondern die Tatsache, dass eingetroffen ist, wofür Jesus auf die Welt gekommen ist. Er hat aufgeschrieben, nicht was Jesu Mund, sondern was die Geschichte ihm diktiert hat.

Und wenn wir tagtäglich und überall auf der Welt Worte nachlesen, die genaugenommen Fälschungen sind, dann dürfen wir uns dennoch darauf verlassen, dass Gottes Geschichte mit den Menschen auch für uns einen Schutzbrief und einen Meisterbrief daraus macht. Wir halten die Briefe in unseren Händen. Wir sind bewahrt und für unsere Aufgaben befähigt, welche auch immer es sein mögen – der Geist Gottes hat sein Siegel darauf gegeben.

Fürbitten

- *Die Idee: Auf Gott können wir zählen, Jesu Gebete beschützen uns und sind genau so viel wert wie seine Taten für uns.*
- *Ein schönes Schränkchen oder eine Truhe, zunächst mit einem großen Tuch abgedeckt; das Schränkchen / die Truhe muss verschlossen sein, der Schlüssel ist im Kirchenraum versteckt.*
- *In dem Möbelstück aufbewahrt: Siegel der Pfarrei; für jedes Kind ein »Brief« in schöner Schrift: »Schutz- & Meisterbrief – Gott sagt dir: Ich bewahre dich in meinem Namen. Ich behüte dich, und du gehst nicht verloren. Ich sende dich in die Welt. Ich traue dir viel zu. Ich gebe dir mein Wort.«*

Guter Gott. Durch den Evangelisten Johannes haben wir Brief und Siegel bekommen, dass wir auf dich zählen können. Deshalb kommen wir, wie Jesus selbst, mit unseren Bitten zu dir:

1. Du willst dich von uns entdecken lassen. Zeige dich uns als ein Gott, der nicht abweist, sondern immer ein offenes Ohr für uns hat. *Gott, du Ziel unserer Gebete:*

Kinder decken das Schränkchen ab.

2. Du willst deinen Himmel für uns öffnen. Zeige uns durch das Leben deines Sohnes Jesus immer wieder einen Schlüssel, wie wir zu dir kommen können, wenn wir den Zugang zu dir verloren haben.

Kinder suchen den Schlüssel für das Schränkchen und sperren auf.

3. Du gibst uns Brief und Siegel, dass du uns bewahrst und uns all unsere Lebensaufgaben zutraust. Lass uns ruhig werden im Vertrauen auf deine Zusage und Erfolg haben bei allem, was wir versuchen.

Kinder bekommen »Brief und Siegel« aus dem Schränkchen.

Denn du bist im Wort der Evangelisten hörbar, und spürbar in den Zeichen von Brot und Wein, in denen du zu uns kommst durch Christus, unsern Herrn. Amen.

PFINGSTSONNTAG

Lebensatem

Einführung

Himbeergeist, das ist eine klare Sache. Aber Heiliger Geist? Die dritte der Person der Dreifaltigkeit ist wohl die schwierigste. Für sie brauchen wir eine ganze Reihe von Symbolen, um sie uns annähernd erklärbar zu machen. Die Feuerzungen über den Köpfen der Jünger, das Brausen eines Sturms sind gewaltige Symbole, die Taube ist ein sehr anschauliches Symbol.
Ist dagegen ein einfacher Hauch, ein Atemzug Jesu, nicht ein bisschen blass? Es gibt tatsächlich einen Unterschied: Jesus bietet kein neues Bild für den Heiligen Geist, sein Hauch ist kein Symbol, sein Hauch ist der Heilige Geist. Lassen wir den Hauch Gottes auch durch unsere Kirche wehen.

Kyrie

- Herr, du hast unser menschliches Leben geteilt. Herr, erbarme dich.
- Christus, du hast unsere Luft geatmet. Christus, erbarme dich.
- Herr, du wirst uns dein ewiges Leben einhauchen. Herr, erbarme dich.

Lesungstexte

- 1 Kor 12,3b-7.12-13
- *für Kinder:* »Luft. Ein Bilderbuch zum Stillwerden« von Hilde Heyduck-Huth; Lahr (Kaufmann), Kevelaer (Butzon & Bercker) 1998

(In kurzen Sätzen und beruhigenden, großflächigen Bildern regt die Autorin zum Stillwerden und zum Nachdenken über Luft und Atem ein. Ein Nachwort gibt weitere Anregungen zum Arbeiten mit Luft und Atem.)

- Joh 20,19-23

Predigt

Liebe Gemeinde, verehrte Gäste.

Viele Mütter tun das – meine auch. Es passiert eben, dass ein kleiner Stöpsel, wie ich damals auch einer war, mal nicht mehr bremsen kann mit dem Fahrrad. Dann gibt's eben ein aufgeschrammtes Knie und eine Menge Tränen. Meine Mutter hat nicht nur die Wunde verarztet und mit Pflastern zugeklebt, sie hatte auch gegen die Tränen ein Mittel: Sie strich ein paar Mal schnell und leicht über die wehe Stelle, beugte sich herunter und blies darauf. Das war ihr Mittel gegen die Tränen. Und ob Sie's glauben oder nicht, es tat auf einmal gar nicht mehr so weh. Was der Atem einer Mutter alles bewirkt – und mit uns Kindern braucht meine Mutter immer noch einen langen Atem.

Wie weggeblasen. Etwas wegblasen hat sehr alte Wurzeln. Es ist ein Rest der urmenschlichen Vorstellung, Schlechtes, Böses, alles, was dem Menschen Schmerz zufügt, existiere in Form von Geistern. Geister sind nicht Materie, sie lassen sich nicht sehen und nicht greifen. Geister gehören der Luft. Daher ist ihnen auch nur mit Luft beizukommen. Der eigene Atem sorgt für den reinigenden Wind, der alles Schlechte, allen Schaden fortfegt. In magischen Ritualen, wie sie in allen Kulturen von den Indianern Alaskas bis zu den Aborigines Australiens vollzogen wurden und teilweise bis heute werden, wendet man vom Hauch- bis zum Zischlaut alles an, um dem bösen Geist der Krankheit den Marsch zu blasen. Dieses kleine magische Ritual ist auch im aufgeklärten Europa noch zu Hause, von Müttern ganz liebevoll gepflegt (und für die Kinder manchmal ausgesprochen wichtig).

Kein Föhn hilft und auch kein Ventilator, kein Durchzug und kein Fahrtwind – der eigene Atem muss es sein. Das kann nur bedeuten, dass der menschliche Atem im Gegensatz zu allen bösen Geistern das Gute verkörpert. Ich gebe von meinem guten Geist, um alles, was dir schadet und was dich schmerzt, zu beseitigen. Wie weggeblasen. Das Gute im Menschen ist auch sein Lebensatem. »Da formte Gott, der Herr, den Menschen aus Erde vom Ackerboden und blies in seine Nase den Lebensatem. So wurde der Mensch zu einem lebendigen Wesen.« (Gen 2,7)

Irgendwann war der Geist Gottes über dem Wasser geschwebt, irgendwann war der Lebensatem Gottes heimatlos gewesen, das Leben in der Schwebe.

Gottes Atem hat ein Zuhause, seit es den Menschen gibt. Ganz am Ende der Schöpfung gab Gott sein Bestes; das Ende der Schöpfung war nicht, als er den Menschen schuf, das war, als er ihm ein Teil von sich selbst mit auf den Weg gab. Die Krone der Schöpfung ist nicht die Menschheit an sich, es ist ihre Seele. Dass wir noch etwas mehr besitzen als nur einen hinfälligen Körper und einen mehr oder minder begabten Verstand, zeichnet uns aus und macht uns einmalig. »Keinem von uns ist er fern; er, der allen das Leben, den Atem und alles gibt«, spricht Paulus zu den Athenern (Apg 17,27b.25b). Nicht nur der erste Mensch hat Gottes Lebensatem erhalten, jeder Mensch erhält ihn neu und nur für sich.

Es kommt nur darauf an, wie wir mit diesem unserem Lebensatem umgehen. Die Zeiten kennt jeder, in denen uns die Puste ausgeht, weil wir Moden und Strömungen hinterher laufen, die nicht wirklich zu uns passen, oder weil wir mühsam Ziele verfolgen, die wir uns zu weit gesteckt haben. Damit vergeuden wir unseren Lebensatem. Manchmal halten wir die Luft an, manchmal verschlägt es uns auch die Sprache, weil andere so viel selbstbewusster auftreten als wir es können, oder weil es viel zu viel gibt, wozu wir etwas sagen sollten. Wenn wir dann nicht etwas für uns tun, verkümmert unser Lebensatem. Auch das gibt es, dass uns der Atem stockt – Zeiten der Angst, aus denen wir allein nicht mehr herausfinden. Wenn wir dann nicht einen haben, der uns ein Stück von seinem eigenen Lebensatem schenkt, einen, bei dem wir uns selbst wieder Luft machen können, dann löscht unsere Seele aus wie eine Flamme unter einem Glas. Dazu haben wir sie nicht bekommen. Für frische Luft und neuen Atem müssen wir sorgen. Das gelingt uns meistens nicht aus uns selbst heraus. Auch andere müssen helfen, diesen Atem zu erneuern. Manchmal muss jemand kommen und die schlechte Luft wegblasen, alles Schlechte, Böse, alles, was uns Schmerz zufügt, fortfegen. »Er hauchte sie an und sprach zu ihnen: Empfangt den Heiligen Geist!« Jesus gibt den Jüngern zurück, was ihnen verloren gegangen war in der Atemlosigkeit ihres Lebens. Tod und Vergänglichkeit war noch nie so deutlich geworden wie an den Tagen um den Karfreitag. Gott hatte dennoch so viel übrig von dem Besten, das er seiner Schöpfung mitgab damals – Jesus wurde auferweckt zu neuem Leben, beschenkt mit neuem Lebensatem. Deshalb zeigt Jesus seinen Jüngern seine Hände und seine Seite: Seht her, ich bin es und ich lebe wirklich. Geist und Leben, beides gehört zusammen.

In einen Neuanfang des Lebens sendet Jesus auch seine Jünger. »Wie mich der Vater gesandt hat, so sende ich euch.« Die Zeiten der lähmenden Angst sind vorbei, mit dem Geist Gottes kann man wieder durchschnaufen. Und neu anpacken. Es ist der Heilige Geist, ein Geist, der Gutes wirkt. Er ist dazu da, Schlechtes und Böses wegzublasen, Ungeist zu vertreiben. »Wem ihr die Sünden vergebt, dem sind sie vergeben.« Die andere Möglichkeit, nämlich Sünden nicht zu vergeben, soll man sich gut überlegen. Lebensatem haben, eine Seele besitzen und den Heiligen Geist bedeutet auch Verantwortung tragen. Der Geist Gottes will das Heil für die Menschen, nicht das Unheil. Der Atem ist schließlich auch ein Mittel gegen die Tränen.

Fürbitten

- *Die Idee: Mit seinem Atem kann man viel bewirken, man kann ihn vielfältig einsetzen, so merkt jeder, dass wir ihn haben – mit dem Heiligen Geist ist das ganz ähnlich.*
- *Einige Trommeln, eine Flöte; ein schöner, evtl. gerahmter Spiegel auf einer Staffelei / einem Ständer; ein Stück Dachrinne od. ein anderes längliches Gefäß, mit Wasser gefüllt, dazu Papier- oder Nussschalenschiffchen.*

Guter Gott. Du hast uns den Atem und deinen Geist geschenkt, damit unser Leben gelingt. Du lässt uns nicht allein. Zu dir kommen wir mit unseren Bitten:

1. So viele Meinungen gibt es, so viel heiße Luft wird produziert. Lass diejenigen nicht schweigen, die deinem Wort folgen, und mach deinen Geist hörbar wie Musik im Lärm der Zeit. *Gott, Schöpfer des Lebens:*
Kinder dürfen trommeln, bis jemand (Kind oder ErwacheneR) die Flöte zur Hand nimmt und, in die folgende Stille hinein, eine kleine Melodie spielt.
2. So viele schöne Fassaden gibt es, so viel Vordergründigkeit. Lass diejenigen aufstehen, die sich zeigen, wie sie wirklich sind, und mach deinen Geist sichtbar wie warmen Atem in der Kälte zwischen den Menschen.
Kinder dürfen nahe an den Spiegel treten, eine Stelle anhauchen und mit dem Finger ein Gesicht in den beschlagenen Teil malen.
3. So viele festgefahrene Konflikte gibt es, so viele starre Positionen werden verteidigt. Lass diejenigen tätig werden, die nach dem Beispiel deines Sohnes handeln, und mach deinen Geist zu einer Bewegung, die uns weiterführt.
Kinder setzen ihre Schiffchen auf die Wasserbahn und blasen sie hinüber zum anderen Ende.

Denn du bist der Atem, wenn wir zu dir beten. So höre uns, Schöpfer des Lebens, und erhöre uns durch Christus, unsern Herrn. Amen.

1. SONNTAG IM JAHRESKREIS – TAUFE DES HERRN

Zufall

Einführung

Kennen Sie das? Sie sind im Schiurlaub extra weit weg gefahren, um endlich ausspannen zu können – und am Lift treffen Sie ausgerechnet Ihre Nachbarn. Solche und ähnliche Zufälle gibt es doch. Und manchmal musste es so kommen. Zufälle sind manchmal ein Wink des Schicksals, positiv wie negativ. Wir begeben uns heute (wir machen Urlaub, wenn Sie so wollen) nach Israel an den Jordan, weit weg, wir spannen aus vom Alltag, und prompt treffen wir einen guten Bekannten, einen Nachbarn, einen Begleiter und Lebensgefährten. Ein Zufall, dass Jesus da steht und von Johannes getauft werden will, wie unzählige andere, ganz normale Menschen. Auf die Dinge, die dieses Ereignis begleiten, lassen wir uns ein. Sind es reine Zufälle oder ist es ein Wink des Schicksals?

Rufen wir zu ihm, den wir aus der Menschenmenge um Johannes am Jordan als den Messias erkannt haben:

Kyrie

- Du bist in die Welt, dein Eigentum, gekommen. Herr, erbarme dich.
- Du warst unerkannt in unserer Mitte. Christus, erbarme dich.
- Du hast uns Gott, den Vater, bekannt gemacht. Herr, erbarme dich.

Lesungstexte

- 1 Joh 5,1-9
- *für Kinder:* »Zwischen Himmel und Erde« von Robert Muthmann; in: Ders.: »Kattes Tod. Erzählungen«, Pfaffenhofen (Edition Coko) 1988, S. 48 *(Eine Geschichte aus der Kindheit des Erzählers: Der Schlafwandler fällt vom Hausdach – in die Arme des Vaters. Mehr als ein Zufall, hatte er doch schon wochenlang überlegt, ob es wirklich stimmt, dass Gott sich um jeden Einzelnen kümmert, wenn es darauf ankommt.)*
- Mk 1,7-11

Predigt

Liebe Gemeinde, verehrte Gäste.

Es gibt schon Zufälle im Leben. Kaum hat Johannes der Täufer ausgeredet, steht der Messias schon bereit. Und er lässt sich ausgerechnet von dem die Schuhe aufschnüren, der gerade noch behauptet hat, es nicht wert zu sein. So ein Zufall.

Vielleicht haben Sie die Worte des Evangeliums vom Dritten Adventsonntag noch im Ohr, als Johannes den fragenden Schriftgelehrten erklärt: »Mitten unter euch steht der, den ihr nicht kennt.« (Joh 1,26) Und dann öffnet sich rein zufällig der Himmel – der Geist Gottes verkündet lauthals allen Umstehenden, wer da der geliebte Sohn ist. So ein Zufall.

Alle Welt hätte nun aufmerksam sein können. Übrigens nicht erst seit dieser Begebenheit am Jordan. Der Stern von Bethlehem hat ja damals schon ganz Jerusalem in Angst und Schrecken versetzt, weil doch angeblich irgendwo in (wie war das noch gleich?) Bethlehem der Messias geboren worden sei. Oder so. Und der soll ausgerechnet hier am Jordan stehen und sich von Johannes taufen lassen. So ein Zufall.

Diese Geschichten passen fast zu gut zusammen. So gut zumindest, dass über Jahrhunderte hinweg an einem einzigen Tag beide Geschichten zusammen gefeiert wurden: Die Ankunft der Weisen aus dem Morgenland, die den Stern richtig deuten konnten, und die Taufe durch Johannes, der die Stimme vom Himmel richtig deuten konnte. Damit nicht genug: Am 6. Januar wurde auch noch die Hochzeit zu Kana gefeiert – Sie wissen schon, jene Sache mit den Wasserkrügen, die die Jünger richtig als erstes Wunder deuten konnten.

Indem die Evangelisten diese Zeichen beschreiben – Markus die Taufe, Matthäus die Sterndeuter, Johannes das Wein-Wunder – lassen sie Jesus als Christus in Erscheinung treten. »Christus ist erschienen, halleluja«, singt die Kirche zu allen drei Erzählungen.

Dabei handelt es sich bei allen drei Dingen um reinen Zufall. Dass sich Wasser in Wein verwandelt, ist noch eher ein Geheimnis – vielleicht aber für David Copperfield auch kein Problem.

Für den Stern über Betlehem gibt es wissenschaftliche Erklärungen. Die einen Wissenschaftler sehen eine ungewöhnliche Konstellation der Planeten Jupiter und Saturn, eine Konstellation, die die beiden Planeten wie einen einzigen, hellen Stern hat aussehen lassen. Jupiter ist der Planet der Könige, Saturn der Planet für Israel; das heißt: In Israel ist ein neuer König geboren. Die anderen Wissenschaftler halten die Erscheinung für eine Supernova, für einen alten Stern, der sich mit einer gewaltigen und hellen Explosion

verabschiedet hat und dann zusammengesunken ist zu einem Schwarzen Loch. Beides Zufälle, die die Geschichte schrieb.
Die Erscheinung aus dem Himmel, von dort, wo auch der Stern zu sehen war, die Taube, die Stimme, auch das alles kann man erklären: Vielleicht war der Tag bewölkt und diesig. Da ist es schon ein wunderbarer Zufall, wenn ausgerechnet bei der Taufe Jesu die Wolkendecke aufreißt und für einen Moment die Sonne hervorlässt; wenn ausgerechnet jetzt eine durstige Taube, ein wenig irritiert durch den plötzlichen Sonnenstrahl, auf der Schulter Jesu landet statt am Ufer des Jordan, um zu trinken.
Das ist natürlich Fantasie, wer weiß, wie die Dinge wirklich passiert sind. *Dass* aber etwas passiert ist, davon kann man ausgehen. Es müssen so erstaunliche Zufälle gewesen sein, dass die Evangelisten und manch andere Leute damals nicht anders konnten, als in allem Zufall die Stimme Gottes zu spüren: »Du bist mein geliebter Sohn.«
Es muss einem aber auch gegeben sein, die Dinge in dieser Weise zu deuten. Glauben kann man nicht »machen«. Er muss einem in den Schoß fallen – zufallen. Da haben wir wieder so einen speziellen »Zufall«. Glaube ist purer Zufall. Was man selbst dazu tun muss, ist nicht viel. Man hat nur ein wenig aufmerksam zu sein auf dieses unbestimmte Gefühl in jedem von uns, dass diese Welt noch nicht alles ist, dass es mehr geben muss als nur das Sichtbare.
Auch dieses unbestimmte Gefühl in jedem von uns hat seinen Grund. Er liegt darin, dass Gott nicht in seinem Himmel oben geblieben ist, obwohl es da sicher viel schöner gewesen wäre. Er hat sich fallen lassen in unsere Welt und in das menschliche Schicksal. In Jesus Christus ist er uns selbst zu-gefallen. Das ist der geheimnisvollste und schönste Zufall aller Zeiten. Es ist ein Zufall, der Sinn hat. Es ist ein Zufall, mit dem eine lange Lebens- und Glaubensgeschichte beginnt. Mit Jesus beginnt sich zu erfüllen, was Gott durch den Propheten Ezechiel hat ausrichten lassen: »Ich werde ihr Schicksal wenden.« (Ez 16,53) Unser Schicksal wendet sich ins Gegenteil: vom Tod zum Leben. Der Zufall ist nur der Anfang.
Das Gegenteil von Zu-Fall ist Auf-Erstehung.

Fürbitten

- *Die Idee: Wie der Zufall es will, kommt doch immer wieder alles in Ordnung – auch nach der Enttäuschung über eine leere Schatztruhe.*
- *Schöne, große Truhe, auf einem Tisch. Der Tisch ist bodenlang abgedeckt. Die Truhe selbst ist leer, unter dem Tisch, vom Tischtuch verborgen, sind Glasnuggets, Süßigkeiten oder andere Kostbarkeiten für alle Kinder bereit.*

Guter Gott. Dein Sohn hat sich auf unsere Welt eingelassen. Durch ihn rufen wir zu dir:

1. Wenn wir nur auf uns schauen, verlieren Dinge und Menschen um uns ihre Bedeutung. Wie sollen wir auch noch dir, unserem Gott, Bedeutung beimessen? Schenke uns den nötigen Weitblick. *Christus, du geliebter Sohn:*

Einige Kinder werden gefragt, ob sie überzeugt sind, dass in der Truhe etwas für sie ist.

2. Wenn wir nur glauben, was wir sehen, dann sehen wir nicht mehr, was wir glauben. Wie sollen wir auch noch an dich, unseren unsichtbaren Gott, glauben? Schenke uns den nötigen Einblick.

Noch einmal dieselbe Frage an andere Kinder.

3. Wenn wir alles erklären und jedes Geheimnis aufdecken wollen, verlieren wir die Spannung, die das Leben auf dieser Welt mit sich bringt. Wie sollen wir auch noch mit dir, unserem geheimnisvollen Gott, leben können? Schenke uns den nötigen Ausblick.

Wer will, darf dennoch das Geheimnis um die Truhe lüften und einen Blick hineinwerfen.

Was unsere Augen erfassen, das lass uns im Glauben deuten, damit wir nicht beim Zufall stehen bleiben, sondern zur Auferstehung gelangen. Darum bitten wir durch Christus, unseren Herrn. Amen.

Zum Ende des Gottesdienstes werden die Kinder »interviewt«: ob sie immer noch fest daran glauben, dass etwas für sie in der Truhe ist, ob sie (wenn sie das Geheimnis kennen) jetzt enttäuscht sind. »Ganz zufällig« verbirgt sich das wahre Geheimnis unter dem Tisch, es braucht schließlich doch niemand enttäuscht zu sein. Man muss bloß warten können und manchmal an anderen Orten suchen.

2. SONNTAG IM JAHRESKREIS
Wo wohnst du?

Einführung

Früher hatte man den Christbaum bis Lichtmess zu Hause stehen. Das sieht man heute kaum mehr. Wie ist es denn so bei Ihnen zu Hause, wenn der Weihnachtsschmuck in den Schachteln und der Baum auf dem Müll oder im Ofen ist, der Winter aber immer noch so ist wie Ende Dezember? Hoffentlich ist es trotzdem schön, in eine warme, angenehme Stube zu kommen und all die Dinge vorzufinden, die einem so vertraut sind. Es ist so wichtig, dass wir ein Zuhause haben.

An Weihnachten haben wir gefeiert, dass Gott Mensch geworden ist. Die Zeiten sind jetzt vorbei. Wo wohnt Gott auf dieser Erde? Hat er auch ein schönes Zuhause? Die ersten Jünger wollten das wissen. Wohnt Gott heute noch auf dieser Erde? Suchen wir ihn auch heute noch, wir dürfen sicher sein, dass wir sein Zuhause finden.

Kyrie

- Herr, kleines Kind im kalten Stall von Betlehem. Herr, erbarme dich.
- Christus, heimatlos auf der Flucht nach Ägypten.
  Christus, erbarme dich.
- Herr, Mensch unter Menschen und zuhause auf der ganzen Welt.
  Herr, erbarme dich.

Lesungstexte

- 1 Kor 6,13c-15a.17-20
- *für Kinder:* »Wo Himmel und Erde sich berühren«, Legende, nacherzählt von Jörg Zink, in: Werkbrief der Landjugend »In Geschichten uns wiederfinden«, München 1977, S. 90
  (Zwei Mönche auf der Suche nach dem Ort, an dem Himmel und Erde sich berühren. Nach langer Suche finden sie ihn: Es ist ihre eigene Klosterzelle.)
- Joh 1,35-42

Predigt

Liebe Gemeinde, verehrte Gäste.
Da gingen die beiden Jünger mit und sahen, wo Jesus wohnte. So einfach ist das. – Wenn es so einfach ist, dann gehen wir doch einfach mit. Ich kann Ihnen ganz genau sagen, wo Jesus wohnt.
Verlassen wir den, der uns hingewiesen hat auf den Messias, verlassen wir den Vorboten Johannes. Wir haben keinen Grund mehr, uns länger bei ihm aufzuhalten. Er hat seine Aufgabe erfüllt; er hat uns den Weg gewiesen.
So gehen wir also mit. Und anfangs wissen wir genauso wenig wie die beiden Jünger, wo die Reise hingeht. »Kommt und seht«, hat Jesus gesagt. So einfach ist das.
Vom Jordan, an der Stelle, wo unsere wichtige Reise beginnt, ist es nicht weit in die Wüste. Im Johannes-Evangelium steht nichts davon, aber bei Matthäus finden wir sie: die vierzig Tage Jesu in der Wüste, nach der Taufe durch Johannes (Mt 3,13 – 4,11). Im Ablauf des Johannes-Evangeliums haben vierzig lange Tage keinen Platz. Vielleicht aber ist es der Ort, die Wüste, was Platz haben darf.

Die ersten Jünger folgen Jesus. Langsam verschwinden die Menschen und ihre Häuser hinter dem Horizont. Nur mehr ein paar Zelte, von Nomaden. Bald sind auch sie zurückgelassen. Vorbei noch an einigen trockenen Grasbüscheln und dann die endlose Steinwüste. Es ist weit.
Wir folgen auch. Langsam verschwinden die Menschen und ihr Alltag hinter unseren Kirchentüren. Nur mehr ein paar Bilder, die uns erinnern. Bald sind auch sie weggelegt. Vorbei noch an einigen Gedanken an die nächste Woche, an Arbeit und Termine und dann endlose Ruhe und Stille. Es ist weit. Und wenn wir so weit gekommen sind in den wenigen stillen Minuten des Tages, so weit, dass alles Dringende und Wichtige, alles Laute und Fordernde zurückgeblieben ist, dann sind wir weit gekommen.
Vielleicht haben sich die Jünger, die Jesus gefolgt sind, manchmal angesehen, von der Seite, und sich schweigend gewundert, wohin das führt. Immer weiter in die Wüste hinein, und dabei so zielsicher. Diesem Jesus muss jeder Stein bekannt sein, dass der sich nicht verläuft, denken sie. Na, wenn der sich bloß mal nicht verläuft.
Vielleicht schauen wir uns selbst in unserer stillen Minute, wenn wir so langsam abschalten vom Alltag, von der Seite an und wundern uns über uns selbst. Ganz neue Seiten. Wir, die immer Aktiven, kommen ins Grübeln. Wo das bloß hinführt. Na, wenn mal bloß keine Träumer aus uns werden.
Wo lebt man in der Wüste, fragen die Jünger auf dem Weg. Und wovon? Bis sie entdecken, dass es hier draußen Höhlen gibt, dass man Honig findet von wilden Bienen und dass man Heuschrecken essen kann. Heuschrecken sind in Afrika heute noch eine Delikatesse. Es lebt sich ganz gut so, für einen, der nicht viel braucht. Die Menschen sind weit genug weg, so weit, dass die Jünger über Nacht bleiben müssen. Aber sie sind auch nahe genug, dass man wieder zurückfindet. Wüste und Zivilisation sind in dem einen Land Israel vereint. Mit beidem hat das Volk seine Erfahrungen gemacht. Wenn Jesus in diesem Volk wirken will, muss auch er diese Erfahrungen machen. Und er sucht die Wüste, bevor er die Zivilisation aufsucht. Möglich, dass er seine neuen Jünger auf dem Weg gefragt hat: »Was bedeutet euch die Wüstenwanderung Israels, der Auszug aus Ägypten?« Möglich, dass sie geantwortet haben: »Alles, Meister. Es ist der Beginn unserer großen Zeit.«
Wo lebt man, wenn man still dasitzt und mit seinen Gedanken allein ist, fragen Sie sich vielleicht. Und wovon? Bis Sie entdecken, dass der Mensch selbst wie eine Höhle ist, in der der Geist sicher wohnen kann. Bis Sie entdecken, dass Sie sich mit Stille und Zurückgezogenheit Gutes tun, dass das wirkt wie Honig für einen gestressten und übersäuerten Magen. Dass Stille und Zurückgezogenheit geradezu Delikatessen für die Seele sind. Es lebt

sich ganz gut so, man braucht plötzlich gar nicht mehr viel. Die Menschen, die Anderen, der Alltag sind weit genug weg und nahe genug, dass man wieder zurückfindet. Stille und Alltag sind in uns Menschen vereint. Mit beidem macht der Mensch seine Erfahrungen. Wenn wir Jesus begegnen wollen, müssen auch wir diese Erfahrungen machen. Suchen wir zuerst die Stille, bevor wir zum Alltag zurückkehren. Möglich, dass wir in uns die Frage hören: »Was bedeutet dir *diese* Minute?« Möglich, dass wir antworten können: »Alles. Es ist der Beginn unserer großen Zeit.«

»Kommt und seht.« Jesus zeigt seinen Jüngern, wo er wohnt. Und er führt sie an einen Ort, an dem sie auch zu sich selbst finden. Nur wer sich selbst gefunden hat, kann sich entscheiden. Nur wer sich selbst gefunden hat, kann zurückkehren aus der Wüste und Jesus weiter nachfolgen. Und da wohnt Jesus: In jedem von uns.

Lassen wir ihn heute und jetzt auf uns zukommen in seinem Sakrament. Gehen wir den Weg des Brotes mit. Und kommen wir an bei uns selbst. »Kommt und seht.« – »Ich bin bei euch alle Tage bis ans Ende der Welt.« (Mt 28,20) So einfach ist das.

Fürbitten

- *Die Idee: Schritt für Schritt entdecken wir die Wohnung Gottes.*
- *Ein großer Spiegel, von vier Tüchern verdeckt, alle übereinander. Mit abwaschbarem Folienstift ist in großen Buchstaben geschrieben: »Dort nur wohnt der Herr«*

Guter Gott. In diesem Gottesdienst, einem Ruhepunkt in der Woche, denken wir nach über unser Leben und bitten dich:

1. Wir bitten dich um gute und liebevolle Familien für unsere Kinder, damit sie erfahren, was ein Zuhause bedeutet. *Liedruf: GL 897: »Wo die Güte und die Liebe wohnt, dort nur wohnt der Herr«*

Kinder entfernen das erste Tuch vom Spiegel, …

2. Wir bitten dich um Frieden und Sicherheit für die Welt, damit niemand von zu Hause fliehen muss. *Liedruf*

… das zweite, …

3. Wir bitten dich um gute Freunde und wohlwollende Wegbegleiter, damit wir auch uns selbst annehmen können. *Liedruf*

… das dritte, …

4. Wir bitten dich um Zeiten der Stille, damit wir zu uns selbst finden und spüren können, dass du in uns zuhause bist. *Liedruf*

… und das vierte. Die Kinder können alle nach vorne kommen und sehen, wo der Herr wohnt: In ihnen selbst.

So komm zu uns und halte uns den Spiegel unseres eigenen Lebens vor, damit wir auch dich darin entdecken. Darum bitten wir durch Christus, unseren Herrn. Amen.

3. SONNTAG IM JAHRESKREIS
Zebedäus

Einführung

Nehmen wir an, ich frage Sie nach einigen Namen, die in der Bibel eine wichtige Rolle spielen. Sie würden mir, da bin ich sicher, eine ganze Reihe aufzählen können, darunter auch die zwölf Apostel. Neben den Hauptpersonen, die uns seit jeher gut im Gedächtnis sind, gibt es in der Bibel aber auch die Nebenrollen. So unscheinbar sie auch sein mögen, auf keine von ihnen könnte die Heilige Schrift verzichten. Ihre Wichtigkeit betont sie, indem sie ausdrücklich ihre Namen nennt.
Dass Apostel auch Eltern haben, wäre uns glatt entgangen, würden wir heute nicht von Zebedäus hören, dem Vater der Jünger Jakobus und Johannes. Schenken wir ihm heute unsere Aufmerksamkeit, und wir werden erfahren, dass der Vater keine unwichtige Rolle spielt, obwohl er sonst im Hintergrund bleibt. Selbst Jesus Christus war immer der Sohn seines Vaters im Himmel. Und auch für uns spielt der Vater im Himmel eine wichtige Rolle – fragen wir uns, ob es nicht allzu oft eine Nebenrolle ist:

Kyrie

- Wir sind so erwachsen. Herr, erbarme dich.
- Wir kommen ganz gut allein zurecht. Christus, erbarme dich.
- Und es ist doch gut, dass du für uns da bist. Herr, erbarme dich.

Lesungstexte

- Jona 3,1-5.10
- *für Kinder:* »Weil – das wird immer so sein!« von Jutta Treiber, mit Bildern von Birgit Antoni; Wien (Dachs-Verlag) 2000

(Hannes will weggehen von zu Hause. Der ältere Bruder darf alles, er darf nie etwas – so sieht er es, und das wird immer so sein! Seine Eltern halten ihn nicht auf, aber sie sagen ihm, wie traurig sie sind und wie lieb sie ihn haben, auch das wird immer so sein. Und so probiert es Hannes noch einmal mit ihnen.)

- Mk 1,14-20

Predigt

Liebe Gemeinde, verehrte Gäste.

»... und folgten Jesus nach.« Ohne Widerrede und ohne noch einmal zurückzuschauen. »Keiner, der nochmals zurückblickt, taugt für das Reich Gottes.« (Lk 9,62) Es geht vorwärts, neuen Taten entgegen. Bald werden die Jünger die ersten Wunder erleben, bald werden sie hören, was Jesus zu sagen hat. Bald werden sie selbst ausgesendet sein, »Dämonen auszutreiben und die Kranken gesund zu machen« (Lk 9,1). Sie kennen alle die Geschichte der Propheten, auch die des Jona, die wir heute gehört haben. Es ist so verlockend, dass Erfolg haben wird, was sie anpacken. Dass Ninive, dass alle bösen Menschen und Geister umkehren, wenn sie den Ruf vom Reich Gottes vernehmen.

Dabei haben sie eines übersehen, genauso übersehen wie es in der heutigen Lesung übersehen worden ist: dass sich Jona, der mit dem großen Erfolg, zunächst geweigert hatte, dem Auftrag Gottes nachzugehen. Und das nicht ohne Grund. Es ist nämlich nicht so einfach, erwachsen zu werden.

Der Vater der beiden Jünger Jakobus und Johannes, Zebedäus, mag sich gewundert haben. Am Morgen waren sie noch Fischer und ganz seine Söhne. »Ja, Vater«, war sicher eines ihrer häufigsten Worte. Von einer Sekunde zur nächsten sind sie keine Fischer mehr, jedenfalls keine gewöhnlichen. Von einer Sekunde zur nächsten müssen es schon größere Fische sein, ja, Menschenfischer wollen sie werden. Da heißt es jetzt auf einmal: »Nein, Vater. Auf uns wartet die Welt.« Sie meinen es nicht böse. Ihre Augen leuchten dabei. Und Zebedäus weiß, wie sie es meinen.

Er lässt sie ziehen, und obwohl er gar nicht gefragt wird, ist es wichtig, dass er sie freiwillig ziehen lässt. Früher einmal, in einem ganz bestimmten Augenblick, hat er ähnlich gedacht und gefühlt wie seine Söhne. Es war zwar kein Messias, der ihn zu Größerem berufen hätte, aber dass er seinen Weg gehen muss, hat er deutlich gespürt. Für ihn war es vielleicht nur sein *eigenes* Fischerboot. Und siehe da, er kann sich jetzt sogar ein paar Tagelöhner leisten. Sein Fischerboot – es fährt heute noch.

Mit einem Lächeln fährt er wohl jeden Tag auf den See hinaus und fängt seine Fische. Das war einmal sein Traum, und er ist in Erfüllung gegangen. Er denkt an seine Söhne, er fragt sich, wie viel ihnen wohl jeden Tag Menschen ins Netz gehen. Und vorsichtshalber legt er ein paar Groschen zurück.

Die Jünger hatten sich's einfacher vorgestellt. Was ihnen Jesus erzählt, ist wohl ein bisschen zu hoch für sie. Er heilt so viele Kranke, weckt die Toten auf – und redet ständig von seinem eigenen Tod. Er preist Menschen selig, die es gar nicht sind, und lässt sich das letzte Proviant seiner Jünger geben, um 5000 Menschen zu speisen (Mk 6,35ff). Trotz aller Wunder verstehen sie Jesus nicht. Markus schreibt ihren Ärger in seinem Evangelium auf: »Sie waren nicht zur Einsicht gekommen, als das mit den Broten geschah; ihr Herz war verstockt.« (Mk 6,52)

Die Jünger erleben, dass sie gar nichts ausrichten können, wenn nicht Jesus bei ihnen ist. Sie rudern mit aller Kraft gegen die Winde an, und Jesus kommt geisterhaft über das Wasser auf sie zu, und der Sturm legt sich (Mk 6,47ff). Mit all ihrem Unverständnis bleiben sie allein. Jesus nennt Petrus, weil er nicht verstehen kann, sogar einmal »Satan« (Mk 8,33). Die Diskussion, wer im Himmelreich der Größte sein wird, die Aussicht auf Belohnung, mit der sie sich Mut machen, verbittet er sich mit scharfen Worten (Mk 9,33ff). Sie sind nicht die Größten, die Propheten, die Retter der Welt, und wollten es so gerne sein. Sie machen wohl alles falsch.

Der größte aller Misserfolge ist jedoch der: Der Messias, der sie beim Namen gerufen hat, den sie trotz allem nicht verlassen haben, stirbt vor ihren Augen einen Verbrechertod. Damit ist die Begeisterung ihrer Jugendzeit endgültig dahin.

Wenn wir im Johannes-Evangelium blättern, dann wissen wir, wohin es sie verschlägt nach dem Tode Jesu: »Simon Petrus sagte zu ihnen (den anderen Jüngern): Ich gehe fischen. Sie sagten: Wir kommen auch mit.« (Joh 21,3) Sie gehen dahin zurück, wo sie herkommen. Zwei, drei Jahre sind vergangen, seit sie das letzte Mal ihre Netze ausgeworfen hatten. Zebedäus muss es ihnen wieder zeigen. Von ihm sagt kein Evangelist mehr auch nur ein Wort, doch wo geht man hin, wenn man alles verloren hat? Nach Hause. Zebedäus stellt seine Frage nicht, die Frage, wie es denn war, als Menschenfischer. Er lässt sie mit seinem Boot ausfahren.

Johannes beschreibt, wie sie nichts fangen in dieser Nacht. Ein Sinnbild für die letzten zwei, drei Jahre? Doch auf einmal steht Jesus am Ufer. Er lässt sie noch einmal ausfahren. Und sie fangen so viel wie noch nie in ihrem Leben. Johannes macht es geschickter mit dem Schluss als Markus. Da tadelt Jesus seine Jünger wegen ihres Unglaubens. Hier lässt er sie das selbst begreifen: Lehrjahre sind keine Herrenjahre. Sie haben dazugelernt, sie haben ihre Gesellenprüfung bestanden: Trotz allem sind sie nicht von Jesus gewichen. Wie sie sich auch geärgert haben, sie haben das Menschenfischen gelernt. Das beweisen sie nun, wenn sie die Botschaft weiterverkünden. Jetzt können sie Dämonen austreiben und die Kranken gesund machen. Jetzt können sie rufen: »Kehrt um!« und die Menschen hören auf sie. Jetzt sind sie erwachsen.

Wären sie nicht gegangen, hätten sie sich geweigert wie Jona zuerst, dann hätten sie nichts gelernt. »Keiner, der ... nochmals zurückblickt, taugt für das

Reich Gottes.« Jedenfalls keiner, der zurückbleibt. Zurückkehren kann man immer noch. Um festzustellen, was man inzwischen gelernt hat.
Alle Eltern unter uns werden ihre Kinder ziehen lassen müssen. Alle Kinder unter uns werden ihre Lehrjahre und Misserfolge durchstehen müssen. Aber die Tür des Elternhauses muss offen bleiben. Die Kinder kommen schon wieder. Keine Sorge. Erwachsenwerden ist nämlich nicht so einfach.

Fürbitten

- *Die Idee: Mit Zebedäus stehen wir am Ufer und lassen uns mitnehmen von den Aufgaben, mit denen das Leben auf uns wartet.*
- *Ein blaues Tuch ist ausgebreitet (der See), darauf schwimmt für jedes Kind ein buntes Papierschiffchen. Auf dem Papier wurde der Satz aufgedruckt: »Folge mir nach!«*
- *Die Kinder dürfen nach den Fürbitten ein Schiffchen holen und es auffalten, um eine wichtige Botschaft an sie zu finden – d.h. sie müssen dazu leider auch vom Fischerboot Abschied nehmen.*

Guter Gott. Wir haben unser Leben nicht zum Stillstehen, sondern um unsere eigenen Wege zu finden und zu gehen. Du rufst uns beim Namen, und deshalb bitten wir dich:
1. Für alle Eltern. Steh ihnen bei, wenn die Zeit kommt, die Kinder erwachsen werden zu lassen. *Gott, unser Vater:*
2. Für alle Kinder. Reiche ihnen deine Hand, damit sie ihren Lebensweg auch dann sicher gehen, wenn die Eltern sie nicht mehr begleiten können.
3. Für uns alle, die wir einmal Kinder waren. Lass uns spüren, dass wir uns verändert haben, dass wir immer noch dazulernen, und hilf uns dabei, die richtigen Wege zu gehen.
4. Für alle Verstorbenen. Gib ihnen in deinem ewigen Vaterhaus ihre letzte Wohnung und lass sie auf einen erfüllten Lebensweg zurückblicken.

Im Vertrauen auf deinen Ruf wollen wir unsere Aufgaben finden und tun. Lass uns nicht allein, auch wenn wir manchmal wenig von dir spüren. Darum bitten wir durch Christus, unsern Herrn. Amen.

4. SONNTAG IM JAHRESKREIS
Das unselige »man«

Einführung

Ich begrüße Sie zu unserer Massenveranstaltung. Ihre eigene Meinung ist nicht gefragt.
Es würde mich nicht wundern, wenn Sie nach dieser Begrüßung aufstehen und hinausgehen. Recht geschieht mir. Ich werde mit Ihrer Meinung heute rechnen dürfen. Die Kirche hat lange genug einen Geist gepflegt, der schrie: »Was haben wir mit dir zu tun – einzelner Mensch, kleiner Wicht!« Die Zeiten sind vorbei. »Schweig!« hat Christus gerufen.
Und doch ist dieser Geist noch nicht gebannt. Er treibt sein Unwesen in Gesellschaft und Familie, unter Freunden und Feinden. Nehmen wir uns in Acht. Gefordert sind wir mit unserem Selbstbewusstsein. Ihre Meinung ist gefragt. Und so begrüße ich, auch wenn Sie so viele sind, jeden Einzelnen von ganzem Herzen. Begrüßen wir auch den, der als Einzelner kam und die Menschen in Massen veränderte:

Kyrie

- Herr, du hast uns nicht vergessen. Herr, erbarme dich.
- Christus, du kennst unsere Schwächen. Christus, erbarme dich.
- Herr, du vertreibst die unreinen Geister und schenkst uns deinen guten Geist. Herr, erbarme dich.

Lesungstexte

- Dtn 18,15-20
- *für Kinder:* »Das kleine Ich-bin-Ich« von Mira Lobe; Wien, München (Verlag Jungbrunnen) 1986

(Ein seltsames Wesen auf der Suche nach sich selbst. Es vergleicht sich mit vielen Tieren und muss feststellen, dass es zwar von allen etwas, nie aber alles so wie sie hat. Das Wesen möchte so gern zur Masse gehören, ist aber doch viel zufriedener, als es in plötzlichem Selbstvertrauen findet: »Ich bin Ich!«)

- Mk 1,21-28

Predigt

Liebe Gemeinde, verehrte Gäste.
Man könnte sich eine Scheibe abschneiden von Jesus und seiner Art, »mit Vollmacht eine ganz neue Lehre« zu verkünden. Aber man kann nicht alles.

Man hat seine Stärken und seine Schwächen. Man ist ja schließlich nicht Jesus. Man lebt so dahin, mit den Sorgen und Wehwehchen des Tages, man jammert ab und zu und säuft sich schon mal einen an.
Man träumt ein bisschen von einer schöneren Welt, von Frieden und Wohlstand vielleicht. Man behält seine Träume aber lieber für sich – man will ja nicht auffallen. Man will ja nichts Besonderes sein. Man will auch keine unnötigen Scherereien haben, mit dem Staat nicht und nicht mit den Nachbarn; wenn's nicht sein muss. Man will seinen Tag geordnet haben und ohne Zwischenfälle leben können.
Man lässt sich auch nicht einfach alles umkrempeln, nur weil es anders vielleicht (ja: vielleicht!) besser sein könnte. Man glaubt schließlich auch nicht alles. Man protestiert schon mal lautstark, wenn einer was ändern will. Nur mit der Zeit, dann später einmal, da hat man's ja schon immer gewusst, dass es damals das einzig Richtige war.
Der unreine Geist, der Jesus in der Synagoge anfällt, der sagt auch: »Was haben wir mit dir zu tun, Jesus von Nazareth?« Oder: »Was hat *man* mit dir zu tun?« Und in diesem einen Satz stecken all die Vorwürfe, die »man« so machen kann, wenn einer kommt und etwas ändern will. »Man« will eben nichts anders haben. »Bist du gekommen, um uns ins Verderben zu stürzen?« Sie kennen die Situationen, in denen wir plötzlich in der Mehrzahl reden oder viel »man« verwenden. Jeder von uns kann sich dabei beobachten.
»Wir« – das sind viele, das macht die Argumente stark. »Mit uns Arbeitern, mit uns Bauern, mit uns Selbständigen, mit uns lassen wir das nicht machen!« kann man z.B. hören. »Wir Deutsche«, auch das hört man gelegentlich. Die große starke Masse schützt das arme kleine Individuum. Doch die große Masse sorgt auch dafür, dass für Individuen, für Individualisten kein Platz mehr ist. Wenn wir unsere Argumente auf die Masse bauen, haben wir den Einzelnen aus dem Blick verloren. Einer, der dann noch sagt: »Ich denke, ich meine...« ist wie ein blinder Fleck. Wir hören ihn nicht. Man hört ihn nicht.
»Man« – das sind viele, alle, und auch wieder keiner. Da bleibt alles unbestimmt und unsicher. Wenn es um persönliche Dinge geht, wenn wir Angst haben müssen, verletzt zu werden, wenn wir von uns etwas preisgeben, dann suchen wir Redewendungen, dem auszuweichen. »Man will einfach nicht wahrhaben, dass...« »Man zweifelt dann schon, ob...« »Man hat es nicht einfach...« Wie schwierig ist es oft, sagen zu müssen: »Ich habe es nicht einfach.« Von uns selbst zu sprechen, ein »ich« zu sein, schieben wir oft auf die Seite. Wir verlieren auf diese Weise uns selbst aus dem Blick. Unsere eigenen Gefühle sind ein blinder Fleck. Wir schauen da nicht hin. Man schaut da nicht hin.

Die beiden blinden Flecke in unseren Äußerungen sind Spiegel unserer Seele. Da wird verdrängt, dass ich als Einzelner zu schwach bin gegen vieles. Da wird verdrängt, dass ich mit meinen Gefühlen und meinem Erleben da-sein darf und gehört werde.

Da ist auch unser eigener Geist verunreinigt, unrein. Jedes Verdrängen sammelt seinen Schmutz an. Und wenn wir einmal festgefahren sind im »wir« und »man«, dann hat ein Jesus es schon schwer.

Jesus ist einer, dessen Worte nicht so ohne sind. Sie bewirken etwas in denen, die sich nach ihnen richten. Jeder der Anwesenden ist von ihnen betroffen, wie es heißt. Auch der Mann mit seinem unreinen Geist. Aber der wehrt sich dagegen, betroffen zu sein. Er spürt, dass sich eine Menge Schmutz angesammelt hat, dass gründlich gekehrt werden müsste, dass mal alles raus müsste. Und dieses untrügliche Gespür, dieses Bekenntnis zu sich selbst heißt im Evangelium schlicht: »Ich weiß, wer du bist.«

Das ist ein verzweifelter Ausruf. Der Mensch ist in die Ecke gedrängt von dem, der Vollmacht hat. Er braucht Hilfe, aber er kann sie nicht annehmen. Der Geist schreit in der Mehrzahl: »Was haben wir mit dir zu tun?« – *Ihr* nicht, könnte Jesus gedacht haben, aber *du*!

Und dann kommt der kurze Befehl. »Schweig und verlass ihn.« Jesus kümmert sich nicht um das Geschrei, um »Wir Deutsche!« und »Man hat ja wohl noch Rechte!« Er kümmert sich nicht mehr um die Masse. Der Einzelne ist wichtig. Er kümmert sich um Einen. Er schenkt dem Menschen die umwerfende, alles verändernde Erfahrung, dass er am Ende nicht nur sagen kann: »Ich weiß, wer du bist.« sondern auch: »Ich weiß, wer ich bin.«

Fürbitten

- *Die Idee: Von der Masse, in der jeder gleich ausschaut, heben wir uns ab: Du bist einmalig.*
- *Ein weißes Papier- oder Kartonleporello, das lauter gleiche Menschensilhouetten aneinander reiht (für jedes Kind sollte eine Figur eingeplant sein). Zunächst sieht es aus wie ein Mensch. Farbstifte liegen bereit, darunter auch Gold- und Silberfarben.*

Guter Gott. Jeder von uns macht die Erfahrung, dass er nicht zu sich stehen kann. Mit dieser Erfahrung kommen wir zu dir:

1. Schenke uns Menschen, die ihre Meinung nicht von der Mehrheit abhängig machen. *Gott, du mein Gott:*

Zwei Kinder ziehen das Leporello auseinander und präsentieren die lange »Menschenschlange«

2. Schenke uns den Mut, unsere eigene Meinung zu bilden und zu vertreten.

Jedes Kind darf eine Figur »befreien«, d.h. abreißen und mit an den Platz nehmen.

3. Schenke uns das Vertrauen, dass wir trotz Misserfolgen wertvolle Menschen sind.

An die Kinder werden die Stifte ausgegeben

4. Schenke uns Menschen, die uns annehmen wie wir sind.

Die Kinder dürfen ihre Figur individuell gestalten und zum VaterUnser auf den Altar legen (und im Anschluss an den Gottesdienst natürlich mitnehmen): So kommen die Menschen doch wieder zusammen, aber ganz anders als vorher.

Vom Beispiel deines Sohnes können wir leben, von der Gegenwart deines Sohnes lass uns auch heute dein Heil erfahren. Darum bitten wir durch Christus, unsern Herrn. Amen.

5. SONNTAG IM JAHRESKREIS
Familienfieber

Einführung

mit einem echten Fieberthermometer.

Wär ja kein Wunder, wenn Sie auch krank wären heute, bei diesem Wetter Anfang Februar... Ach nein, krank bin ich nicht, noch nicht, aber mit Fieber ist nicht zu scherzen. Ein Schal um den Hals, heißer Tee, eine warme Stube und viele Vitamine – Vorbeugung ist alles.

Wer Grippe hat in diesen Tagen, ist in guter Gesellschaft: Die Schwiegermutter des Apostels Petrus liegt zurzeit auch im Bett, mit Fieber. Doch Jesus ist schon unterwegs zu ihr, wir begleiten ihn heute auf seinem Krankenbesuch.

Wenn Jesus Fieber messen würde, dann kämen keine Zahlen, nicht wie hier: 38, 39 Grad, sondern andere Werte. Er würde messen, was in uns so kocht, dass man krank davon werden kann. Er misst das Fieber der menschlichen Gesellschaft, auch das Familienfieber. Es ist gut, dass wir heute mitgehen auf diesen Krankenbesuch. Vielleicht gibt es auch bei uns einige Temperatur zu senken.

Kyrie

- Du schenkst uns Zeit und Gegenwart. Herr, erbarme dich.
- Du kühlst unseren heißen Mut. Christus, erbarme dich.
- Du zeigst uns einen Ausweg aus Ärger und Wut. Herr, erbarme dich.

Lesungstexte

- 1 Kor 9,16-19.22-23
- *für Kinder:* »Der Stern der Königin« von Franz Floth; in: »Vergessene Märchen deutscher Dichter und Erzähler«, hg. v. Heinrich Pleticha; Würzburg (Stürtz) 1998, S. 339

(Weil ihr der Sohn geraubt wird, erkrankt die Königin. Ein Stern zeigt ihr jedoch, dass er zurückkommen wird. Das Märchen begleitet nun den Sohn, Prinz Georg, der inzwischen bei einfachen Leuten aufwächst und später dem Stern nacheilt, um seine Mutter zu finden. Seine Erlebnisse machen ihn zu einem reifen Menschen – auch der Weg der Entfremdung vom Vaterhaus ist wichtig für ihn. Sehr lang, in Ausschnitten gut zu erzählen!)

- Mk 1,29-39

Predigt

Liebe Gemeinde, verehrte Gäste.

Wer beim Essen am Eck des Tisches sitzen muss, bekommt eine böse Schwiegermutter. Schwiegermütter haben ihren Ruf weg. Psychologen begründen diesen Ruf damit, dass Mütter manchmal Probleme damit haben, ihre Kinder, besonders ihre Söhne, in die Selbständigkeit zu entlassen, ihnen die eigene Familie und die andere, neue Frau im Leben zu gönnen. Wut und Ärger über scheinbar enttäuschte Liebe – das mag wohl jede Mutter einen Augenblick treffen. Nur im schlimmsten Fall wird die Besorgnis krankhaft. Nicht Mütter und Schwiegermütter sind von vornherein die Bösen, sondern der gemeinsame Umgang mit den mütterlichen Gefühlen kann in den Familien manchmal böse ausgehen.

Die Schwiegermutter des Petrus hat allen Grund, in ihren Gefühlen verletzt zu sein. Die Berufungserzählung bei Markus, die wir vor zwei Wochen erst hier gehört haben, macht ganz den Eindruck, als habe Petrus seine Familie im Stich gelassen, um Jesus nachzufolgen. Die Geschichte, die wir eben gehört haben, ist für alle Beteiligten der gespannte, dichte Moment des ersten Wiedersehens. Versuchen wir nachzuspüren, was sich im Hause, vor allen Blicken verborgen, unterschwellig abgespielt hat.

Da wir die Zeit der Großfamilien haben, da ja auch sonst niemand für die Kranke da wäre und da der Mann und Vater die letzten Tage nicht nach Hause gekommen war, sitzen die Frau und die Kinder, Tochter und Enkel der Kranken, mit am Bettrand.

Es ist schwer vorstellbar, dass Petrus hereinkommt und so tut, als kenne er seine Frau nicht, damit bloß niemand merkt, dass sie was miteinander haben. Es ist auch schwer vorstellbar, dass die Frau ihren Kindern mal eben sagt:

»Euer Vater, ja der, der ist schon gestorben, oder arbeitet ganz weit weg, oder er war einfach ein Schwein und überhaupt weiß ich nicht so recht, wer euer Vater ist, jedenfalls nicht der, der da neben euch sitzt und verstohlene Blicke zu euch hinüberwirft.«
Das Problem der Zölibatsverstöße und der Priesterkinder, das die Nachfolger auf dem Stuhl Petri so hartnäckig totschweigen oder verurteilen, hat sich damals noch nicht gestellt. Das Problem in unserer dichten Geschichte: Familie und Berufung – zwei Dinge, die nicht zueinander passen.
Einige Tage vorher beruft Jesus Jakobus und Johannes direkt von den Fischerbooten weg. Und Zebedäus, der Vater, muss zusehen. Der Vater ist gefordert, seine Kinder loszulassen. Die Söhne sind gefordert, ihr eigenes Leben zu gehen. Jetzt, beim Besuch des Petrus im Haus der Schwiegermutter, wird auch für ihn und seinen Bruder Andreas das Ausmaß ihrer Berufung vollends sichtbar. Die Worte vom Loslassen gehen hier aber nicht mehr so leicht über die Lippen: Was ist mit dem Lebensunterhalt, der partnerschaftlichen Treue, der Verantwortung für die Kinder?
Ist es dieser Jesus wert, alles und jeden zu verlassen?
Das sind Fragen, die aufwühlen. Die Schwiegermutter ist nicht nur für ihre Tochter die Mutter, sondern empfindet auch für Petrus wie eine Mutter. Wut und Ärger über scheinbar enttäuschte Liebe bringen sie zum Kochen. Auch beim Fieber kocht das Blut. So liegt die Schwiegermutter mit dem Fieber ihrer ganzen Familie im Bett. Und sie wäre daran gestorben, wenn nicht Jesus selbst gekommen wäre und gezeigt hätte, dass es sich lohnt, mit ihm zu gehen.
Jesus ist auch mit Petrus gegangen, nicht nur Petrus mit Jesus. Wenn wir dem Markus-Evangelium folgen, dann waren sie auf dem Heimweg vom Synagogengottesdienst, und sie reden nicht etwa von der Dämonenaustreibung, die Jesus dort gewirkt hat, vom aller ersten Wunder ihres Meisters, das normalerweise Gesprächsstoff erster Sahne gewesen wäre. Sie reden ausgerechnet von der Schwiegermutter und davon, dass sie krank ist, dass etwas sie krank macht. Sie gehen sie besuchen. Sie weichen beide nicht aus. Petrus stellt sich seiner Familie und er stellt ihnen den vor, dem er gefolgt ist.
Jesus nimmt das Fieber ernst, und die Frau, die so gekränkt ist, nimmt er bei der Hand. Das richtet sie auf. Die Heilung sagt die Botschaft: »Euer Simon Petrus ist nicht verloren, weil er mir nachfolgt. Er ist nicht endgültig gegangen. Er kommt zurück, wie ihr seht, und bringt euch das Heil. Wäre er mir nicht gefolgt, dann wäre ich nicht zu euch gekommen. Jetzt bin ich hier.«
»Da wich das Fieber, und sie sorgte für sie«, berichtet der Evangelist. Die Sorgen der Mutter sind ausgestanden. Jesus sitzt mitten unter ihnen. Es ist

der Beginn einer neuen Familie. Einer Familie, die nicht nur für sich selbst lebt, sondern auch Gott mit einschließt.
Wenn Petrus sich so um seine Schwiegermutter bemüht, dass sie ihn mehr beschäftigt als das Wunder, als die Lehre und Predigt seines Meisters, so sehr, dass er Jesus mitnimmt und damit alles tut, um das Fieber zu heilen – dann können wir beruhigt annehmen, dass er seine Familie auch später nicht verlassen hat. Auch wenn er seinen Weg mit Jesus geht. Er hat seine Familie nie verleugnet und ist trotzdem seiner Berufung gefolgt. Er hat den rechten Mittelweg gefunden zwischen Berufung und Familie.
Nun aber, am Abend, warten draußen die Menschen mit ihren Krankheiten und Leiden auf Jesus. »Die ganze Stadt war vor der Haustür versammelt.« Es geht noch vielen so ähnlich wie Petrus und seiner Schwiegermutter. Und wenn schon eine ganze Stadt auf den Beinen ist, dann dürfen auch wir Menschen von heute uns vor diese Haustür begeben. Vielleicht finden wir selbst einen Mittelweg zwischen Beruf und Familie, einen guten Umgang mit den Sorgen unserer Mütter. Vielleicht können auch die Nachfolger des Petrus durch die offene Tür in dieses eine Haus schauen und etwas lernen vom Umgang ihres Vorbildes mit seiner Schwiegermutter.

Fürbitten

- *Die Idee: Jesus hilft, Fieber zu senken – wir leisten ebenfalls einen Beitrag.*
- *Auf einer Stellwand ein großes, stilisiertes Karton-Fieberthermometer; befestigt sind vier Kartonstreifen übereinander, so dass das Thermometer eine hohe Temperatur anzeigt.*
- *Ein kleines »Fieberthermometer«, aufgezeichnet auf ein Blatt Papier, erhalten die Kinder nach den Fürbitten, um hin und wieder für sich zu Hause das »Familienfieber« zu messen.*

Herr Jesus Christus. Das Leben bereitet uns immer wieder seine Schwierigkeiten. Weil wir glauben, dass du uns nicht verlassen hast, kommen wir vertrauensvoll zu dir mit unseren Anliegen:

1. Du hast Menschen die Hand gereicht und nicht weggestoßen. Wir beten für alle Lebenspartner, dass Beruf und Karriere nicht auf Kosten von Beziehung und Familie gehen. *Du Heiland der Welt: ...*

Ein Kind nimmt den obersten Kartonstreifen vom Thermometer ab: das Fieber sinkt ein Stück.

2. Du hast sich den Menschen geöffnet und ist nicht fremd geblieben. Wir beten für seine Stellvertreter, dass sie sich auf die Diskussion um das Leben in der Nachfolge Jesu einlassen können.

Zweites Stück.

3. Du hast Menschen geheilt und nicht ins Unglück gestürzt. Wir beten für diejenigen seiner Nachfolger, die selbst in Konflikt zwischen Priesteramt und Beziehung kommen. Mache sie fähig, Konsequenzen zu ziehen und menschliches Unglück zu vermeiden.

Drittes Stück

4. Du warst aufmerksam auf die Nöte seiner Zeit und nicht gleichgültig. Wir beten für uns alle, die wir uns Christen nennen. Mache uns bereit, auf uns selbst zu achten, damit wir auch auf andere achten können.

Viertes Stück: das Fieber ist abgeklungen.

Sei uns nahe, wenn wir zu dir beten, und komm in den Zeichen der Heiligen Eucharistie mit deiner heilenden Hand auch in unser Haus. Darum bitten wir durch Christus, unsern Herrn. Amen.

6. SONNTAG IM JAHRESKREIS
Zweischneidiges Schwert

Einführung

Der bepackte Rollstuhl (s.u. Fürbitten) wird beim Einzug mitgeführt.

Mit diesem Stuhl haben wir vor kurzem ein Experiment gemacht: Schüler durften sich eine Stunde durch die Stadt fahren lassen, in Geschäfte, öffentliche Gebäude, auch öffentliche Verkehrsmittel haben sie probiert. »Super« fanden sie es zuerst, »bequem« und »praktisch, dass man nicht gehen braucht, sondern gefahren wird.« Das bequeme Leben im Rollstuhl entpuppte sich schnell als ziemlich unangenehm. Sie durften ja nicht aufstehen, auf keinen Fall aufstehen! Auch dann nicht, wenn man die Treppe im Geschäft nicht schaffen konnte, wenn nicht einmal einer half, wenn man nicht einmal Play Station spielen konnte, weil im Kaufhaus der Bildschirm viel zu hoch angebracht war und so weiter. Auf einmal war das doch kein Leben, immer im Rollstuhl.

Wer zum Sitzen verdammt ist, fühlt sich ausgesetzt – den widrigen Umständen, der Hilfe und den Blicken anderer. Aussätzig auf ganz moderne Art. Um das festzustellen, muss man sich erst einfühlen. Die Schüler hatten dazu Gelegenheit. Braucht es immer das drastische Experiment? Wie gelingt es uns, mit den modernen Aussätzigen umzugehen? Wie es Jesus gelingt, erfahren wir heute.

Kyrie

- Du siehst unsere Schwächen und unsere Schwachheit.
  Herr, erbarme dich.
- Du siehst unsere Angst und unsere Ängstlichkeiten.
  Christus, erbarme dich.
- Du siehst unsere Gedanken und unsere Taten. Herr, erbarme dich.

Lesungstexte

- Lev 13,1-2.43ac.44ab.45-46
- *für Kinder:* »Franziskus bei den Aussätzigen« von Lene Mayer-Skumanz, in: »Das Brotwunder«, hg. v. Erich Jooß, Freiburg (Herder) 1995, S. 36
(Die Geschichte, wie Franz von Assisi dazu kommt, den Kranken nicht nur Geld zu schicken, sondern selber Hand anzulegen und zu helfen. Zwar fürchtet er sich, doch ein Wort Jesu gibt ihm Kraft: Was ihr dem Geringsten meiner Brüder getan habt, das habt ihr mir getan. So lernt Franz Jesus jeden Tag ein bisschen näher kennen.)
- Mk 1,40-45

Predigt

Liebe Gemeinde, verehrte Gäste.
Wann sieht man einem wildfremden Menschen auf der Straße lang und interessiert nach? Dann, wenn er sich abhebt von der Masse der langweiligen Kleinbürger, mit denen die Städte so voll sind. Da muss man sich aber schon verrückt anziehen. Oder, noch besser, man ist körperlich entstellt oder behindert. Es gibt für die Menschen nichts Spannenderes als das Abstoßende, bei dem man unwillkürlich wegschaut und eigentlich doch unbedingt genau hinsehen will. Das ist ein zweischneidiges Schwert, das wir mit uns führen. Reden können wir gut davon, dass unsere Gesellschaft hart geworden ist, dass sie umgepflügt werden müsste, und für die wahre Gerechtigkeit neuer Boden bereitet werden müsste, aber tun wir wirklich etwas dafür, dass die Weissagung des Propheten Micha wahr wird: »Dann schmieden sie Pflugscharen aus ihren Schwertern und Winzermesser aus ihren Lanzen« (Mi 4,3)?
Jede Form von Behinderung zeigt uns den Menschen in einem völlig anderen Licht, zwingt uns eigentlich zur Auseinandersetzung mit unserem Bild vom Menschen. Das lässt uns so fasziniert auf einen fahrenden Rollstuhl blicken – er erinnert uns daran, dass wir alle keine vollkommenen Geschöpfe sind. Wie wir aber umgehen sollen mit dieser Erkenntnis, hat uns niemand beigebracht. Deshalb zählt am Ende doch der perfekte Mensch, und alles andere wird ausgeklammert. So schauen wir zwar fasziniert, aber eben doch nur aus den Augenwinkeln. Und wir sind froh, wenn der Rollstuhl, der weiße Blinden-

stock, der viel zu große Schuh an dem einen Fuß, der Buckel, die Narbe wieder weiterziehen, ohne dass wir gezwungen waren, Kontakt aufzunehmen. In diesem Sinne lässt sich das Bild vom Aussätzigen in den heutigen Bibeltexten zeichnen. »Außerhalb des Lagers soll er sich aufhalten«, möglichst weit weg aus dem Blickfeld der anständigen Bürger. Man muss sich schützen, durch neugieriges Wegschauen.

Da führen wir doch eher das Schwert als die Pflugschar. Die zwei Schneiden des Schwertes schleifen wir immer wieder neu, und eine ist so grausam wie die andere: Da ist der scharfe Schnitt durch die Gesellschaft, die manchmal subtile, immer aber harte Ausgrenzung vieler kranker Menschen. Der Aussatz, von dem die Bibel spricht, hat viele moderne Gesichter. Aids ist eines davon. Kinder, die vor lauter Kontaktlosigkeit Neurodermitis bekommen, ist ein anderes. Ausgrenzung, Gleichgültigkeit, das ist die eine verletzende Schneide unseres Schwertes.

Die andere ist weniger offenkundig: Wer nur normale und gesunde Menschen um sich sieht, wird andere immer als *nicht* normal und *nicht* gesund einstufen. Und jedes *Nicht* nimmt ein Stück der Würde, die jedem Menschen zusteht. Der Mensch und seine Krankheit werden nicht mehr getrennt, sondern als Einheit gesehen, und vor lauter Mitleid, wenn sich einer tatsächlich einlässt darauf, wird aus ihm ein »Ach, du Armer.« Unser Mitleid ist eine Geste der Hilflosigkeit. Denn den richtigen Umgang damit hat uns ja immer noch keiner beigebracht.

Halten wir es also nicht vielmehr mit dem Gegenteil des Micha-Spruchs, mit dem Aufruf des Propheten Joël, der sagt: »Schmiedet Schwerter aus euren Pflugscharen und Lanzen aus euren Winzermessern« (Joel 4,10)?

Wir tun uns schwer damit, unser zweischneidiges Schwert wegzupacken. Noch schwieriger macht es die Tatsache, dass das auch niemand für uns leisten kann, wir müssen es selber tun. Im Evangelium spricht der Aussätzige Jesus an und sagt: »Wenn du willst.« Und Jesus ist bereit dazu: »Ich will es.« Er streckt ihm seine Hand entgegen und berührt ihn. Jesus hat keine Berührungsängste. Er hat nicht einfach Mitleid, er lässt sich berühren. Wenn wir davon lernen wollen – wir müssen *wollen*! –, dann können auch wir Berührungsängste abbauen. Wenn wir nicht messerscharf bleiben, sondern unsere Hände reichen, unsere stumpfen, nicht verletzenden, dann wird ein kleines Wunder geschehen. Sicher wird der im Rollstuhl nicht aufstehen und gehen können, der HIV-Positive nicht plötzlich wieder negativ sein, der mit Klumpfuß Hinkende nicht auf einmal anderes Schuhwerk brauchen. Aber in unserem Blick wird auch der im Rollstuhl ein gesunder Mensch sein, der HIV-Positive ein normaler und der mit Klumpfuß Hinkende ein würdiger.

Sie alle werden plötzlich ihre Würde haben und in allem nur ein wenig anders sein als wir. »Im gleichen Augenblick verschwand der Aussatz, und der Mann war rein.« So können wir uns bewusst mit unserem Bild vom Menschen auseinandersetzen und uns erinnern lassen, dass wir keine vollkommenen Geschöpfe sind. Es wird uns nicht aus der Fassung bringen.
Lesen wir noch einmal, sicherheitshalber, beim Propheten Micha nach, ob unsere Deutung zutrifft. Er verkündet tatsächlich nicht nur, dass Schwerter zu Pflugscharen werden, sondern im selben Atemzug: »An jenem Tag will ich versammeln, was hinkt, und zusammenführen, was versprengt ist. Die Hinkenden mache ich zum heiligen Rest und die Schwachen zu einem mächtigen Volk.« (Mi 4,6-7) Kein Wunder, dass die Leute von überallher zu Jesus kommen, er ist der Mann ohne Schwert, der Mann mit der Pflugschar, der den Boden bereiten kann für alle, die hinken, die aussätzig sind und krank. Er berührt sie und sieht sie – viele wohl zum ersten mal in ihrem Leben – als würdige Menschen.

Fürbitten

- *Die Idee: Vom Ballast der Vorurteile befreien wir uns.*
- *Ein Rollstuhl beim Einzug mitgeführt, beladen mit Steinen, (Holz-)Schwertern, einem Seil; auf der Seite wartet eine Mülltonne*

Guter Gott. Auch wir kommen zu dir, hinaus an deinen einsamen Ort, um die Krankheiten der Gesellschaft zu bringen:

1. Manchmal sind wir so steinhart zueinander. Die Sorgen und Nöte anderer dringen nicht durch zu uns. Doch dass wir so sind, belastet uns wie ein Mühlstein. Hilf uns, diesen Stein abzulegen, damit wir es selber leichter haben und damit es andere mit uns leichter haben. Herr, unser Gott: ...
Kinder holen alle Steine aus dem Sitz des Rollstuhls und werfen sie in den Mülleimer
2. Manchmal fällen wir scharfe Urteile übereinander. Für Sorgen und Nöte anderer haben wir kein Verständnis. Doch oft genug schneiden wir uns damit ins eigene Fleisch. Hilf uns, nicht mit Schwertern gegeneinander vorzugehen, sondern unsere Hände füreinander auszustrecken.
Kinder holen die Schwerter aus dem Rollstuhl
3. Manchmal spannen wir Fallstricke aus. Durch unsere Argumente und Ansichten sollen andere zu Fall kommen. Doch oft genug schnüren wir uns damit selbst den Hals zu. Hilf uns, die Stricke gegen andere aufzurollen und daraus Halteseile füreinander zu machen.
Kinder binden das Seil vom Rollstuhl los
4. Manchmal sind uns Menschen ein Klotz am Bein: Alte, Kranke, Behin-

derte. Ihre Sorgen und Nöte wollen wir nicht teilen. Doch früher oder später kommen wir selbst in Situationen, die wir jetzt so hart ablehnen. Hilf uns, auch das Unbequeme als Teil unseres Lebens zu akzeptieren.
Kinder holen die Holzklötze vom Rollstuhl

Wenn wir aufeinander zugehen, handeln wir nach dem Beispiel deines Sohnes. So hilf uns bei diesen manchmal schweren Schritten und erhöre unser Gebet durch Christus, unsern Herrn. Amen.

7. SONNTAG IM JAHRESKREIS
Partytypen

Einführung
Wie oft ist es Ihnen schon passiert: Sie sitzen zusammen, und plötzlich heißt es: »Wo ist denn ..., haben wir den nicht eingeladen?« – »Ja, wo ist der eigentlich? Jetzt, wo du's sagst – wär' mir gar nicht aufgefallen.«
Dass da einer fehlt, wird manchmal erst klar, wenn er von selber kommt. Oder auf Umwegen hereingebracht wird, weil offensichtlich kein Platz für ihn vorgesehen war. Ganz so, wie es der Gesellschaft im Hause Jesu geht, die so dicht gedrängt steht, dass der Gelähmte, der, der auch da ist und den man beinahe vergessen hätte, übers Dach ins Haus gelangen muss. Gut, dass es welche gibt, die ihn herunterlassen. Offensichtlich hat er doch einigen gefehlt.
Überlegen wir, ob es jemanden gibt, der uns heute in unserem Kreis fehlen könnte. Schließen wir ihn oder sie wenigstens in unser Gebet mit ein, bringen wir *alle* Menschen unserer Umgebung vor Gott:

Kyrie
- Herr, schau dich um für uns, denn du übersiehst keinen.
  Herr, erbarme dich.
- Christus, mach dich bereit für uns, denn du wartest auf alle.
  Christus, erbarme dich.
- Herr, sprich dein Wort für uns, denn du überzeugst alle.
  Herr, erbarme dich.

Lesungstexte
- Jes 43,18-19.21-22.24b-25
- *für Kinder:* »Die fürchterlichen Fünf« von Wolf Erlbruch; Wuppertal (Peter Hammer Verlag) 1991

(Fünf, die sich fürchterlich vorkommen: Kröte, Ratte, Spinne, Fledermaus und Hyäne. Einsam wie sie sind vergehen sie vor Selbstmitleid. Doch die Hyäne sagt feierlich: »Was zählt, sind Taten! Man muss was tun! Für sich – und für die anderen!« Sie laden ein zu einem Fest. Ob's wohl klappt?)

- Mk 2,1-12

Predigt

Liebe Gemeinde, verehrte Gäste.

Was machen denn Sie, wenn Sie vor einer ganzen Menge stehen? Einer Menge Probleme oder ganz einfach – es müssen ja nicht immer Probleme sein – einer Menge Menschen, die Sie alle kennen. Sie sind eingeladen, zum Beispiel, und es sind so viele bekannte Gesichter auf einmal, dass Sie gar nicht wissen, mit wem Sie zuerst reden sollen. Sind Sie der Typ, der sich erst einmal ganz unverbindlich umsieht, einen Überblick gewinnt, und dann gezielt auf eine Person zusteuert, mit der er wirklich gerne reden möchte? Vielleicht sind Sie auch der Typ, der sofort ins Bad der Menge eintaucht und mit dem erstbesten Gast Kontakt aufnimmt, egal ob Sie ihn kennen oder nicht? Oder sind Sie der Typ, der sich einen Platz sucht, vorzugsweise in einer sicheren, stillen Ecke, von der aus man gut beobachten kann, und der lieber selber entdeckt und angesprochen werden will, als auf jemanden zuzugehen? Auf jeder Party, bei jedem Fest und immer da, wo viele Menschen sind, ist auch jeder Typ vertreten. Jeder Typ hat seine Vor- und Nachteile. Auch im Evangelium, wenn plötzlich die Tür aufgeht, und die Menschen stürmen die Wohnung Jesu, weil er wieder da ist. Ein schönes Gefühl, ein Grund zum Feiern. Aber nicht nur das, da ist auch Aufmerksamkeit und Erwartung: Was wird er sagen, der Meister, und was wird er heute tun – ein Wunder hoffentlich?

Die einen haben sich einen Platz gesucht in sicherer Entfernung, von dem aus sie alles beobachten. Sie haben die größte Aufmerksamkeit für Worte und Nuancen, für Blicke und Stimmungen. Andere suchen sich gleich jemanden, mit dem sie reden können, wo sie sich austauschen können und ihrer Spannung Luft machen können. Sie haben die größten Erwartungen an den heutigen Abend, sie möchten, dass etwas passiert. Für sie ist es ein »Event«, modern gesagt. Jesus zählt auf die, die als Zuhörer gekommen sind, die aufmerksam und mit offenen Ohren auf sein Wort warten, denn er hat immer etwas zu sagen, er hat immer eine wichtige Botschaft für die Menschen. »Wer Ohren hat zu hören, der höre.« (Mt 11,15 u.ö.)

Jesus zählt auch auf die, die mit ihren Erwartungen hier sind. Er weiß, dass seine Anwesenheit allein, ist man erst einmal aufmerksam geworden, Erwartungen auslöst. Welche auch immer es sind. Die Menschen werden Gelegenheit bekommen, sich bestätigt zu sehen oder umdenken zu müssen. Solange sie etwas sehen wollen, solange sie von Gott etwas erwarten, sind sie auf dem richtigen Wege. Es gibt etwas zu sehen. So sprach Jesus schon am Anfang seines Wirkens zu denen, die seine Apostel sein wollten: »Kommt und seht.« (Joh 1,39)

Er zählt auf sie alle, er hat sie gern in seiner Wohnung, und keiner ist ihm unbekannt. Am liebsten sind ihm jedoch die, die sich erst umsehen, die auf den richtigen Augenblick und die gute Gelegenheit warten. Das sind die Menschen, die Glauben haben. Glaube bedeutet nicht, sich blindlings ins Getümmel zu stürzen und zu sehen, dass möglichst viel passiert. Glaube bedeutet auch nicht, sich in eine Ecke zu setzen und abzuwarten, bis Gott auf einen zukommt. Wir sind manchmal so. Manchmal braucht man das, möglichst viel zu machen und zu tun, manchmal braucht man auch Zeit, sich zurückzuziehen und zu warten. Glaube ist der Mittelweg, Glaube ist zielstrebiges Abwarten und umsichtige Tat.

Genau die Menschen mit diesem Glauben aber fehlen Jesus meistens, wenn das Haus voll ist. So viele von denen, die große Erwartungen haben und Augen wie Fernsehkameras. Und auch so viele von denen, die sich ihre Gedanke machen, die sich nicht sehen lassen, aber die Ohren aufsperren wie Richtmikrophone. Die anderen sind nicht da. Sie haben nämlich noch etwas zu erledigen. Umsichtig wie sie sind, haben sie festgestellt, dass es nicht nur die Menschen gibt, die zu den Partys, den Festen und Veranstaltungen laufen, sondern auch die, die von alledem nichts mitbekommen, die zu Hause bleiben und sich vielleicht auch selbst nichts wissen wollen von so viel Trubel. Wer nirgendwohin gehen will, hat bald genauso viel Hemmung entwickelt, tatsächlich zu gehen, wie einer, der nicht gehen kann. Lähmung hat viele Gesichter.

Umsichtige Menschen kennen die, die nicht gehen wollen oder können. Ihr zielstrebiges Abwarten besteht darin, dass sie sich erst einmal um die Daheimgebliebenen kümmern und dabei wissen, dass sie auf dem Fest derweil nichts verpassen. Ihre umsichtige Tat erweist sich, indem sie den Gelähmten Beine machen und sich die ungewöhnlichsten Methoden einfallen lassen, sie dahin zu bewegen, wo sie wieder in Bewegung kommen können. Es muss ja nicht immer das Dach sein, aber der Wiedereinstieg ins gesellschaftliche Leben nimmt oft die seltsamsten Wege.

Jesus empfängt den Gelähmten, der auf so seltsamem Weg zu ihm kommt. Es ist für dieses Mal nicht dem Glauben des Kranken zu verdanken, dass Heilung geschieht, sondern dem Glauben der anderen, der vier Träger. Sie sind es, die eine günstige Gelegenheit abgewartet haben und zielstrebig auf

Jesus zugegangen sind. Die vier Männer sind es, die dem Gelähmten dazu verholfen haben, seine Verschlossenheit, seine Hemmung, seine Abwehr abzulegen, die es wohl ist, was Jesus in seinem ersten Wort an ihn vergibt: »Mein Sohn, deine Sünden sind dir vergeben!« Er hat seine Lähmung nicht mehr nötig, dank der umsichtigen Vier, deren Glauben Jesus sah.
Da schlucken die, die bloß gekommen sind, um sich ihre Gedanken zu machen. Jesus zwingt die Pharisäer, aus ihren Ecken hervorzukommen und sich mit ihrer Meinung ihm zu stellen. Und die anderen, die etwas sehen wollten und ganz geschäftig waren, zwingt Jesus dazu, still zu werden und umzustehen. Sie müssen dem Mann mit seiner Tragbahre Platz machen, endlich, nachdem sie sich vorher nicht um ihn gekümmert hatten.
Jeder Typ, der auf das Fest in Jesu Haus gekommen war, hat etwas gelernt. Die einen, dass man sich vor ihm nicht zurückziehen kann, sondern doch angesprochen und entdeckt wird. Die zweiten, dass man nicht nur etwas für sich erwarten darf, sondern sich genau umsehen muss, damit etwas geschieht. Die dritten, dass es sich lohnt, etwas zu versäumen, abzuwarten und sich umzusehen, denn so kommt durch den Glauben Heil in die Welt. Der letzte, der Gelähmte, hat gelernt, dass man sich überzeugen lassen darf, dass Veränderung möglich ist, weil es immer Menschen gibt, die einen wirklich tragen. Er wird kaum gleich wieder nach Hause gegangen sein, wie Jesus es ihm gesagt hatte; er wird erst einmal einen Schnaps gebraucht haben.

Fürbitten

- *Die Idee: Wir bereiten alles für eine Party vor, und zwar so, dass wir für alle Fälle gerüstet sind und kein Leid übersehen.*
- *Einladungskarten und Stifte; Gläser (Becher) und eine Karaffe mit Saft; Teller (auch aus Pappe) und ein Tablett mit belegten Broten.*

Guter Gott. Dein Haus steht allen Menschen offen, auch denen, die nicht selber kommen können. Weil auch wir so offen sein wollen, bitten wir dich:
1. Um offene Augen, damit wir keinen übersehen, der unsere Einladung braucht. So beten wir für alle, die wir im Leben schon übersehen haben und an die vielleicht keiner mehr denkt. *Vater aller Menschen:*
Jedes Kind erhält eine Einladungskarte und schreibt den Namen eines anderen Kindes darauf, das es einladen möchte (oder malt das Kind, das gemeint ist). Dann werden die Einladungskarten verteilt (kann auch später noch erfolgen).
2. Um den guten Willen, für andere bereitzuhalten, was sie von uns brauchen. So beten wir für alle, denen wir im Leben schon grundlos etwas verweigert haben und die vielleicht noch heute auf unsere Bereitschaft warten.

Die Gläser und Teller werden (aus der Sakristei z.B.) geholt und auf einem Tisch bereitgestellt. Aber etwas fehlt dazu noch...

3. Um die Kraft, nicht nur zu nehmen und alles für sich zu beanspruchen, sondern auch zu geben. So beten wir für alle, die wir im Leben schon beiseite geschoben haben, weil wir selber im Mittelpunkt stehen wollten.

Jetzt erst werden Saft und Brote hereingebracht. Mit dem Feiern warten wir aber noch, bis auch Jesus unter uns ist: nach dem Gottesdienst.

Du machst uns Menschen heil und gibst uns die Kraft, selber zum Heil für andere zu werden, durch Christus, unseren Bruder und Herrn. Amen.

8. SONNTAG IM JAHRESKREIS
Flickwerk

Einführung

Freunde von mir sind stolze Besitzer eines 100-Liter-Weinballons. Besser gesagt: Sie waren es. Sie hatten das gute Stück, mit bestem Johannisbeersaft gefüllt, letzten Herbst im Badezimmer stehen. Und fuhren in den Urlaub. Und durften als erste Aktion bei ihrer Rückkehr zu Lappen, Schaufel und Besen greifen. Der Weinballon war in tausend Stücke zerborsten. Der gärende Wein hatte eine solche Kraft entwickelt, dass nicht einmal der stabile und für den Gärungsprozess geschaffene Ballon standhalten konnte.
»Neuer Wein gehört in neue Schläuche«, sagt Jesus. In seiner Umgebung gärt es gewaltig. Es ist nicht etwa Wein, Jesus doziert bei keiner Winzergenossenschaft, es sind die Menschen selbst, ihre Einstellungen, ihr Glaube. Menschen können Zeitbomben sein, nicht nur in Israel und Palästina, wo die Unzufriedenheit so heftig gärt, dass Menschen sich und andere ganz wörtlich in tausend Stücke sprengen. Bereits im Israel zur Zeit Jesu konnte man den explosiven Geist spüren. Die Gefahr ist nicht auf Israel begrenzt und nicht auf ein bestimmtes Jahrhundert. Die Bombe tickt überall und jederzeit.
Wie geladen sind wir selber oft? Wie lange schlucken wir unseren Ärger, und dann platzt uns doch der Kragen? Wie sehr lassen wir uns dabei oft von den Meinungen und dem Glauben anderer Menschen provozieren, ohne die rechte Distanz zu finden?

Kyrie

- Herr, du siehst den verbissenen Kleinglauben in unseren Gemeinden. Herr, erbarme dich.
- Christus, du rechnest mit unserer Unfähigkeit, Konflikte wirklich auszutragen. Christus, erbarme dich.
- Herr, du willst allen Druck von uns nehmen. Herr, erbarme dich.

Lesungstexte

- 2 Kor 3,1b-6
- *für Kinder:* »Allerleihrauh« aus der Sammlung »Kinder- und Hausmärchen« der Gebrüder Grimm; versch. Ausgaben

(Der König will seine eigene Tochter heiraten. Die schöne Prinzessin stiehlt sich deshalb mit einem Mantel aus tausend verschiedenen Pelzstücken davon. Erst als ein anderer König unter dem Flickenmantel ihre wahre Schönheit entdeckt, gibt sie die Verkleidung und das Dasein als arme Küchenmagd auf und heiratet ihn. Der Flickenmantel steht in Verbindung mit allem, was nicht geht und unmoralisch ist, Kleider aus Gold und Silber und »hell wie Sterne« stehen für ein neues, reines Leben.)

- Mk 2,18-22

Predigt

Liebe Gemeinde, verehrte Gäste.

Engländer sind unsere Vorbilder – zumindest, was guten Geschmack angeht. Ein echter Gentleman hält etwas darauf, immer richtig gekleidet zu sein. Und der Anzug, den er sich einmal Maß schneidern lässt, wird selbstverständlich später auch vom Sohn getragen, wenn er ihm passt. Wenn nicht, wird er passend gemacht. Aufgetragene Markenkleidung ist ein Prestigeobjekt. Es gibt sogar eine Markenjacke (Barbour), die besonders dann etwas gilt, wenn sie ramponiert aussieht und einige Male geflickt wurde. Natürlich ist es eine englische Marke. Es gibt also doch Menschen, die ein Stück neuen Stoff auf ein altes Kleid nähen und auch noch stolz darauf sind.

Anders unsere jungen Leute. Die großen, ausgefransten Risse in der Jeans verursachen seit einigen Jahren immer wieder Ärger in den Familien und außerhalb. Da wird nichts geflickt. Da werden Risse eher noch vergrößert. Viele sind deshalb der Meinung, mit unserer Jugend stimme etwas nicht. Dagegen müssen sich Väter und Mütter oft anhören, wie unmodern sie seien. Die Jugend macht überhaupt viele Vorwürfe, ohne sich im Geringsten an dem zu orientieren, was seit Generationen üblich ist, am – wie die Engländer sagen – Establishment.

Was wirft uns die Jugend mit ihren löchrigen Hosen vor? Können wir uns da nicht ganz bildlich ansehen, wie viele Risse durch unsere Gesellschaft gehen? Und wie sehr wir versuchen, da etwas zu flicken und zu verdecken und jeden Schmutzfleck auf der weißen Weste mit neuem Stoff zu überspielen? Was unsere Politiker derzeit aufführen, ist doch nur eine üble Karikatur dessen, was wir selbst oft genug tun: unser Flickwerk im Leben als Leistung zu verkaufen, so wie die englische Markenjacke mit ihrem Flickwerk Prestige besorgen soll.

Jesus kommt auch in eine Welt voller Flickwerk – religiösem Flickwerk. Die Gesetze des Mose, der Schutzmantel Gottes für sein Volk, sind alt geworden. Sie haben die Zeit der Wüstenwanderung ausgehalten, die Zeit der Landnahme und der Reichsgründung, der Verbannung in Babylon, der persischen, griechischen und römischen Fremdherrschaft. All diese Erfahrungen haben Gottes Schutzmantel abgenutzt und eingerissen. Wenn die Bibel von Menschen erzählt, die ihre Kleider zerreißen, dann meint sie Trauer und Schuld. Trauer darüber, dass Gott sein Volk scheinbar so oft verlassen hat, und Schuld, die daraus entsteht, Gott nicht zu vertrauen. Doch dieser Trauer und dieser Schuld begegnet man nicht, indem man den Riss flickt. Man begegnet ihnen, indem man umkehrt und das Verhältnis zu Gott neu sucht.

Etwas aufnähen heißt auch etwas aufzwingen, was dort nicht hingehört. Übermäßige Strenge und Gesetzestreue deckt nur vordergründig die Risse im Kleid zu. Das Fastengesetz ist ein solch strenges Gesetz. Wer nur darauf besteht, es einzuhalten, weil es eine Vorschrift ist, der deckt die Risse zu. Wer dagegen versucht, hinter der Vorschrift einen Sinn zu finden, der bietet den Menschen das Kleid ganz neu an. Jesus lehnt das Fasten nicht ab, er weigert sich nur, es zu tun, weil es Vorschrift ist. Er lehrt seine Jünger, auf den Unterschied zu achten zwischen den Zeiten echter Freude, die auch in eine »Fastenzeit« fallen können, und den Zeiten echter Trauer und Schuld, die auch in eine festliche Zeit fallen können. Dieses Kleid können die Jünger Jesu wieder anziehen, es hat keine zwanghaften Flicken.

In der Offenbarung des Johannes heißt es nicht: »Seht, ich flicke alles.« sondern: »Seht, ich mache alles neu.« (Offb 21,5) Das Neue ist jedoch nicht das ganz Andere. »Denkt nicht, ich sei gekommen, um das Gesetz und die Propheten aufzuheben. Ich bin nicht gekommen, um aufzuheben, sondern um zu erfüllen«, sagt Jesus selbst von sich (Mt 5,17). Aber erfüllen kann man nichts, was geflickt und aufgezwungen ist. Wenn Jesus einen alten Schlauch mit dem neuen Wein, seinem Blut, dem Blut des neuen und ewigen Bundes, erfüllen wollte, würde er ihm zerreißen. Er würde es nicht aushalten. Das religiöse Flickwerk und seine zwanghafte Gesetzestreue wären zu eng gewesen für die unerhört neue Botschaft Jesu. Damit der Bund ewig sein kann,

muss ein neuer Schlauch, ein neues Kleid her. Das Kleid ist maßgeschneidert nach den alten Gesetzen des Mose, den bewährten Mustern für ein gelingendes Leben.
Hier braucht es keine Flicken; das Gewand, in dem das junge Christentum sich zeigt, ist von oben her durchgewebt und ohne Naht wie das Untergewand Christi. Auch für uns galt einmal, was die Soldaten unter dem Kreuz zu sich sagten: »Wir wollen es nicht zerteilen.« Wir haben uns doch zerteilt. Wir haben angefangen, mit zwingenden Vorschriften Flicken auf unsere Risse zu setzen. Und wir sind darauf so stolz wie andere auf ihre Markenkleidung.
Immerhin stand der Papst dazu, als er sich mit einem großen »Mea Culpa« zur Schuld der Kirche in der Vergangenheit bekannte. Vielleicht erkennt er auch die kleinen Risse, die Schuld der Kirche in der Gegenwart. Vielleicht zerreißt auch er seine Kleider. Dann geschieht es einmal, dass auch das Establishment mit löchrigen Hosen daherkommt und öffentlich zeigt, dass nicht alles in Ordnung ist und dass manches auch nicht einfach zugedeckt werden kann, sondern bearbeitet und erneuert werden muss. Neuer Wein gehört in neue Schläuche.

Fürbitten

- *Die Idee: Gegen Flickwerk und andere halbe Sachen können wir etwas tun.*
- *Jute-Beutel (mit traurigem Gesicht darauf), größerer Luftballon (mit Smily darauf), Zimmerbrunnen, Wasserkrug, Glasschüssel zum Auffangen des Wassers*

Guter Gott. Mit den Rissen in Familie, Kirche und Gesellschaft kommen wir zu dir und bitten dich:
1. Wer nicht verstanden wird, ist wie ein durchlässiger Beutel. Er nimmt nichts mehr an, was man ihm sagt, besonders wenn er hört: »Du musst!« Hilf jedem Menschen, der sich nicht verstanden fühlt, zu neuem und sicherem Vertrauen, das ihn auffängt und hält. *Gott, Schöpfer der Welt:*
Kinder schütten Wasser in den Jute-Beutel, der Beutel wird danach in die Schüssel gelegt.
2. Wer in seinem Leben keinen Sinn findet, ist wie ein Ballon, dem die Luft ausgegangen ist. Er hängt nur noch herum. Hilf jedem Menschen, der sich sinnlos findet, zu neuer und sicherer Erfüllung, die ihm nicht verloren geht.
Ein Kind bläst den Luftballon auf; er wird gut sichtbar aufgehängt.
3. Wer unter Zwang leidet, ist wie ein Brunnen, dem das Wasser abgegraben wird. Er rührt sich nicht mehr. Hilf jedem Menschen, der sich gezwungen fühlt, zu neuer und fester Kraft für eigene Entscheidungen.
Der Zimmerbrunnen wird angesteckt/angeschaltet.

Du, Gott, willst, dass unser Leben nicht versiegt sondern fließt, nicht erschöpft ist sondern erfüllt, nicht haltlos ist sondern aufgefangen. So bleibe bei uns und stärke uns durch Christus, unseren Helfer und Herrn. Amen.

9. SONNTAG IM JAHRESKREIS

Sabbat ist Sabbat

Einführung

»Mensch, bin ich heut gut drauf, ich könnte Bäume ausreißen!« Mit so einem Satz wird man bewundert, wer so etwas sagt, von dem darf man erwarten, dass er wirklich etwas anpackt und bewegt. Und neben den Bäumen reißt er womöglich auch noch andere mit. Vielleicht liegt ja ein erholsamer Urlaub, ein ruhiges Wochenende hinter ihm. Von irgendwoher muss die Kraft ja kommen.
Mit dem Ausreißen hat Jesus heute seine Schwierigkeiten. Es sind ja nicht einmal Bäume – seine Jünger zupfen ein paar Ähren vom Feld. Das ist ohnehin sehr zaghaft für diese kleine Gruppe Menschen, die es jeden Tag mit Dämonen und schweren Krankheiten aufnehmen. Nicht einmal das gönnt man ihnen, denn es ist Sabbat. Und Sabbat ist Sabbat. Wir dürfen gespannt sein, wie Jesus auf die Vorwürfe der Pharisäer reagieren wird.
Schauen wir zuerst auf uns und unsere Verfassung heute, am Sonntag, dem christlichen Sabbat und Ruhetag, auf die Bäume, die wir ausreißen möchten, oder die Ruhe, die wir heute brauchen… *(kurzer Moment der Stille)*

Kyrie

- Du bist Herr über Sein und Zeit. Herr, erbarme dich.
- Du bist Herr über Leben und Tod. Christus, erbarme dich.
- Du allein weißt, was wir Menschen wirklich brauchen.
  Herr, erbarme dich.

Lesungstexte

- Dtn 5,12-15
- *für Kinder:* »Momo kommt hin, wo die Zeit herkommt«; Ausschnitt aus »Momo« von Michael Ende, Zwölftes Kapitel; Stuttgart (Thienemann) 1973, S. 161 – 166 d. Originalausgabe

(Meister Hora führt Momo zu dem Ort, in dem ihre Zeit entspringt wie eine Blume.

Sie erfährt, dass die Zeit in ihrem eigenen Herzen blüht und von niemandem beherrscht werden muss, und dass man warten können muss, um die Zeit sinnvoll zu nutzen – »Warten, Kind, wie ein Samenkorn, das in der Erde schläft einen ganzen Sonnenkreis lang, ehe es aufgehen kann.«
Der angegebene Ausschnitt muss noch einmal gekürzt werden.)

- Mk 2,23 – 3,6

Predigt

Liebe Gemeinde, verehrte Gäste.
Wenn Kinder mal so zwei, drei Jahre alt sind, haben sie ein wichtiges Wort entdeckt: Nein. So ein kleiner Wurm kann ganz schön trotzig werden. Eltern meinen es doch nur gut, stattdessen gibt's ohrenbetäubendes Gebrüll – man muss sich wundern, woher die ihre Kraft nehmen. Für die Großen brauchen viel Geduld, bis die Kleinen begriffen haben, wie weit sie gehen können, bis sie ihre Grenzen ausgelotet und akzeptiert haben. Eine schwierige Zeit für die Beziehung zwischen Eltern und Kindern: Einmal zu viel durchgehen lassen, und schon machen sie, was sie wollen – einmal zu fest reagiert, und schon kann das Vertrauen verloren sein. »Da ist mir die Hand ausgerutscht«, hört man manchmal. Schade, dass Erwachsene zwar alles Mögliche unter Kontrolle haben, nur nicht ihre eigenen Hände.
Wenn Kinder mal so vierzehn, fünfzehn sind, fängt das schon wieder an. Dann wollen sie die Grenzen sprengen, die sie sich als Kinder mühsam abgesteckt haben. Sie wollen keine Kinder mehr sein. Das Wort Nein wird jetzt in Großbuchstaben geschrieben und erhält ganz ungeahnte Ausrufezeichen. Während das Kleinkind noch gebrüllt hat wie am Spieß, brüllen jetzt die Hände. Sie probieren aus, was sie vorher nicht getan hätten, nur um die Älteren, Erwachsenen zu provozieren. Mit Erfolg.
Wie eine Bande Jugendlicher ziehen Jesus und seine Jünger durch das heutige Evangelium. Es ist schon ziemlich pubertär, wenn man am Feiertag durch die Felder streift, mit großem Spaß die Feldfrüchte niedertrampelt und mutwillig ausreißt, was da wächst. Sie wissen doch genau, dass es erstens verboten ist (noch dazu am Feiertag, wo jede Tätigkeit zu ruhen hat), zweitens unweigerlich die alten Herren, die Pharisäer, auf den Plan rufen wird! »Sieh dir an, was sie tun!« Wie oft habe ich dir schon gesagt... »Das ist doch am Sabbat verboten.« War ja wohl klar, das musste kommen.
Sabbat ist Sabbat. Es gibt ein geläufiges Sprichwort, das heißt: »Jetzt ist aber Sabbat!« Gemeint ist: »Jetzt ist Schluss, Ende; hör sofort auf!« Das Ende der Woche soll auch das Ende jeglicher Handlungen sein. Dagegen setzt Jesus ein trotziges Nein. Will er wirklich nur provozieren? Ein Nein um des Widerstan-

des willen, ein Nein um jeden Preis? Nein. Er weiß, was er tut, er weiß, was er will. Er muss seine Grenzen nicht erst ausloten oder sprengen und neu bestimmen, er hat seine Grenzen längst und ein für alle Mal festgesetzt.
Wir Menschen müssen unsere Grenzen suchen. Auch die Pharisäer, die weisen alten Männer aus Israel, mussten suchen. In unserem Leben werden uns Grenzen gesetzt, wir finden sie vor und haben umzugehen mit ihnen. Die stärkste und unüberwindlichste Grenzlinie ist der Tod. Nur ganz wenige Grenzen ziehen wir selbst. Auch sie ziehen wir nur, wenn es notwendig ist. Meistens schützen wir uns mit ihrer Hilfe und signalisieren: »Bis hierher und nicht weiter. Hier ist Schluss. Hier ist Sabbat.«
Dass es Grenzen gibt, ist uns Gesetz – Naturgesetz. Grenzen bilden einen Rahmen, in dem es sich leichter leben lässt; hinter jeder einmal gesetzten Grenze wartet das Unbekannte. Pharisäer haben gelernt, sich innerhalb der vorgegebenen Grenzen wohl zu fühlen. Sie halten sich an die Grenzen, die ihnen Naturgesetz sind: an die Gebote Gottes. Sie sind zu schlau, um sich immer wieder dem Neuen und Unbekannten außerhalb der biblischen Gebote auszusetzen. Eigentlich wollen sie doch nur unser Bestes. Wie verantwortungsbewusste Eltern achten sie auf die Einhaltung der Grenzen, weil sie es als das Beste für uns halten. Ungewissheit soll uns auf jeden Fall erspart haben. Wir sollen es schließlich einmal besser haben.
Jesus kennt das Dilemma der Pharisäer. Indem sie es doch eigentlich so gut meinen, machen sie es denkbar schlecht. Deshalb bleibt er nicht beim trotzigen Nein. Er, der die Grenzen der Welt kennt wie kein anderer, der sich ihnen freiwillig unterworfen hat und trotzdem sogar den Tod unter Kontrolle hat, ist ja kein kleines Kind und auch kein Jugendlicher. Es ist keine Rebellion gegen das Gesetz, um sich gegen Überkommenes zur Wehr zu setzen und seine Grenzen zu verschieben. Jesus weiß, dass mit seinem Handeln die Grenzen der Gebote Gottes längst noch nicht erreicht sind.
Die Pharisäer brauchen etwas, um beeindruckt zu sein – sollen sie haben: König David wird bemüht. Jesus geht es aber nicht um König David und nicht um ein kluges Zitat aus der Heiligen Schrift. Er zeigt den Pharisäern, dass die Bedürfnisse des Menschen die eigentlichen Grenzen im Leben sind. Wer Hunger hat, soll essen. Die Pharisäer haben vor lauter Gesetzestreue übersehen, dass Jesus und seine Jünger vielleicht Hunger hatten. Dass sie am Ende gar nicht mutwillig und wie pubertierende Jungs gehandelt haben, sondern aus Notwendigkeit. Selbst König David – man höre und staune – hatte Hunger.
Die Grenze ist der Hunger. Wer darauf besteht, dass Sabbat Sabbat ist, hat hier die Grenze überschritten, nicht der, der gegen den Hunger angeht. »Der

Sabbat ist für den Menschen da.« In jeder Hinsicht. Auch Ruhe und Entspannung sind Grundbedürfnisse. Es muss einen Tag geben, an dem das besonders geschützt wird, das ist das Gebot Gottes. Und Gesundheit ist ein Grundbedürfnis. Wenn einem die Hand verdorrt, weil man ihn mit dem Gesetz des Sabbat zur Untätigkeit verdammt, hat man den Tag am Ende der Woche falsch verstanden. »Jetzt ist aber Sabbat!« sagt Jesus. »Bis hierher und nicht weiter. Ich zeige euch die Grenzen.« Und die Hand »war wieder gesund«. Man hat wieder genug Lebenskraft, zum Bäume ausreißen – oder vielleicht ein paar leckere Ähren auf einem Kornfeld...

Fürbitten

- *Die Idee: Die Körner einer Ähre geben uns, was wir zum Leben brauchen – an jedem Tag der Woche.*
- *Eine große »Ähre« mit sieben »Körnern«: Holzstab (ca. 1,5 m) auf Ständer, evtl. gelb lackiert; sieben kleine gelbe Luftballons, mit je einem Segensspruch gefüllt (s.u.) und aufgeblasen, in Form einer Ähre am Holzstab befestigt; gelbe Kartonstreifen zum Ausschmücken (Blätter, Grannen); eine Nadel liegt bereit.*
- *Am Ende des Gottesdienstes bekommt jedes Kind (alle Gottesdienst-teilnehmerInnen) eine Weizenähre: »Für dich ausgerissen, damit du jeden Tag der Woche satt wirst.«*

Guter Gott. Du hast uns das Leben geschenkt und willst, dass wir es erhalten. Du gibst die Tage der Arbeit und der Ruhe. Weil du auf uns Menschen achtest, bitten wir dich:

1. Für die Montage und Dienstage, weil die Woche manchmal so schwer anfängt. Gib allen die Kraft, ihre Aufgaben und ihre Arbeit frisch anzugehen, damit sie auch am Erfolg satt werden. *Gott, Vater im Himmel:*
Zwei Kinder zerstechen die untersten »Körner« und tragen die Segenssprüche vor: »Gott schenkt die Kraft für den Anfang« und »Gott trägt dich auf seinen Händen«. (Die Kinder dürfen die Sprüche behalten.)

2. Für die Mittwoche und Donnerstage, weil die zweite Hälfte der Woche meistens schon viel leichter ist. Gib allen die Ausdauer, Aufgaben und Arbeiten durchzuhalten, damit sie auch an einem erfüllenden Tun satt werden.
Zwei weitere Kinder: »Gott bewahrt dich vor allem Unheil« und »Gott hilft dir durchhalten«.

3. Für die Freitage und Samstage, weil alles auch ein Ende haben muss. Gib allen den Mut, Aufgaben und Arbeiten abschließen zu können, wenn die Zeit reif ist, damit sie an immer neuen Dingen satt werden.
Noch einmal zwei Kinder: »Gott hilft dir Abschied nehmen« und »Gott schenkt dir nach jedem Ende einen neuen Anfang«.

4. Für die Sonntage, weil es die Zeit der Ruhe und die Zeit des Nachdenkens braucht. Gib allen die Geduld, sich Ruhe zu schenken und einen Gedanken an dich, unseren Schöpfer, damit wir auch an dir noch satt werden.
Ein Kind für das oberste »Korn«: »In Gott darfst du ausruhen, bei ihm bist du geborgen«.

Der Sonntag ist für die Menschen da, nicht der Mensch für den Sonntag. Auch du, guter Gott, bist für uns da, nicht wir für dich. Dafür danken wir dir durch Jesus Christus, deinen Sohn. Amen.

10. SONNTAG IM JAHRESKREIS
Familienstammbaum

Einführung
Liebe Schwestern und Brüder im Herrn!
Eine lieb gewonnene Floskel von Pfarrern am Beginn der Messfeier, am Beginn der Predigt und immer mal zwischendurch. Sie mögen sich daran gewöhnt haben, das nicht weiter schlimm finden oder sogar passend: schafft es doch gleich eine so familiäre Atmosphäre. Vielleicht aber finden Sie es auf Dauer doch ziemlich anbiedernd. Wir sind nicht verwandt, und dann soll man sich auch noch ständig duzen lassen: »Der Herr sei mit *euch*.«
Was gibt uns Geistlichen denn die Berechtigung, wildfremde Menschen zu Schwestern und Brüder zu erklären? Die Verwandtschaft, die uns verbindet, begründet Jesus im heutigen Evangelium. Wir sind verwandt, verlassen Sie sich drauf – seelenverwandt. Damit das nicht zur Drohung wird, rufen wir Christus an:

Kyrie
- Du hast deinen Vater auch uns zum Vater gegeben. Herr, erbarme dich.
- Du hast uns nicht zu Sklaven, sondern zu Kindern Gottes gemacht. Christus, erbarme dich.
- Du nennst uns alle deine Brüder und Schwestern und Mütter. Herr erbarme dich.

Lesungstexte
- 2 Kor 4,13 – 5,1
- *für Kinder:* »Irgendwie Anders« von Kathryn Cave, mit Bildern von Chris Riddell; Hamburg (Oetinger) 1994

(So sehr er sich auch bemühte wie die anderen zu sein, Irgendwie Anders war irgendwie anders. Deswegen lebte er auch ganz allein auf einem hohen Berg und hatte keinen einzigen Freund. Bis eines Tages ein seltsames Etwas vor seiner Tür stand. Das sah ganz anders aus als Irgendwie Anders, aber es behauptete, genau wie er zu sein...)

- Mk 3,20-35

Predigt

Liebe Gemeinde, verehrte Gäste.

Mein Opa war damals sehr glücklich, als er das Geschenk seiner Kinder und Enkelkinder zu seinem 75. Geburtstag ausgepackt hatte. In großem Format, hinter Glas und schön eingerahmt war da ein eindrucksvoller Baum gemalt, in dessen Zweigen Fotografien von uns allen hingen – ein Stammbaum. Lang schmückte er das Wohnzimmer meines Großvaters, und ich weiß nicht, was aus ihm geworden ist, jetzt, da mein Großvater schon Jahre tot ist und das Haus den Besitzer gewechselt hat. Ich weiß nur, dass so ein Stammbaum ein beliebtes Geschenk ist, daher werden Sie vielleicht gerade an den denken, der bei Ihnen im Wohnzimmer oder anderswo im Haus hängt.

Auch die, die sich die Mühe machen, einen Stammbaum zu erstellen, haben etwas von ihrem Geschenk. Da fällt einem plötzlich auf, dass man gar nicht weiß, ob Onkel Erwins Kinder nicht längst alle verheiratet sind und selbst Kinder haben? Dass wir mit *dem* auch verwandt sind, ist eine echte Überraschung. Und von Großtante Anna haben wir kein Foto; eine gute Gelegenheit, denn da haben wir lange nichts mehr von uns hören lassen.

Bei den einen muss das halbe Dorf mit auf den Stammbaum, weil irgendwie jeder mit jedem verwandt ist, und der Baum wird üppig und fast überladen. Andere müssen sich in ganz Deutschland auf die Suche machen, weil da irgendwo noch Angehörige sein könnten, denn mit ein, zwei dünnen Ästchen sieht ein Baum doch jämmerlich aus.

Einen Stammbaum zu haben, Familie und Verwandtschaft um sich zu wissen, kann ein beruhigendes Gefühl sein. Im Ernstfall halten alle zusammen, helfen alle zusammen. Manche bedauern es auch, dass man sich die lieben Verwandten nicht aussuchen kann. Die einen kommen gern und bleiben lang, auch ohne Einladung, aber selber wollen sie nie zu Hause gewesen sein, wenn man bei ihnen mal die Klingel drückt. Die anderen sind erst verwandt mit einem, wenn man einen Habsburger geheiratet hat. Erben wollen sie alle, aber die Pflege im Alter übernimmt keiner. Der schöne Stammbaum trägt auch faule Früchte.

Was für ein Früchtchen wird wohl Jesus gewesen sein in den Augen seiner

Verwandtschaft? Die Angehörigen machen sich auf den Weg, »um ihn mit Gewalt zurückzuholen« in den Schoß der Familie. Sie sehen es als die letzte Möglichkeit, bevor sie sein Bild herausnehmen und einen Ast absägen müssen vom Stammbaum im Wohnzimmer. So geht es nun mal nicht, sonst sagt man am Ende noch im ganzen Dorf, es sei ja kein Wunder und die seien ja alle nicht ganz bei Sinnen.

Den Jesus, der im heutigen Abschnitt des Markus-Evangeliums sogar noch am Anfang seines Wirkens steht, wollen sie nicht haben. Jesus spürt die Ablehnung, die ihm von seinen eigenen Verwandten entgegenschlägt. Später wird Jesus es noch deutlicher machen, wenn er sagt: »Nirgends hat ein Prophet so wenig Ansehen wie in seiner Heimat, bei seinen Verwandten und in seiner Familie.« (Mk 6,4) Er sagt es in Nazareth, und auch da bildet das halbe Dorf einen Familienstammbaum. Er lenkt nicht ein, er biedert sich nicht an, er dreht ganz einfach den Spieß um. »Wer ist meine Mutter, und wer sind meine Brüder?« Er zeichnet seinen Stammbaum neu, er sucht sich seine Verwandten aus: »Wer den Willen Gottes erfüllt, der ist für mich Bruder und Schwester und Mutter.«

Wer bleibt denn da noch übrig? Unser Blick fällt auf die Schriftgelehrten, die mit Jesus im Haus sind. Schriftgelehrte kennen den Willen Gottes genau. Ihr ganzes Leben stellen sie in seinen Dienst. Auf ihre Art könnten sie Jesu Brüder sein, Seelenverwandte, Glaubensbrüder. Sie aber wollen bemerkt haben, Jesus sei von einem unreinen Geist, von Beelzebul, dem Anführer der Dämonen, besessen. Er denkt ja ganz anders als sie. Wer anders denkt und anders redet, Gesetze nicht einhält, die unbedingt eingehalten werden müssen, kann nur vom Teufel sein. Die Schriftgelehrten verhalten sich nicht wie Jesu Brüder, sondern – schlimmer noch – als wären sie seine Väter, als müssten sie ihn erziehen. »Das treib ich dir aus!« könnte da einer von ihnen sagen, in guter alter Vatermanier. »Die Hörner stößt du dir bald ab! Deinen bösen Geist bringen wir schon zur Räson!«

Keiner will mit Jesus verwandt sein, die Blutsverwandten nicht und nicht die Seelenverwandten. Der Evangelist Johannes sagt, Jesus »kam in sein Eigentum, aber die Seinen nahmen ihn nicht auf.« (Joh 1,11) Es hat scheinbar nichts genutzt, dass der Evangelist Matthäus lang und breit den Stammbaum Jesu aufgelistet hat. Heute nämlich hat in diesen Baum der Blitz eingeschlagen. Wir erleben die Familie, die doch eigentlich die »Heilige Familie« ist, als gespalten. Der Jesus, der so gar nicht ins Bild passt, wird abgesägt und abgespalten.

»Wenn eine Familie in sich gespalten ist, kann sie keinen Bestand haben.« Hier hat der Satan seine Hand im Spiel. Teuflisch ist, was so oft in unserer

großen Menschheitsfamilie geschieht: Wer anders denkt, anders handelt, anders lebt, als es bei uns immer üblich war, bekommt keinen Platz bei uns. Dieser böse Geist herrscht in vielen Familien. Eine Familie lebt aber erst davon, dass jeder seine ganz eigenen Fähigkeiten einbringen kann. Die Gabe des Heiligen Geistes ist, dass jeder irgendwie anders ist. »Wer aber den Heiligen Geist lästert, der findet in Ewigkeit keine Vergebung.«
Unser eigener Familienstammbaum wird noch viel größer und kräftiger, wenn wir nicht nur unsere Blutsverwandten nehmen, wie sie sind, sondern auch noch all die Seelenverwandten aufnehmen, die für uns Bruder und Schwester und Mutter sind. Das ist der Wille Gottes, unseres Vaters.

Fürbitten

- *Die Idee: Die Pfarrgemeinde ist wie eine große Familie, hier hat sich zusammengefunden, was zusammengehört. Wer zu wem gehört, machen wir sichtbar.*
- *Vorarbeit: Kommunionkinder und Firmlinge (soweit erreichbar, auch von vergangenen Jahren), pfarrliche Vereine und Gremien wurden angefragt: Sie sollten vorab mit Passfotos und / oder Unterschrift ihren »Ast« zusammenstellen (Vorstände und Mitglieder; GruppenleiterInnen / Tischmütter (-väter) und Kinder / Jugendliche), damit die Zusammenhänge innerhalb der Pfarrei deutlich werden konnten.*
- *In der Kirche steht ein (Holz-)Baum bereit (evtl. auf Stellwand gemalt), an dem die einzelnen »Äste« angebracht werden.*

Guter Gott. Dein Wille ist, dass wir einander respektieren und zueinander stehen. Wir bitten dich:
1. Für alle Neugetauften unserer Pfarrgemeinde. Hilf, dass sie sich wohlfühlen in den Familien, in die sie hineingeboren wurden, und in der Pfarrfamilie, die sie aufgenommen hat. *Gott, unser Vater:*
2. Für alle Kommunionkinder und alle Firmlinge. Lass die Gemeinschaft ihrer Vorbereitungsgruppen weiterwachsen zum Wohle der Kinder und Jugendlichen und zum Wohle der ganzen Pfarrfamilie.
3. Für die ehrenamtlichen und hauptamtlichen Verantwortlichen in unserer Pfarrei. Gib ihnen die Umsicht, einander zu bestärken, und den Mut, Konflikte ehrlich zu bewältigen.
4. Für die Vereine. Schenke ihnen weiterhin die Kraft, die vielen Fähigkeiten ihrer Mitglieder und Verantwortlichen zu bündeln und durch ihre Arbeit unseren Ort für alle zur Heimat zu machen.

Ohne dich können wir nichts tun, wir bitten um deinen Beistand und schauen auf das Beispiel deines Sohnes. Zu dir beten wir jetzt und alle Zeit. Amen.

Wie ein trockener Schwamm

Einführung

Gleichnisse, eines nach dem anderen. Jesus spricht entweder eine ganz unverblümte, deutliche Sprache, oder er findet Vergleiche, Metaphern, Umschreibungen. Er verkleidet seine Botschaft, mal als Perle oder Schatz, mal als König oder Gutsbesitzer, mal als Schaf oder Hirte. Heute verkleidet er seine Botschaft als Samenkorn. Und doch ist die blumige Verkleidung nicht weniger deutlich als die unverblümte, nackte Wahrheit. Sie setzt sich nur ganz anders in unseren Gedanken fest.
Jesus schafft es, mit direkten Worten zu schockieren – das bleibt im Gedächtnis. Im Gedächtnis bleibt auch, worüber man eine Weile nachdenken muss, wie es bei den Gleichnissen der Fall ist. Auf ein Ergebnis kommt man, der Gehalt, die Botschaft dahinter, das stellt sich bald ein.
Lassen wir uns heute ein auf das Samenkorn, das uns Jesus vorstellt. Es ist auch uns eingepflanzt und wächst, wir dürfen nur das Gießen nicht vergessen. Mit diesem Samenkorn erfüllt uns etwas, was wir so nicht vermutet hätten.

Kyrie

- Du schenkst dein Wort so, wie wir es aufnehmen können. Herr, erbarme dich.
- Du hast uns deinen Geist geschenkt, damit du in uns bleibst und wir in dir bleiben. Christus, erbarme dich.
- Du erfüllst alles, was lebt, mit Segen, du bist die Quelle ewigen Lebens. Herr, erbarme dich.

Lesungstexte

- Ez 17,22-24
- *für Kinder:* »Marie und der Hase« von Grégoire Solotareff; in: Ders.: »Wenn der Wolf kommt. Geschichten von Freundschaft und Liebe«; Frankfurt (Moritz) 1995, S. 8

(Marie war eine Puppe, von niemandem geliebt. Durch Zufall findet sie im Wald der Hase Andreas. Er redet mit ihr, und plötzlich steht Marie auf – »denn man musste nur mit ihr reden, damit Leben in sie kam, und das hatte bis dahin noch niemand getan.«)

- Mk 4,26-34

Predigt

Liebe Gemeinde, verehrte Gäste.

Ich mag es, Menschen ins Gesicht zu sehen, ganz wildfremden, im Vorbeigehen auf der Straße. Viele merken es nicht. Manche sind irritiert. Aufmerksamkeit brauchen die wenigsten, die von einem Ziel zum nächsten wollen, bloß keine Aufmerksamkeit. Körperlichen Kontakt nimmt man nur in Kauf, wenn es gar nicht anders geht, wenn das Gedränge im Bus, im Geschäft einfach zu groß ist. Wenigstens das Gesicht kann man vor anderen verschließen, der letzte Schutz selbst im größten Gedränge.

Als ich noch jung und stürmisch war, als Jugendlicher die Welt und die Menschen ausprobiert habe, habe ich im Vorbeigehen die wildfremden Passanten gegrüßt – um zu sehen, wie sie reagieren würden. Eines Nachmittags, auf einem Spaziergang durch ein Vorstadtviertel von Regensburg, kam mir eine alte Dame entgegen. Ihr Gang gebückt, das Gesicht mürbe von den Jahren und verbittert, der Blick leer. Wie würde sie auf einen Gruß reagieren? Ich war überrascht. Sie blieb stehen, musterte mich einen kurzen Augenblick und sagte dann: »Kennen Sie mich?« Ihr Gesicht hellte sich spürbar auf dabei und verlor alle Bitterkeit. Nach den vielen Menschen, denen meine Aufmerksamkeit gleichgültig oder zuwider gewesen war, nach den vielen Menschen, mit denen ich mir nicht mehr als einen Spaß erlaubt hatte, war mir jemand begegnet, die meine Aufmerksamkeit aufnahm wie ein trockener Schwamm das Wasser.

Jahre später machte ich eine ähnliche Erfahrung bei einem Telefongespräch. Ich hatte mich verwählt. Am anderen Ende meldete sich eine Frauenstimme mit einem erwartungsvollen, fast hastigen »Ja bitte?« »Ach so«, sagte sie nach meiner Entschuldigung, »ich dachte schon, endlich würde mich mal jemand anrufen.« Ein einziger Anruf könnte das Wasser sein auf einen trockenen Schwamm. Sind nicht viele Menschen so wie ein trockener Schwamm? Verschlossen und abweisend selbst im größten Gedränge, demonstrativ ins Gesicht geschrieben die Botschaft: Für Aufmerksamkeiten aller Art leider zu spät. Und doch saugen sie jeden Tropfen davon begierig in sich auf.

Schwämme. Im Lexikon steht über sie: »Porifera, Tierstamm mit etwa 5000 Arten, dessen stets festsitzende Angehörige von niederer Organisation sind.« (Bertelsmann Discovery, CD-ROM 1995) Wirbellose Vielzeller sind sie, deren biegsame Skelette aus dem Mittelmeer geholt und in unsere Badezimmer verkauft werden. Mit solchen Menschen hat Jesus zu tun. Er kommt in ein Land, in dem sie leben wie ausgetrocknete Schwämme. Sie sitzen fest auf alten Traditionen und den steinharten Meinungen der jüdischen Obrigkeit, in niederer Organisation, die sich nur mehr das Überleben sichert in diesem Land, das von den Römern besetzt und ausgepresst ist. Wirbellos, ohne Rückgrat, weil es ihnen gebrochen wurde vom Verlust der glorreichen Vergangenheit und vom langen Warten auf einen Messias, der in eine wieder glorreiche Zukunft führen würde. Das Wasser des Lebens ist knapp geworden, die Wüste, die Verschlossenheit und Bitterkeit, ergreift von den Menschen Besitz.

Jesus verkündet ihnen »das Wort, so wie sie es aufnehmen konnten.« Tropfen um Tropfen, Gleichnis um Gleichnis, Samenkorn um Samenkorn. Er schenkt das Wasser des Lebens aus an sie, so wie er es der Frau am Jakobsbrunnen versprochen hatte: »Wer von dem Wasser trinkt, das ich ihm geben werde, wird niemals mehr Durst haben; vielmehr wird das Wasser, das ich ihm gebe, in ihm zur sprudelnden Quelle werden, deren Wasser ewiges Leben schenkt.« (Joh 4,14)

Mit jedem Gleichnis weicht ein Stück Verschlossenheit, blüht ein Gesicht auf und ein Stück Reich Gottes. Es gibt nur die Gleichnisse, keine Erklärungen. Warum soll man lange erklären, was doch zu sehen ist: »Der Samen keimt und wächst.« Der Mann, der den Samen ausgesät hat, weiß ja auch nicht, wie. »Die Erde bringt von selbst ihre Frucht.«

Die Erde aber bringt nur Frucht, wenn jemand auf ihr aussät und wenn jemand die Saat begießt. Die Menschen, die vor Jesus stehen und seine Gleichnisse begierig in sich aufnehmen, beten täglich: »Gott, du mein Gott, dich suche ich, meine Seele dürstet nach dir. Nach dir schmachtet mein Leib wie dürres, lechzendes Land ohne Wasser.« (Ps 63,2) Sie wollen die Gleichnisse hören, und Jesu Worte sind für sie nicht bloß Tropfen auf den heißen Stein. Sie sind Tropfen auf einen trockenen Schwamm. Jeder Tropfen zählt und wird gespeichert, auch der kleinste. Der kleinste Tropfen mag gerade genügen für das kleinste Samenkorn. »Ist es aber gesät, dann geht es auf und wird größer als alle anderen Gewächse.« Auch die kleinste Gabe verfehlt nicht ihre Wirkung.

Erklärungen für all dies erhalten nur die Jünger. Sie sollen einmal dafür verantwortlich sein, dass jeder Mensch das Wort Gottes so bekommt, wie er es aufnehmen kann. Jeder, der sich fühlt wie ein ausgetrockneter Schwamm, soll das Wasser erhalten, das ihn aufgehen lässt und den Samen zum Keimen und Wachsen bringt, den Gott ihm eingesetzt hat. Die Jünger sollen sie spüren lassen, dass sie damit tatsächlich »sprudelnde Quellen« besitzen, »deren Wasser ewiges Leben schenkt«, denn wenn man einen nassen Schwamm auch nur ein wenig drückt, sprudelt Wasser, das anderen zum Leben helfen kann. Der Auftrag geht auch an uns.

Fürbitten

- *Die Idee: Der trockene Schwamm erhält durch uns das »Wasser des Lebens«.*
- *Ein großer Naturschwamm in einer Silberschale auf einem Tisch (zunächst verdeckt); Krug mit warmem Wasser; Handtücher*
- *Weitere Naturschwämme sind in kleine Stücke zerschnitten und werden an die Kinder ausgeteilt.*

Guter Gott. Du vergisst keinen, der zu dir ruft – deshalb rufen wir:
1. Achte auf all die Menschen, die vom Leben nichts mehr erwarten, die ausgezehrt und ausgetrocknet sind von ihren Erlebnissen. Hilf uns, an ihnen nicht vorbeizugehen. *Du Gott, der Leben schenkt:*
Die Kinder kommen um den Tisch, der Schwamm wird aufgedeckt und darf von allen befühlt werden.
2. Achte auf all die Menschen, aus denen das Leben und die Ideen nur so sprudeln. Hilf ihnen, dass ihre innere Quelle niemals versiegt und dass sie an andere davon etwas weitergeben können.
Ein Kind darf Wasser auf den Schwamm gießen, so vorsichtig, dass nichts in die Schale fließt. Woran erkennt man jetzt, dass tatsächlich Wasser geflossen ist?
3. Achte auf all die Menschen, die Gutes erfahren haben und wieder Freude am Leben haben. Hilf ihnen, dass sie das Gute speichern können für die schlimmen Wüstentage.
Die Kinder dürfen den Schwamm herumreichen, einander die Wange nass machen (durch ein bisschen Spaß wird die »Freude am Leben« aus der Fürbitte spürbar!) Nach dem Abtrocknen darf jedes Kind ein Stück Schwamm mitnehmen.

Weil du Freude und Leid mit uns teilst, vertrauen wir darauf, dass du auch unsere Bitten hörst und erhörst durch Jesus Christus, deinen Sohn. Amen.

Was im Sturm einschläft

Einführung

Keine Frage. Ein Sturm ist schrecklich. Früher (vielleicht in manchen Häusern immer noch?) hatte man eine schwarze Kerze, die wurde hervorgeholt und angezündet, wenn der Sturm ums Haus recht wütend fegte: die Wetterkerze. Man hofft, dass Gott das Schlimmste verhütet, dass er ein wachsames Auge auf die Familie und ihren Besitz hat. Das vertraute Licht der Kerze beruhigt auch die Seele, und jeder, der nachts aufgestanden ist und am Tisch in die Flamme blickt, sagt: »Wirst sehen, ist alles halb so schlimm.« Das hoffen auch die Jünger auf dem See Genesareth, aber es scheint so, als hofften sie vergebens, denn Jesus hat kein wachsames Auge auf sie – er schläft. Wir werden sehen, wie die Geschichte ausgeht. Zünden wir hier unsere Wetterkerze an, lassen wir die Stürme des Lebens, der vergangenen Tage vielleicht, noch einmal zu und bringen wir sie vor Gott. *(Man kann jetzt eine »Wetterkerze« entzünden.)*

Kyrie

- Du willst für uns das Wasser des Lebens und nicht, dass wir in den Fluten untergehen. Herr, erbarme dich.
- Du hast uns deine Gegenwart zugesagt alle Tage bis zum Ende der Welt und nicht angedroht, uns zu vergessen. Christus, erbarme dich.
- Du hast uns den Geist der Stärke und des Rates gesandt und nicht die Angst, die uns mutlos macht. Herr, erbarme dich.

Lesungstexte

- Weish 1,13-15; 2,23-24
- *für Kinder:* »Traumdiebe« von Gérard Moncomble, illustriert von Francois Crozat; Esslingen (Esslinger) 1996

(Das Reich der Träume ist wichtig, die Realität ist wie ein Schiff voller Traumdiebe, die wie eine Flut hereinbrechen und alles verschlingen wollen. Nur die Schimäre, die Königin der Träume, kann sie zurückschlagen, wenn man sie aufweckt. Ein Buch, das Mut gibt zu träumen und Stürme des Alltags damit zu besiegen.)

- Mk 4,35-41

Predigt

Liebe Gemeinde, verehrte Gäste.

In den vergangenen heißen Tagen haben die Bauern aufmerksam den Himmel beobachtet. Sollten sie die Wintergerste nun einfahren oder nicht? Manche waren am Fronleichnamstag noch hinausgefahren. Das Wetter hat ihnen Recht gegeben. Man ist doch ziemlich abhängig vom Wetter. Ich glaube, es kommt nicht von ungefähr, dass man, wenn einem der Gesprächsstoff auszugehen droht, vom Wetter spricht. Das interessiert jeden. Denn Gott »lässt seine Sonne aufgehen über Bösen und Guten, und er lässt regnen über Gerechte und Ungerechte.« (Mt 5,45)

Es ist der Blick nach oben, mit dem jedes Grillfest beginnt und jedes Sonnwendfeuer in diesen Tagen. Schon die Azteken haben anhand der Wolkenbilder das Wetter der nächsten Monate vorausbestimmt – erfolgreicher sogar als unsere Meteorologen, und erfolgreicher als die Jünger auf dem See Genesareth. Eines haben sie alle gemeinsam, die Azteken, die Jünger Jesu und die modernen Wetterforscher: Ob sie wissen, was kommt, oder nicht, das Wetter sehen sie als unbeherrschbare Gewalt, als Schicksal für Mensch und Natur. Der Blick nach oben ist auch ein Aufschauen zu einem überlegenen Partner, der es mit der Partnerschaft manchmal nicht so ernst nimmt, wie sehr der Mensch in seinen Gebeten auch nach einem Bündnis mit dem Wetter sucht. Kein Wunder, dass die Wettergottheiten früher zu den mächtigsten im Götterhimmel gehörten.

Die Jünger Jesu hatten Angst um ihr Leben, mitten in Wirbelsturm und Wellengang. Sie hatten dieselbe Angst wie die Flutopfer am Oderbruch und die Opfer von El Niño, dem unberechenbaren Wirbelsturmwetter Süd- und Mittelamerikas. Es ist die Angst, neben Haus und Hof auch Haut und Haar zu verlieren, die Angst, dass die Luft wegbleibt, dass der Boden unter den Füßen nachgibt, dass es einen mitreißt in unendliche Tiefen. Kein Entrinnen. Schlimmer noch als der Sturm auf dem Wasser ist der Sturm, der in den Menschen, die so etwas erleben müssen, selbst losbricht. Dieser Sturm entsteht nur Sekunden später, und er bringt das Chaos in die eigenen Gedanken. Plötzlich weiß man nicht mehr, was zu tun ist. Der Sturm im eigenen Herzen ist immer dann vorhergesagt, wenn sich der Mensch bedroht fühlt. Das ist er nicht nur durchs Wetter. Das ist er zum Beispiel auch, wenn er als Ausländer durch Rostock geht und womöglich irgendwann durch Altenmarkt. Auch hier brechen tödliche Stürme los, da hagelt es Schlagringe und Stahlstiefel. Plötzlich weiß man nicht mehr, was zu tun ist, oft genug auch als Beobachter solcher Szenen. Hilflosigkeit lässt Blutdruck und Adrenalinspiegel steigen. Auch eine Flut.

Bedroht ist der Mensch zum Beispiel aber auch, wenn er Arbeitskollegen hat, die sich wegdrehen, wenn er kommt; oder wenn er Schulkameraden hat, die ihm jeden Tag auflauern. Stürme dieser Art sind äußerlich kaum wahrzunehmen, wüten im Innern aber umso schrecklicher.

So gibt es eine Unzahl an Bedrohungen, die in einen inneren Sturm münden, dem wir genauso ausgeliefert sind wie dem Wetter. Und er bekommt für uns eine ebensolche Größenordnung. Hilflosigkeit und Angst heißen unsere ganz persönlichen Wettergottheiten. Allein schafft man das nicht. Das ist eine Nummer zu groß. Wie soll man wissen, was zu tun ist, wenn man die Kontrolle über sein Denken verloren hat wie das Ruder eines untergehenden Bootes? Es gibt so gute Ratschläge, die fast ein Wettersegen sind und doch im Ernstfall wie weggeblasen: »Wehr dich! Sei kein Feigling!« Allein schafft man das nicht. Und so schaut man in den Himmel, der sich zugezogen hat und riesengroß ist gegen einen – und schaut viel zu spät erst ins eigene Boot.

Was da schläft, ist viel mehr als nur ein anderer Mensch, den das alles offenbar kalt lässt. Was da schläft, ist der Halt des Menschen in aller Unsicherheit. Die Jünger haben sich Jesus anvertraut, folgen ihm auf Biegen und Brechen, kennen nichts anderes mehr. Jesus ist ihr Halt. Jesus ist ihre Stärke. Jesus ist ihr Selbstvertrauen. In Jesu Namen heilen sie Kranke, treiben sie Dämonen aus und erwecken sie Tote. Nur gerade jetzt nicht.

Die Fähigkeiten, worauf die Jünger sonst so stolz sind, sind eingeschlafen. Vor lauter Sturm haben sie sie fast vergessen. Ihr Selbstvertrauen, mit dem sie Jesus einmal fragen werden: »Wer ist im Himmelreich der Größte?« (Mt 18,1), ist vernichtet durch die Übermacht des Himmels. Sie sind dem Himmel nicht gewachsen. All ihre Talente, mit denen sie die Größten sein wollen, schlafen. Es wird Zeit, dass einer geht und sie weckt.

»Meister, kümmert es dich nicht, dass wir zugrunde gehen?« Die Antwort darauf müsste lauten: »Nein, überhaupt nicht. Erstens hättet ihr besser auf mich acht geben sollen, dass ich euch nicht einschlafe, wenn ich euch schon so wichtig bin. Zweitens bin ich ja immer noch da, auch wenn ich schlafe. Ich habe mich nicht vertreiben lassen. Wenn ich für euch Halt und Selbstvertrauen sein soll, muss ich selber stärker sein als der Sturm, der euch Angst einjagt und haltlos macht. Ihr werdet nicht zugrunde gehen.« Mit Jesus ist auch das Selbstvertrauen seiner Jünger wieder erwacht: Wir werden nicht zugrunde gehen. Nur so kann sich der Sturm legen.

Gegen das Wetter haben wir einen Regenschirm, im schlimmsten Fall ein Rettungsteam. Gegen die inneren Stürme haben wir ein Selbstvertrauen, gewachsen aus der Botschaft Jesu, dass es noch größere Mächte gibt als die Stürme unseres Lebens. Nur einschlafen lassen dürfen wir es nicht.

Fürbitten

- *Die Idee: Unser Leben hält so viele Stürme bereit. Wir beruhigen einen Sturm, wir bringen Ordnung ins Chaos, beispielhaft für das, was alles kommen kann.*
- *Ein großes blaues Tuch; Körbchen mit folgenden Materialien: (Edel-)Steine, Glasnuggets, Muscheln, getrocknete Blüten, Holzteile (z.B. Legematerial nach Kett), genügend Schoko-Geldmünzen.*

Guter Gott. Wir wollen dich wach halten jeden Tag, damit du uns beistehst in den Stürmen des Lebens. Höre unser Rufen:

1. Für alle, denen in Schule, Beruf oder Privatleben Steine in den Weg geworfen werden, so dass ein Sturm an Unsicherheiten losbricht. *Gott, Herrscher über das All:*

Kinder dürfen die Körbe mit Steinen und Glasnuggets auf dem blauen Tuch ausstreuen.

2. Für alle, die plötzlich allein gelassen sind, die einen Lebenspartner verloren haben oder unverschuldet Trennung aushalten müssen, so dass sie sich allen Stürmen ausgeliefert fühlen.

Jetzt werden die Körbe mit Muscheln und Blüten ausgestreut.

3. Für alle, denen die Lebensgrundlage entzogen wurde, die Arbeit und Beruf verloren, kein Auskommen oder keine Wohnung mehr haben, so dass ihnen das Wasser bis zum Halse steht.

Zuletzt die Holzteile und das Schoko-Geld.

4. Für alle, die anderen wieder Sicherheit geben, die weiterhelfen oder einfach nur ein offenes Ohr für ihre Nöte haben, so dass sich Stürme beruhigen und Ordnung ins Chaos kommt.

Die Kinder werden eingeladen, den »Sturm« auf dem »See« zu beruhigen und die ausgestreuten Teile so zu ordnen, dass es für sie richtig schön aussieht. (Man kann darüber noch sprechen: dass alle zusammenhelfen müssen, dass jeder es auf seine Weise schön machen kann etc.)

Was Jesus für ein Mensch ist, dass ihm sogar der Wind und der See gehorchen, wissen wir jetzt: einer, der den Menschen das Vertrauen in ihre Fähigkeiten gegeben hat, wider alle Umstände. Dass er auch heute noch für uns wirkt, dafür danken wir dir jetzt und alle Zeit. Amen.

13. SONNTAG IM JAHRESKREIS

Schneewittchen und der Märchenprinz

Einführung

Wenn doch der Tod immer nur ein böser Traum wäre, aus dem wir erwachen könnten, und um uns wären sie alle wieder da, die wir so schmerzlich vermissen. »Sie schläft nur«, sagt Jesus. Das klingt so leicht und selbstverständlich. Der Synagogenvorsteher weint um seine Tochter, sie schläft einen endgültigen Schlaf, sie ist tot. Jesus kam zu spät.
Warum lässt Gott den Tod zu? Warum müssen immer die falschen sterben, und die, denen wir es gönnen würden, leben und schalten und walten. Der Tod verkauft sich gut als Strafe. Doch auch diesen Satz hören wir heute, und bei allem Schmerz über den Tod, bei allen Vorwürfen gegen den Himmel sollten wir ihn nicht vergessen: »Gott hat den Tod nicht gemacht und hat keine Freude am Untergang der Lebenden.«
Noch stehen wir neben der Tochter des Jairus, noch kommt Jesus in unseren Augen zu spät. Sagen wir ihm, was unser Herz bewegt.

Kyrie

- Herr, du schaust zu lange weg. Aber du wendest dich uns auch wieder zu. Herr, erbarme dich.
- Christus, du bleibst zu lange fort. Aber du kommst auch wieder, gerade dann, wenn wir dich nicht mehr erwarten. Christus, erbarme dich.
- Herr, du lässt dich nicht finden, wenn wir suchen. Aber dann bist du immer schon genau da, wo wir dich brauchen. Herr, erbarme dich.

Lesungstexte

- Weish 1,13-15; 2,23-24
- *für Kinder:* »Schneewittchen«, aus der Sammlung »Kinder- und Hausmärchen« der Gebrüder Grimm, versch. Ausgaben.

(Um der bösen Schwiegermutter zu entkommen, flieht die Königstochter in das Land der Zwerge. Doch die Königin findet sie und tötet sie durch eine List. Der Zufall rettet sie, denn ein Prinz, der den schönen Leichnam mit sich nehmen möchte, verursacht den Sturz des Sarges, so dass der giftige Apfel im Hals Schneewittchens sich löst. Der Tod war nur vorübergehend, das Leben ist stärker.)

- Mk 5,21-43

Predigt

Liebe Gemeinde, verehrte Gäste.

In Palermo kann man die Toten besuchen. Sie stehen in einem Raum und erwarten Angehörige wie Touristen. Die Hände sollte man ihnen nicht schütteln, aber ihren Blicken kann man begegnen. Für ihr Alter sind sie noch recht gesprächig. Kleidung und Schmuck erzählen von einstiger Größe, Standort und Haltung von verflogener Berühmtheit. Bis ins 19. Jahrhundert hinein wurden in der Franziskanergruft von Palermo die Wohlhabenden der Stadt mumifiziert und in Mauernischen aufgebahrt. Sie sollten der Nachwelt so erhalten bleiben, wie die Zeitgenossen und ihre Familien sie gekannt haben.

Aus Gründen der Hygiene wurde die Praxis durch den Staat abgeschafft. Eine Ausnahme machte man 1920. Ein kleines Mädchen von 5 Jahren liegt in einem gläsernen Sarg – ein bisschen blass, wie eben eingeschlafen und doch schon 80 Jahre tot. Ein Schneewittchen. Käme der Prinz und küsste sie wach, wäre alles nur ein Märchen. Aber der Prinz kommt nicht.

Das wirkliche Leben hat nichts zu tun mit Märchen wie dem von Schneewittchen. Und wir hätten es so gerne. Dass dieses kleine, 5jährige Mädchen noch heute so daliegt, als könnte der Prinz es jederzeit wach küssen, entspringt einer tiefen Sehnsucht nach neuem Leben. Manchmal kann man seine Liebsten nicht einfach begraben. Begräbnisse haben etwas Endgültiges. Das Wunder, das alle sich wünschen, soll geschehen können, auch wenn es niemals geschehen wird.

Immerhin ist es schon einmal geschehen, nicht im Märchen, sondern mitten im wirklichen Leben. Jairus, der Synagogenvorsteher, hat einen Prinzen gehabt für seine Tochter. Er hat sie nicht begraben und auch nicht mumifizieren müssen für einen gläsernen Sarg. Jesus hat seine Tochter wach geküsst. Seitdem träumen die Menschen davon, dass das Märchen noch einmal wahr wird.

Viermal in seinem Leben hat Jesus Tote erweckt: Die Tochter des Jairus, den jungen Mann aus Nain und seinen Freund Lazarus aus Betanien. Es sieht ganz so aus, als wollte Jesus damit ein Märchenprinz sein. Seltsamerweise stimmt das. Wir sollten uns dazu das Märchen von Schneewittchen etwas genauer ansehen. Der Prinz, der Schneewittchen tot in ihrem gläsernen Sarg findet, küsst sie nämlich gar nicht, er bemüht sich nicht einmal, sie zum Leben zu erwecken. Aus Liebe zur Prinzessin will er sie auch tot bei sich haben. Dass sie dennoch wieder aufsteht und lebt, hat sie dem Zufall zu verdanken: Die Diener, die den Sarg auf das Prinzenschloss tragen, stolpern. Durch den Stoß löst sich der vergiftete Apfel im Hals der Toten. Ein Zufall, und doch hat nur die Liebe des Prinzen den Zufall möglich gemacht. Seine Liebe hat dem Tod einen Stoß versetzt. Der Prinz ist kein Wundertäter. Seine Liebe ist die Wundertäterin.

»Wie mich der Vater geliebt hat, so habe auch ich euch geliebt.« (Joh 15,9) sagt Jesus in seiner Abschiedsrede seinen Jüngern. Diese Liebe ist auch hier die Wundertäterin. Seine Liebe bringt das Leben. Keiner hat das treffender zum Ausdruck gebracht als der Apostel Paulus: »Gott hat die Welt so sehr geliebt, dass er seinen einzigen Sohn hingab, damit jeder, der an ihn glaubt, nicht zugrunde geht, sondern das ewige Leben hat.« (Joh 3,16) Wo Jesus hinkommt, entsteht neues Leben. »Ich bin der Weg und die Wahrheit und das Leben.« (Joh 14,6) Jesus zieht keine Show ab, wenn die Toten aufstehen. Es geschieht, und dass es geschieht, ist märchenhaft schön. Das Märchen hat einen Namen: Paradies. Das Reich Gottes ist mitten unter uns (vgl. Lk 17,21).

In diesem Märchen sind wir die Sieben Zwerge. So sehr wir unsere Lieben vor dem Sterben bewahren möchten, so wie die Zwerge ihr Schneewittchen vor der bösen Königin – der Tod wird kommen. Und dann müssen wir die Kraft haben, Abschied zu nehmen, damit der Prinz den Sarg mitführen kann. Wir brauchen selbst keine Prinzen sein, und keiner braucht sich anzumaßen, er sei einer.

Auferweckung kann man verstehen als Wundertat, als Ausnahme und als Zauber. So macht sie in der Tat diejenigen unglücklich, die das Nachsehen haben. Auferweckung kann man auch begreifen als Geschehen, als purer Zufall und als Selbstverständlichkeit. Dann kann sie für uns ein Beispiel sein, das uns staunen lässt, wie schön es sein wird, wenn auch für uns diese Zeit gekommen ist.

Ich habe mich vorhin nicht versprochen: *Viermal* in seinem Leben hat Jesus Tote erweckt: Die Tochter des Jairus, den jungen Mann aus Nain, seinen Freund Lazarus aus Betanien und am Ende – uns alle. Einmal sind auch wir Schneewittchen.

Wie recht würde Jesus haben, wenn er eines Tages die Franziskanergruft in Palermo besuchte, das 5jährige Mädchen in seinem gläsernen Sarg dort fände und sagte: »Das Kind ist nicht gestorben. Es schläft nur.«

Fürbitten

- *Die Idee: Manchmal kann man Stillstehendes ganz einfach wieder in Bewegung setzen, Kaltes erwärmen und sogar Lebloses zu neuem Leben erwecken.*
- *Uhr mit separater Batterie; Kerze und Zündholz; »Rose von Jericho« und Wasserkocher.*

Guter Gott. Im Vertrauen darauf, dass du uns Leben schenkst, bitten wir dich:

1. Wie gern würden wir unsere Lebenszeit kontrollieren können, das Leben festhalten und die Uhr zurückdrehen. Gib uns Kraft, die Stunden unseres Lebens sinnvoll zu füllen. Und gib uns am Ende unserer Zeit einen Stoß und neue Kraft zum ewigen Leben, das keinen Stillstand kennt. *Du Gott des Lebens:*

Kinder setzen die Batterie in die Uhr ein.

2. Wie oft sind wir ausgebrannt und kaltgestellt, wie eine Kerze, die nicht brennt. Wir haben keine Leuchtkraft mehr und gehen wie tot durch den Tag. Gib uns neues Feuer durch Menschen, die bei uns sind. Und stell uns am Ende unseres Weges ein neues Licht auf, das niemals erlischt.

Kinder zünden die Kerze an.

3. Wie wenig Vertrauen haben wir oft. Wir lassen uns leiten von dem, was man sieht. Gib uns in unserem Alltag kleine Zeichen, dass Leben auch dort möglich ist, wo scheinbar alles tot ist. Und erlaube uns am Ende unseres Lebens das Staunen über die große Selbstverständlichkeit, dass auch wir ewig leben, wo scheinbar alle tot sind.

Kinder dürfen beobachten, wie die Rose durch das heiße Wasser aufgeht.

Denn du, Gott, kannst nichts anderes als Leben schaffen, weil du die Welt liebst und uns, die wir in ihr wohnen. Darum vertrauen wir dir in Christus, unserem Herrn. Amen.

14. SONNTAG IM JAHRESKREIS
Woher hat er das alles?

Einführung

»Ganz der Papa!« – »Ganz die Mama!« Ein Blick in den Kinderwagen, und das geschulte Auge von Nachbarn und Verwandten erkennt sofort, welche Gene von wem stammen müssen.

Den Erwartungen entsprechend hat das Kind sich zu entwickeln, es wird »bestimmt auch so eine gute Lehrerin« oder »sicher mal auch so ein toller Arzt« wie der Elternteil. Manche Berufe werden ja offenbar wirklich in die Wiege gelegt.

Jesus ist ein schreckliches Kind. In seiner Heimatstadt, wo wir uns heute aufhalten, betrachtet man ihn und sein Wirken voller Erstaunen, ich möchte sogar sagen, voller Entsetzen. Wie kann aus einem Kind biederer Handwerkerleute so etwas werden? Überprüfen wir uns selbst, sehen wir nach, ob die Heimatstadt Jesu nicht vielleicht auch unsere Heimatstadt ist, oder ob wir nur zu Besuch sind und lächeln können über die Meinung dieser Leute… *(ein kurzer Moment Stille)*

Kyrie

- Du sprengst den Rahmen aller Erwartungen. Herr, erbarme dich.
- Du zeigst den Menschen, welche Wunder das Leben bereithält. Christus, erbarme dich.
- Du führst uns hinaus ins Weite, wenn wir dir die Hand reichen. Herr, erbarme dich.

Lesungstexte

- Ez 1,28c – 2,5
- *für Kinder:* »Der weiße Schimmel« von Javier Tomeo; in: »Ich möchte einfach alles sein. Geschichten, Gedichte und Bilder aus der Kindheit« hg. v. Uwe-Michael Gutzschhahn; München (Hanser) 1998, S. 218

(Immer wieder wird er, der 7jährige, von Erwachsenen für blöd gehalten mit der Frage: »Welche Farbe hat ein Schimmel?« Aber er gibt Antworten, die sich gewaschen haben! Keiner soll glauben, dass 7jährige dumm sind. Woher er das alles hat? Egal, die Antworten sind so treffend, dass ihm seine Eltern verbieten müssen, auf die Fragen Erwachsener zu antworten...)

- Mk 6,1b-6

Predigt

Liebe Gemeinde, verehrte Gäste.

Irgendwann haben meine Eltern festgestellt, dass ich recht musikalisch bin. Und ich habe dabei den Satz gehört: »Woher hast du das bloß?« In der ganzen Familie war kein sonderlich musikalischer Verwandter in Erinnerung. Woher habe ich das bloß?

Es geht wohl den meisten Eltern so. Irgendwann stellen sie fest, dass ihre Kinder doch nicht so ganz der Papa oder so ganz die Mama sind, sondern Interessen und Fähigkeiten besitzen, die scheinbar aus dem Nichts kommen. Manchmal mag das nicht so recht hinhauen mit der Vererbung.

Aber stellen Sie sich vor, es gäbe keine Überraschungen dieser Art mehr. Die Gentechnologie ist ja auf dem besten Weg dahin. Stellen Sie sich vor, Sie hätten nur absolute Wunschkinder, geplant von Kopf bis Fuß und innen wie außen. Stellen Sie sich vor, Sie könnten bei jeder Eigenschaft und Fähigkeit Ihrer Kinder genau sagen, woher die das haben: Aus dem dritten Regal links zum Beispiel. Ihre Kinder wären die langweiligsten Wesen auf der Welt. Und die unglücklichsten vermutlich. Kein Mensch hat so viel Fantasie, für einen anderen ein wirklich reiches und vielseitiges Leben zu entwerfen. Es gibt Eltern, die schon jetzt wenig Interesse haben, an ihren Kindern Neues zu entdecken und ihre Entwicklung zu begleiten – wie wäre das erst, wenn es nichts mehr zu entdecken und zu entwickeln gäbe.

Wie wäre das wohl mit unserer Religion geworden, wenn man an Jesus nichts Neues entdeckt hätte? Für seine ehemaligen Freunde und Nachbarn in Nazareth ist zunächst nur eines klar: Nach langer Zeit kommt er einmal wieder, schleppt ein paar junge Leute mit sich und hat plötzlich so andere Sitten. Er tut Dinge, die vorher noch nie jemand gesehen hat, er redet ihnen auch ein bisschen zu gescheit daher. Und das ausgerechnet *er!* Den kannte man doch in- und auswendig, der war doch mal ein ganz normaler Mitbürger. Und jetzt das! »Woher hat er das alles?«

Es muss wohl daran liegen, dass er fortgegangen ist. Der Schuster ist nicht bei seinen Leisten geblieben. Er musste ja unbedingt »aussegras'n«. Hätte er weiter seine Arbeit getan in der Werkstatt seines Vaters, dann bräuchte man sich über nichts an ihm zu wundern. Jesus ist fortgegangen von der geregelten Lebenswelt seiner Familie, seines Dorfes. In gewisser Weise hat auch er sich sein Erbteil geben lassen – wie der junge Mann in einem seiner Gleichnisse. Der macht seine Erfahrungen, verschleudert das ganze Geld, muss die unwürdigen Arbeiten im Schweinestall akzeptieren und kehrt schließlich ins Haus des Vaters zurück. Und er wird dort aufgenommen, auch wenn der ältere Bruder sich ärgert.

Jesus konnte gut Gleichnisse erzählen. Woher er das hat? Aus eigener Erfahrung hat er das. Zu einem, der ihm nachfolgen wollte, sagt er einmal: »Die Füchse haben ihre Höhlen und die Vögel ihre Nester; der Menschensohn aber hat keinen Ort, wo er sein Haupt hinlegen kann.« (Mt 8,20) Jesus macht offenbar die Erfahrung, dass es zu Hause in Nazareth weit angenehmer gewesen wäre als auf dem Weg zu den Menschen im ganzen Land. Trotzdem setzt er darauf, sein Erbteil selbst in die Hand zu nehmen, im Vertrauen darauf, mit seines Vaters Hilfe schon richtig damit wirtschaften zu können.

Erst im Umgang damit kann er erkennen, was ihm eigentlich alles mitgegeben wurde. Mit diesem Erbteil erleben seine Umgebung und auch er selbst blaue Wunder. Und wenn er, der Messias und Gottessohn, am Ölberg vor Angst fast stirbt und am Kreuz dann auch noch wirklich sterben muss, dann sieht es ganz so aus, als hätte er seine Kraft verschleudert, als wäre er trotz

seines wundervollen Erbes nun unter den Schweinen gelandet. Nur kriecht er nicht auf allen Vieren zum Vater zurück, sondern steigt aufrecht und stark aus der Tiefe in den Ostermorgen hinauf.
Schon im Gleichnis macht er dem verlorenen Sohn keine Vorwürfe. Nirgends heißt es: »Wärst du nicht gegangen, dann wär' dir nichts passiert.« Im Gegenteil – ich sehe darin sogar eine Ermutigung an uns alle, unseren eigenen Weg zu probieren, selbst wenn es schief geht. Wir haben ja einen Vater, der uns vertraut. Von ihm haben wir unser Erbe erhalten, zu ihm kehren wir letztlich immer zurück.
So kann es Jesus absolut egal sein, wie sein Heimatdorf über ihn denkt. Die haben nie etwas anderes gesehen als ihr bescheidenes, biederes Leben. Und was sie selbst nicht kennen, das lassen sie auch bei anderen nicht gelten. Jesus »konnte dort keine Wunder tun«. Ich kenne Kinder, die bemühen sich mit allen Mitteln, von ihren Eltern ein bisschen Anerkennung für ganz beachtliche Fähigkeiten zu erhalten. Wenn Eltern davon nichts wissen wollen, weil nur ihre Wertigkeiten zählen, das, wo man weiß, wo es herkommt, dann können sich die Kinder lang bemühen. Sie erreichen nichts. Sie können kein Wunder tun, auch nicht das kleine Wunder, dass man sich eben wundert, woher die das haben, und dass man sich freut, dass es solche Wunder gibt.
Wie Jesus mit dieser Situation umgeht, können wir uns als Beispiel nehmen. »Jesus zog durch die benachbarten Dörfer und lehrte dort.« Irgendwo gibt es immer jemanden, der uns und unsere Fähigkeiten sieht, der sich einlässt darauf, immer wieder seine blauen Wunder mit uns zu erleben, und der nicht lange fragt, woher man das hat, sondern sich freut, dass wir es eben haben. Wenn wir auf diesem unserem Weg entdecken, dass wir ungleich weniger sind als Jesus, dass unser Erbteil um vieles geringer ist als das seine, dass wir nicht Messiasse und Gotteskinder sind, sondern eher verlorene Söhne und Töchter auf diversen Abwegen, so wartet dennoch auf uns ein Vater, der uns annimmt. Und kommen wir auch auf allen Vieren, so hilft er uns auf und lässt uns aufrecht und stark in unseren Ostermorgen gehen.

Fürbitten

- *Die Idee: Wir sammeln viele Erfahrungen, wenn wir uns wirklich auf das Leben einlassen. Dadurch wird das Leben immer reicher und reicher, keiner kann uns etwas nehmen oder absprechen.*
- *Für jedes Kind eine leere (am besten bunt bemalte) Streichholzschachtel; in jeweils einem (Schmuck-)Kästchen wartet die Füllung: Glasnuggets (oder Halbedelsteine oder Goldsterne), Cent-Münzen, Wattebäuschchen, Streichhölzer.*

- *Unmittelbar vor den Fürbitten werden die Streichholzschachteln ausgeteilt, dazu die Worte: »Das bist du!«*

Guter Gott. Mit all unseren Fähigkeiten und Unzulänglichkeiten, mit unseren Enttäuschungen und Lebenswünschen stehen wir vor dir und bitten dich:

1. Für unser Zuhause und unsere Familien. Hilf, dass sich alle gegenseitig bestärken und an den kleinen Wundern, die am anderen zu entdecken sind, Freude haben.
Alle dürfen sich einen Glasnugget für die Streichholzschachtel nehmen (als »Schatz der Fähigkeiten«).
2. Für unser Lebensumfeld und unseren Ort. Hilf, dass eingefahrene Gleise auch immer wieder einmal verlassen werden können und dass Veränderungen weiterhin positiv aufgenommen werden.
Eine Münze (als »Reisegeld«)
3. Für die Menschen, die uns nahe stehen. Hilf, dass sie uns begleiten, wo immer wir hingehen.
Ein Wattebäuschchen (als »Trösterchen«)
4. Für die Menschen, die aus dem Leben gegangen sind. Hilf, dass sie aufrecht vor dir stehen und zufrieden auf ihre Zeit zurückblicken können.
Ein Streichholz (als »Garantie für das ewige Licht«)

Du tust Wunder und heilst alle Krankheit, du führst uns auf unserem Weg durch die Zeit und gibst uns das Erbe, mit dem wir glücklich sein dürfen – durch Christus, unsern Herrn.

15. SONNTAG IM JAHRESKREIS
Wanderstab

Einführung

Aufbrechen müssen und nichts mitnehmen dürfen – das erinnert ältere Mitbürger und Mitbürgerinnen an Nachkriegszeit und Vertreibung. Heute brechen jedoch die zwölf Apostel auf, von Jesus gesandt, und dürfen nichts mitnehmen. »Nichts«, das stimmt nicht ganz. Etwas ist es ja doch, eine ganz wichtige, persönliche Kleinigkeit, vielleicht gerade so viel, wie man in die Hand nehmen konnte nach Kriegsende auf der Flucht.
Dabei flüchten die Apostel nicht, im Gegenteil: Sie gehen zu den Menschen. Sie müssen sogar eine ganze Menge mitgenommen haben, denn sie sollen

die Menschen beschenken mit Frieden und Heil. Alles innere Werte, ein inneres Gepäck, das viel wertvoller ist als alle Habseligkeiten.
Sie sind heute auch hier, ohne großes Gepäck, nur mit Ihrem inneren Gepäck, Ihren Werten, Ihrer Fähigkeit, Frieden und Heil zu bringen. Diese Fähigkeiten besitzen wir alle. Wenn sie in der letzten Zeit etwas zu kurz gekommen sind, dann bringen wir vor Gott, was wir vernachlässigt haben. Er schenkt uns die Möglichkeit, unbeschwert loszugehen, auf die anderen zu. Er hat uns dazu auserwählt.

Kyrie

- Herr, dein Geist lässt alles Leben aufblühen. Herr, erbarme dich.
- Christus, dein Wirken bringt Heil in die Welt. Christus, erbarme dich.
- Herr, dein Wort sendet uns immer neu, dein Heil und deinen Geist zu verkünden. Herr, erbarme dich.

Lesungstexte

- Eph 1,3-10 (Kurzfassung)
- *für Kinder:* »Traumbuche«, Märchen aus der Sammlung »Träumereien an Französischen Kaminen« Richards von Volkmann (Leander); z.B. in: »Vergessene Märchen deutscher Dichter und Erzähler« (Hg. Heinrich Pleticha); Würzburg (Stürtz) 1998, S. 251
(Unter der schönen, alten Buche liegt der Sage nach sogar ein Apostel begraben. Die Träume, die man unter ihrer Krone träumt, sagen die Leute, gehen in Erfüllung. Der Handwerksbursch muss erfahren, dass die Leute Recht haben, und ein blühendes Zweiglein von der Traumbuche wird ihn immer daran erinnern.)
- Mk 6,7-13

Predigt

Liebe Gemeinde, verehrte Gäste.
Legenden gibt es viele, und das schöne Geheimnis an ihnen ist, dass jede einen wahren Kern besitzt. Auch über Josef, den Ziehvater Jesu, gibt es eine solche Legende. Für Maria, die Jungfrau, die im Tempel von Jerusalem erwachsen geworden war, wurde ein treuer Ehemann gesucht. Die Priester, die verantwortlich für Maria waren, erbaten sich dafür ein Zeichen von Gott. Und so ließen sie sich von allen Männern, die bereit waren, Maria zur Frau zu nehmen, einen Wanderstab geben. Als sie die Stäbe nach einiger Zeit wieder zurückgaben, war es nach der Legende der letzte, der Stab des Josef, auf den sich eine weiße Taube herabließ. So fanden Maria und Josef zusammen (vgl. Jakobus-Evangelium, 9. Kapitel).

Sie werden sich wundern, was diese Legende mit dem heutigen Evangelium zu tun hat. Es ist ihr wahrer Kern, und auf den komme ich gleich zurück. Damit noch nicht genug. Ich will Ihnen auch noch eine zweite Erzählung vorstellen, deren wahrer Kern uns ebenfalls sehr bei der Auslegung behilflich ist. Wir gehen dreitausend Jahre zurück in die Zeit der Wüstenwanderung des Volkes Israel, von Ägypten ins gelobte Land. Man war zerstritten. Wer sollte Priester sein? Gott ließ sich von allen Stämmen und Familien Israels je einen Stab bringen. Über Nacht wurden sie im Zelt mit der Bundeslade aufbewahrt. Am anderen Morgen wusste das Volk, wer Priester sein sollte: Mose fand den Stab Aarons – er hatte Zweige und Blätter ausgetrieben und trug Mandeln (vgl. Num 17,17-23).
Der wahre Kern der beiden Erzählungen ist die Tatsache, dass es Zeichen gibt, mit denen Gott seine Botschaft und seine Entscheidung offen legt. Es sind nicht Worte – das würde Gott vielleicht zu menschlich machen. Es sind Kleinigkeiten, die plötzlich so verändert sind, es sind Dinge, die plötzlich jede Alltäglichkeit verlieren. Der Wanderstab ist eine Kleinigkeit, eine Alltäglichkeit. Für uns heute vielleicht ein Luxus, vor Jahrhunderten noch unentbehrlich, da war das Wandern kein Urlaubsvergnügen, sondern einzige Möglichkeit, von Ort zu Ort zu kommen, für die, die nicht viel Geld hatten. Heute hat jeder einen Regenschirm, damals hatte jeder einen Wanderstab. Gott verlangt in beiden Erzählungen also nicht irgendetwas Beliebiges – er leiht sich da etwas sehr Persönliches.
An einem ganz persönlich kann man spüren, was Gott entschieden hat. Die Persönlichkeit verändert sich plötzlich, als wäre eine weiße Taube erschienen, der Mensch selbst blüht auf, als triebe sein Stab Zweige und Blätter und Früchte. Und das alles begegnet uns nur, wenn wir aufmerksame Wanderer sind auf den Wegen unseres Lebens.
Der wahre Kern der Legende und der Erzählung aus dem Alten Testament liegt auf der Hand. Und *in* der Hand liegt der Wanderstab, den die zwölf Apostel mitnehmen durften. Nichts durften sie mitnehmen, ausdrücklich nicht Brot und Vorratstasche, nicht Geld und Kleidung zum Wechseln, nicht festes Schuhwerk. Ausdrücklich nur ihren Wanderstab. Und mit dieser alltäglichen Kleinigkeit erhalten sie Gottes Entscheidung für sie. Da lässt sich keine weiße Taube herab, da blüht auch nichts, aber die Jünger dürfen sich dennoch sicher sein, dass sie auserwählt sind zu Vätern des Glaubens, wie Josef einer war, und zu Priestern im Dienst des Herrn, wie es Aaron war.
Sie blühen nicht selbst, aber sie lassen blühen. Sie sehen keine Taube und doch senden sie den Geist Gottes aus. »Sie trieben viele Dämonen aus und salbten viele Kranke mit Öl und heilten sie.« Die Menschen, zu denen sie

kommen mit ihren Wanderstäben, erleben, dass Gott sich auch für sie entschieden hat.

Besessen sein vom Dämon – das ist ein biblisches Bild für seelische Krämpfe, für Verbitterung und tiefes Leid, für innere Dürre und Empfindungslosigkeit. Wer nichts mehr fühlt, wer nur noch Hass im Herzen trägt, ist eher Dämon als Mensch. Wenn darauf sich eine Taube niederlassen kann, ein Zeichen von Frieden und Ruhe, von Leichtigkeit und neuem Lebensgeist, dann kann das Dämonische allmählich aufhören. Der Mensch findet auch seinen inneren Frieden wieder. Und er hört dazu die Botschaft Gottes: »Dich habe ich erwählt.«

Krank ist einer, dem etwas fehlt. Wenn wir Abschied nehmen müssen von Beziehungen oder Vorstellungen, dann hat jeder Angst, dass ihm nun etwas fehlt. Verluste müssen erst verschmerzt werden, und Zeit muss erst vergangen sein, und andere müssen uns gezeigt haben, dass es Neues gibt. So blüht wieder etwas. Wir sind fähig zu neuen Früchten. Und glauben die Botschaft Gottes: »Dich habe ich erwählt.«

»Sie trieben viele Dämonen aus und salbten viele Kranke und heilten sie.«

Mit dem Wanderstab hat Gott nichts Beliebiges verlangt, sondern etwas sehr Persönliches geliehen. Und in den zwölf Jüngern zeigt er uns, warum es nichts anderes Persönliches sein durfte, warum es ausgerechnet ein Wanderstab sein musste: Nicht nur auf der eigenen Wanderung durchs Leben erfahren wir Gottes Botschaft, Gottes Botschaft erfährt auch der, dem wir auf unserem Weg begegnen. Das geht nur, wenn wir unterwegs sind und aufbrechen.

Auch uns sind sie begegnet, die zwölf Jünger, lassen wir sie bleiben in unserem Haus. Und nehmen wir auch unseren Wanderstab bewusst in die Hand. Mag sein, dass er irgendwann selbst blüht und Frucht trägt – ganz bestimmt aber blüht für irgendjemanden das Leben auf, wenn er uns begegnet.

Fürbitten

- *Die Idee: Das Holz, aus dem der Wanderstab geschnitzt wird, lassen wir aufblühen.*
- *Stifte, Papierblumen und -blätter mit Aufhängern, größerer Ast in einer Vase od. Flasche, Taube aus Silberfolie*
- *Am Ende des Gottesdienstes darf sich jedes Kind seine Blüte oder sein Blatt oder die Taube mit nach Hause nehmen. Das Zeichen wird ihm ganz persönlich überreicht: »N., Gott hat dich erwählt.«*

Guter Gott. Unser Weg durchs Leben führt uns mit anderen Menschen zusammen. Für sie wollen wir bitten:

1. Für alle, die verzweifelt sind und den Glauben an sich, an das Gute in der Welt und oft sogar an dich, Gott, verloren haben. Schenke ihnen durch uns die Kraft, dass ihr Glaube wieder neu aufblühen kann.
Kinder hängen die Blüten an den Ast.
2. Für alle, deren Zukunft hoffnungslos aussieht, weil sie keine Arbeit finden oder hohe Schulden haben. Schenke ihnen durch uns die Kraft, ihre Hoffnung niemals aufzugeben und immer darum zu kämpfen, auf einen grünen Zweig zu kommen.
Kinder hängen die grünen Blätter an den Ast.
3. Für alle, die verbittert sind, weil sie in ihrem Leben keine Liebe spüren durften und immer einsam gewesen sind. Schenke ihnen durch uns kleine Zeichen voller Anerkennung und Verständnis, damit auch sie sich vom Geist der Liebe berührt wissen.
Ein Kind hängt die Taube an den Ast.

Wir glauben daran, dass du uns den Wanderstab für den Weg durchs Leben gibst, der uns trägt und einander die Botschaft bringt: »Dich habe ich erwählt.« Durch Christus, unserm Herrn.

16. SONNTAG IM JAHRESKREIS

Los, komm, hinterher!

Einführung

Vielleicht hat er Sie irritiert, als Sie heute hereinkamen: der rote Faden, der quer durch die Kirche gespannt ist. Er endet hier am Ambo, dicht am Evangelienbuch, aus dem wir das Wort Gottes hören. – Entschuldigung, so ist es falsch. Der Faden endet hier nicht, er hat hier seinen Anfang.
Der Sage nach hat einst Ariadne für den Griechen Theseus einen roten Faden durch das Labyrinth von Kreta gespannt, damit der Held das Ungeheuer Minotaurus besiegen und unbeschadet wieder zurückkehren konnte. Das Leben ist manchmal wie ein Labyrinth, und wir suchen nach einem, der uns einen Weg hindurch weist, damit das ungeheuere Schicksal uns nicht überwältigt. Sinn und Ziel unseres Lebens will Christus sein, er spannt uns seine Fäden, damit wir ihn finden, auch wenn er uns manchmal – wir hören es im Evangelium – vor der Nase davonfährt an irgendein Ufer, an irgendeinen fremden Ort.
Wir wollen doch hinterher, denn seine Nähe tut gut.

Kyrie

- Du, Herr, hast Worte des ewigen Lebens. Herr, erbarme dich.
- Du, Christus, bist das Brot, das vom Himmel gekommen ist. Christus, erbarme dich.
- Du, Herr, zeigst uns den Weg zum Vater. Herr, erbarme dich.

Lesungstexte

- Eph 2,13-18
- *für Kinder:* Ausschnitt aus »Theseus bei Minos« aus der Sammlung »Die schönsten Sagen des klassischen Altertums« von Gustav Schwab; versch. Ausgaben, z.B. Augsburg (Weltbild / Lizenzausgabe) 1998, S. 215

(Alle neun Jahre haben die Athener zehn junge Menschen als Tribut für den Frieden ins Labyrinth von Kreta zu senden, wo das Ungeheuer Minotaurus sie verschlingt. Theseus, der adoptierte Thronfolger des Königs von Athen und Held vieler Sagen, rettet sein Volk vor den Tributforderungen der Minoer. Die Tochter des kretischen Königs, Ariadne, hilft ihm dabei, indem sie ihm ein geweihtes Schwert und ein Wollknäuel gibt, damit der siegreiche Athener wieder aus dem Labyrinth herausfindet.)

- Mk 6,30-34

Predigt

Liebe Gemeinde, verehrte Gäste!

Einmal hat mir ein Kollege erzählt, er sei anfangs mit seinem Chef nicht klar gekommen. Er sei das Gefühl nicht losgeworden, der Pfarrer belauere ihn auf Schritt und Tritt, kein Wort, keine Bewegung, kein Telefonat mit wem auch immer entgingen ihm. Er habe bereits nicht mehr recht schlafen können. Schlimm, so was. Sie können sich bestimmt einfühlen, auf so einen Chef kann jeder verzichten.

Alles sei schlagartig anders geworden, so der Kollege, durch einen Tipp seines Vorgängers. »Er will informiert sein, das ist alles, sag ihm von dir aus, was du machst, besonders an deinem freien Tag, und du wirst merken, dass er sofort aufhört, dich auszufragen und hinter dir her zu spionieren.« So sei es denn auch gewesen, er habe dem Pfarrer offen und von sich aus erzählt, was der habe wissen wollen, und auf diese Weise habe er Privatsphäre und Geheimnisse bewahren können – *alles* braucht der Chef ja auch wieder nicht zu wissen.

Dass der eine vom anderen informiert sein will und dass einer dem anderen hinterher spioniert, spielt im heutigen Evangelium eine große Rolle. Der Chef, der alles wissen will, ist Jesus, und seine Jünger sind die, die einige Zeit weg waren und Erlebnisse hatten und nun zurück sind von den »freien Tagen«, wo sie nicht unter Aufsicht ihres Meisters waren. Bevor Jesus noch auf den Gedanken kommt, er müsse jetzt mal nachsehen und nachbohren und alles aus der Nase ziehen, »versammelten sich die Apostel wieder bei ihm und berichteten ihm alles, was sie getan und gelehrt hatten.« Der Informationsfluss stimmt und mit ihm das Klima zwischen dem Chef und den Schäfchen.

Das Angebot, an einem einsamen Ort auszuruhen, kommt von Herzen. Jesus sorgt für die Seinen, und nichts braucht man nach anstrengenden Geschäftsreisen dringender als etwas Ruhe. Jesus will mitkommen an den einsamen Ort. Was ihm seine Apostel beim Eintreffen nämlich berichtet haben, sind nur die stärksten Eindrücke ihrer Reise.

»Die Zwölf riefen die Menschen zur Umkehr auf. Sie trieben viele Dämonen aus und salbten viele Kranke mit Öl und heilten sie.« (Mk 6,13) So beschreibt Markus in knappen Worten diese stärksten Eindrücke, damit schloss das Evangelium am letzten Sonntag. Die ganze Tiefe und Tragweite ihrer Begegnungen, die einzelnen Personen und die Schicksale dahinter, all das kommt erst zutage, wenn die Erlebnisse sich ein wenig gesetzt haben und die Bilder in den Köpfen der Apostel zur Ruhe kommen. Dann muss einer da sein, der zuhört, und dieses Zuhören ist mehr als nur ein Informationsbedürfnis. Jesus ist eben doch mehr als ein Chef. Er ist ein Lebenspartner.

»Sie fuhren also mit dem Boot in eine einsame Gegend.« Aber sie haben nicht mit denen gerechnet, die sie schon vorher einfach nicht in Ruhe lassen wollten. Die Leute laufen ihnen nach, sie spionieren ihnen sogar nach: »Aber man sah sie abfahren.« Das ist wohl kein Zufall. Der einsame Ort ist längst ausspioniert und allen bekannt, denn »sie kamen noch vor ihnen an«. Die Leute sind gut informiert. Es würde mich nicht wundern, wenn auch Jesus nicht mehr gut hätte schlafen können, immer mit dem Gefühl im Rücken, auf Schritt und Tritt beobachtet zu werden. Privatsphäre? Weit gefehlt.

Wollen die Leute wirklich nur informiert sein? Es steckt ein anderes Bedürfnis dahinter, vielleicht ist es dem ein oder anderen sogar bewusst. Die Apostel erhalten von ihrem Meister eine ganz besondere Aufmerksamkeit, eine familiäre, intime Zuwendung, indem er sich mit ihnen – ganz allein mit ihnen – zurückzieht. Kein anderer kommt Jesus so nahe, es sei denn, man lässt ihn nicht aus den Augen. Das eigentliche Bedürfnis der Leute ist: Jesus soll auch ihr Meister sein, sie wollen sich belehren lassen – »und er lehrte sie lange«. Jesus soll auch für sie so offene Ohren haben wie für die Erlebnisse seiner Jünger. Er soll sich gleichermaßen auch für sie interessieren und auch ihnen diese intime Zuwendung entgegenbringen. Nur deshalb dringen sie ein in seine Privatsphäre und lassen ihm und seinem Jüngerkreis keine Ruhe.

Wie ein Hund jault, wenn ihn sein Herrchen zu lange allein lässt, rufen sich die Leute zu: »Los, komm, da vorne fahren sie! Hinterher!« Unser Evangelium findet dafür ein weiteres, treffendes Bild: »Sie waren wie Schafe, die keinen Hirten haben.« Jesus könnte sie abweisen und zu ihnen reden, wie er es zu einer samaritischen Frau tat: »Lasst zuerst die Kinder satt werden; denn es ist nicht recht, das Brot den Kindern wegzunehmen und den Hunden vorzuwerfen.« Und sie würden ihm dasselbe erwidern, was diese Frau antwortete: »Ja, du hast Recht, Herr! Aber auch für die Hunde unter dem Tisch fällt etwas von dem Brot ab, das die Kinder essen.« (Mk 7,27f par)

Jesus weist niemanden ab. Alle können seine Jünger und Jüngerinnen sein. Er will wissen, was die Menschen beschäftigt und bedrückt, und er lässt die Menschen wissen, wie es um ihn steht. Das Wort ist noch nicht vergessen, das sein Vater einmal durch Jesaja verkündete: »Wendet euch mir zu, und lasst euch erretten, ihr Menschen aus den fernsten Ländern der Erde; denn ich bin Gott, und sonst niemand.« (Jes 45,22) Gott allein rettet, und als Retter aller Menschen ist Jesus geboren.

Sollte es dabei an einem Ort der Einsamkeit und Ruhe fehlen, gilt immer noch Jesu eigene Zusage: »Kommt alle zu mir, ich werde euch Ruhe verschaffen.« (Mt 11,28) Egal wo und wie und wann. Los, komm, da vorne fahren sie. Nichts wie hinterher.

Fürbitten

- *Die Idee: Wenn wir Jesus folgen wollen und seine Nähe suchen, dürfen wir uns nicht abbringen lassen; wir müssen dem »roten Faden« folgen, der sich durch unser ganzes Leben zieht und uns Jesus jeden Tag ein Stück näher bringt.*
- *Am Ambo ist der Anfang eines roten Wollfadens befestigt. Der Faden zieht sich, ohne den Gottesdienstablauf zu beeinträchtigen, durch den ganzen Raum und führt aus der Kirche hinaus (in einen angrenzenden Gemeindesaal, eine Unterkirche oder in die Sakristei, evtl. – besonders spannend! – auch auf den Kirchendachboden).*
- *Den Fürbitten entsprechend sind an weit auseinander liegenden Stellen am Faden Gegenstände angebracht (oder darunter abgestellt): ein bis zwei leere Hostienschalen (je nach Anzahl der KommunionhelferInnen), ein paar Prozessionsleuchter mit brennenden Kerzen, ein Weihrauchfass mit glühender Kohle.*
- *Am anderen Ende warten auf einem schön geschmückten Tisch die Gaben für die Eucharistiefeier: Hostienbrot in einem größeren Ciborium, Wein, Altartücher, Altarkreuz, Blumen, Weihrauchkörner, Kerzen, Wasser und Tuch für die Händewaschung usw. – Gegenstände für möglichst viele Kinder.*

Guter Gott. Ein Leben lang sind wir auf der Suche nach dir. Wir möchten, dass du uns so nahe bist wie Jesus seinen Jüngern, damit du auch unsere Freuden und Sorgen hörst. Wir bitten dich:

- Für die Menschen, die zweifeln und manchmal verzweifeln. Stelle ihnen ein Licht auf, damit sie den Mut für den Weg zu dir nicht verlieren. *Du Gott des Lebens:*

Die Kinder machen sich jetzt, begleitet von einem Helfer / einer Helferin, auf den Weg: den roten Faden entlang bis zu den Leuchtern. Zwei Kinder nehmen die Leuchter auf. (Der Faden bleibt gespannt: Auch andere sollen den Weg gehen können.)

- Für die Menschen, die ausgebrannt und kraftlos sind. Lege ihnen glühende Kohlen auf den Weg, damit das Feuer der Begeisterung und der Freude in ihnen neu entbrennt.

Der Weg geht weiter den Faden entlang bis zum Weihrauchfass; ein Kind nimmt es für den weiteren Weg.

- Für die Menschen, die die Hoffnung niemals aufgeben. Lass ihr Herz wie Schalen sein, die nicht leer bleiben, sondern gefüllt werden mit dem Brot des Lebens und deinem reichen Segen.

Ein weiteres Stück Weg führt zu den Schalen, die die Kinder mitnehmen, wenn sie nun (immer dem Faden nach) alles für die Eucharistiefeier holen und in feierlicher Prozession, begleitet vom Gesang der Gemeinde, in die Kirche tragen. Die Weihrauchkörner legen die Kinder gleich zu Beginn der Prozession ins Weihrauchfass.

Du, Gott, lädst uns zu dir ein, dass wir alle zu Tisch sitzen in deinem Reich, der du lebst und wirkst in alle Ewigkeit. Amen.

(Während die Gemeinde auf die Kinder wartet, kann unter meditativer Orgelmusik die Kollekte erfolgen; die TeilnehmerInnen sollen – darauf kann man sie eigens hinweisen – einen Moment zur Ruhe kommen können, wie Jesus es jedem Menschen angeboten hat.)

17. SONNTAG IM JAHRESKREIS
Fest der fünf Gerstenbrote

Einführung

Beim Einzug werden die Zutaten für das Brot (s.u. Fürbitten) mitgetragen.

Lauter gute Dinge hat die Natur uns zu bieten: Mehl, Wasser, Salz, Gewürze… Fünf Sachen, die alle zusammengehören – im Brot, das aus ihnen

heute werden soll. Das Mehl kann sich bis jetzt nicht recht vorstellen, wie das gehen soll, das Wasser auch nicht, genauso wenig wie die fünf Brote und zwei Fische, die ein kleiner Junge zu Jesus brachte, sich denken konnten, dass sie für fünftausend Menschen reichen würden. Was so ein kleiner Junge alles haben kann! Auch unsere Kinder haben es heute in der Hand, ob diese fünf Zutaten tatsächlich reichen werden für so viele. Aber das schaffen sie, davon bin ich überzeugt.
Bringen wir vor Gott all unsere Zutaten, die das Leben ausmachen, so spärlich sie auch sein mögen.

Kyrie

- Aller Augen warten auf dich, und du öffnest deine Hand.
  Herr, erbarme dich.
- Du gibst Speise zur rechten Zeit. Christus, erbarme dich.
- Du sättigst alles, was lebt, nach deinem Gefallen. Herr, erbarme dich.

Lesungstexte

- 2 Kön 4,42-44
- *für Kinder:* »Brot in deiner Hand« von Heinrich A. Mertens; in: »Das Brotwunder«, hg. v. Erich Jooß; Freiburg (Herder) 1995, S. 95

(In einem Bäckerladen in Paris wird das Unmögliche möglich. Ein Stück Brot, miteinander gegessen, versöhnt und macht vieles wieder gut. Schön, dass der Bäcker von seinem frisch gebackenen Brot so viel teilen mag, er teilt damit auch den Mut zu Umkehr und neuem Anfang.)

- Joh 6,1-15

Predigt

Liebe Gemeinde, verehrte Gäste.
Unser Lektionar, das Buch für alle Lesungen und Evangelien im Kirchenjahr, ist ein praktisches Buch. Da gibt es nicht nur schwarz auf weiß die aktuellen Nachrichten des Tages, sondern auch, in rot geschrieben, wertvolle Lesehilfen, von der Verszählung über die Pfeile zum Umblättern bis hin zu Ausspracheregelungen. Manchmal hat diese nützliche, wenn auch typisch deutsche und pingelige Angabe einen unbeabsichtigten eigenen Wert.
Der Evangelist hat in der heutigen Textstelle eine kurze Zeitangabe eingefügt. Er schreibt, damit jeder sich auskennt: »Das Pascha, das Fest der Juden, war nahe.« Über diesen kurzen Satz hätte ich ohne weiteres hinweggelesen, wäre da nicht ein rotes Sternchen über dem Wort »Pascha«, dazu die Fußnote: »Sprich: Pas-cha«. Das Wort ist mit seinem kleinen Sternchen irgend-

wie herausgehoben aus all den anderen, so viel wichtigeren Worten unseres Evangelienabschnitts. Möglicherweise ist es aber tatsächlich gar nicht so unwichtig.

Im Evangelium geht es um Brot, um – genauer – fünf Brote und zwei Fische, die den Hunger unzähliger Menschen stillen, die sich vermehren und am Ende noch im Überfluss zu haben sind. Und bei Jesus wird die Geschichte noch um vieles wundersamer als damals bei Elischa, der mit immerhin zwanzig Broten nur hundert Leute gespeist hatte, wie wir in der Lesung erfahren konnten. Fünf Brote jetzt für fünftausend Menschen. Jesus hätte es damit ins Guinness-Buch der Rekorde geschafft. Aber daran hat er gar nicht gedacht.

Mit seinen Gedanken war er schon beim nahen Paschafest in Jerusalem. Wie jeder fromme Jude war er auf Pilgerreise zum Fest in der Hauptstadt Israels. Man feierte nicht einfach ein Fest, man bereitete sich lange darauf vor, und wer konnte, feierte dieses wichtigste aller jüdischen Feste in Jerusalem. Die Festvorbereitungen waren längst im Gange.

Auch beim Paschafest geht es ums Essen. Zum Lamm gibt es neben einer Reihe symbolischer Speisen wie Bitterkräuter und Fruchtmus auch Brot. Aber nicht irgendeines: süßes Brot ohne Sauerteig. Sauerteig braucht Zeit, und die hatten die Israeliten nicht, als sie vor dreitausend Jahren aus Ägypten geflohen sind, um nach Israel zu ziehen. Das Paschafest feiert den Abend, an dem diese Reise begann. Es hat auch den Beinamen »Fest der ungesäuerten Brote«.

Hier, auf dem Berg, wo Jesus steht und die fünftausend Menschen um sich hat, findet auch ein Fest statt – das »Fest der fünf Gerstenbrote«, könnte man sagen. Aber ist es einfach nur ein Fest, oder geht es um mehr? Hat nicht auch dieses Fest einen Hintergrund, der gar nicht so lustig ist? Genauso wie man damals in Ägypten das erste Pascha hielt und schnell und hastig aß, weil die Soldaten des Pharao jeden Augenblick auftauchen konnten, und dann packte man seine wenigen Sachen und lief davon aus dem Land am Nil. Da war von Feiern keine Spur.

Im Israel zur Zeit Jesu sind es nicht mehr die Ägypter, sondern die Römer, die das Volk unterdrücken. Militärisch sind sie haushoch überlegen. In vielen Köpfen mag deshalb auch der Gedanke an Flucht entstanden sein. Jetzt aufbrechen, bei Nacht und Nebel, am Paschafest noch schnell ein Stückchen Lamm gegessen und seine Sachen gepackt und davongelaufen aus dem Land am Jordan. Das Brot, das ungesäuerte, das man isst, wie es in der Bibel steht: »Eure Hüften gegürtet, Schuhe an den Füßen, den Stab in der Hand« (Ex 12,11), das isst man ja schon. Jesus hat es ausgeteilt, an alle fünftau-

send Menschen, die zu ihm gekommen waren an den Berg, an alle mit ihren Gürteln und Schuhen und Wanderstäben. Sie sind ihm ja seit Tagen nachgereist.
Und jetzt denken sie an Pascha – nicht nur ans nahe Fest, sondern an den nahen Aufbruch in die Freiheit. Mit Jesus bricht man wieder auf, zerschlägt die römische Fremdherrschaft und findet wieder heim in ein Gelobtes Land, in ein Land voller Frieden, Wohlstand und weltweiter Bedeutung. »Das ist wirklich der Prophet, der in die Welt kommen soll«, sagen die Leute mit ihrem Stück Brot in der Hand.
Doch Jesus bricht nicht auf mit ihnen. Er zieht sich zurück. Sein Brot hat man gründlich falsch verstanden. Es bedeutet Pascha und bedeutet Aufbruch, nur ganz anders. Jesus ist in Gedanken beim Paschafest – denn da wird er sterben für uns am Kreuz. In den Tod gehen und auferstehen, das ist auch ein Aufbruch. Das muss man sich erst einmal trauen. Da hat man auch eine Stimmung wie beim aller ersten Pascha: So viel Leid im Rücken und vor sich so große Ungewissheit. Da braucht man vorher noch eine Stärkung, einen Bissen Brot, ein letztes Abendmahl. Es ist eine Paschafeier.
Dafür stärkt Jesus mit den Gerstenbroten. So einen Paschaabend hat jeder. Für jeden geht es irgendwann nicht so weiter wie vorher. Jeder muss einmal aufbrechen und Neues finden. Das kann auch ein politischer Neubeginn sein. Aber das ist niemals der Anfang. Niemand kann politisch erneuern, wenn er nicht zuerst bei sich selbst begonnen hat. Zuerst muss man umdenken, dann kann man neu handeln. Deshalb ist auch Jesus kein Politiker. Er erneuert nicht die Verhältnisse, in der Hoffnung, dass die Menschen dann schon anders werden. Das hat bei der deutschen Einigung ja auch nicht funktioniert. Er stärkt und erneuert erst die Menschen, damit sie selbst auch ihre Verhältnisse erneuern können.
Er stärkt und erneuert die Menschen auch dafür, dass sie selbst ihr Denken, Reden und Tun bei ganz alltäglichen Problemen, in Familie oder Beruf oder Freizeit, unter die Lupe nehmen können, ob da nicht ein neuer Aufbruch, eine Veränderung notwendig wäre. Egal, wie groß die Ungewissheit ist, auf die man sich einlässt.
Fünftausend haben aus der Hand Jesu das Brot der Stärkung erfahren. Aufbrechen mussten sie selber, und einige davon werden es wohl auch begriffen haben. Zwölf Körbe von diesem Brot sind noch übrig. In Reisekleidern sind wir selbst gekommen, gegürtet, mit Schuhen an den Füßen und vielleicht sogar einem Stock in der Hand. Einer dieser zwölf Körbe steht bald auf dem Altar. Feiern auch wir das Paschafest, das Fest der fünf Gerstenbrote. Aber aufbrechen müssen wir selber.

Fürbitten

- *Die Idee: Aus einem Stück viele machen, so dass alle »von dem einen Brot« bekommen und satt werden – miteinander teilen und einander Kraft geben für den Aufbruch. Das wollen wir tun.*
- *Vorbereitet sind alle Zutaten und Utensilien, die man zum Brotbacken braucht (ein mögliches Rezept s.u.); ein vorgeheiztes Backrohr in erreichbarer Nähe.*
- *Unmittelbar nach den Bitten wird das Backblech (evtl. in Begleitung von Kindern) zum Herd gebracht, damit es am Ende des Gottesdienstes fertig ist. Die Kinder können es sich dort direkt abholen.*
- *Rezept!!*

Guter Gott. Dein Sohn teilt Brot mit den Menschen, er teilt auch sein Leben mit ihnen. Weil du auch uns so nahe bist wie den Menschen damals in Jesus Christus, rufen wir zu dir:

1. Wenn jeder gibt, was er geben kann, muss niemand in Armut leben. Ergreife unsere Hände, damit wir uns um die sorgen, die nichts haben. *Gott, die Fülle des Lebens: Die Kinder geben nach und nach die Zutaten in die Schüssel. Ein(e) Erwachsene(r) sorgt dafür, dass alles nach Rezept geschieht.*
2. Wenn jeder zupackt, wo es nötig ist, muss niemand mutlos werden. Ergreife unsere Hände, damit wir handeln, wo jemand allein steht.
Der (fast) fertige Teig wird von allen einmal zurechtgeknetet.
3. Wenn jeder sich mit seinem Teil zufrieden gibt, kann kein Missbrauch geschehen. Ergreife unsere Hände, damit wir nur das nehmen, was uns zusteht, und anderen helfen, auch ihren Teil zu bekommen.
Jeder darf sich (oder für einen anderen) ein Stück vom großen Teig nehmen und als Brötchen aufs Backblech legen.

Du sorgst für uns, weil du weißt, was wir brauchen. Dafür danken wir dir jetzt und alle Zeit. Amen.

18. SONNTAG IM JAHRESKREIS
Jesus im Sommer

Einführung

Für die heißen Tage gibt es meistens leichte Kost – bei Ihnen auch? Salate, Obst, Fruchtsäfte, na ja, und hin und wieder so ein dicker Becher Eis. Der Biergarten hat ein kühles Bier, das Freibad auch anderweitig Erfrischung.

Abends raucht der Grill im Garten; wenn einer wissen will, wo was los ist, muss er nur der Nase nachlaufen. Es ist einfach schöner, wenn man die lauen Abende gesellig verbringen kann.
Damit Sie sich auch hier, in der angenehm kühlen Kirche, wie im Sommer fühlen, haben wir kurzerhand den Badestrand hierher verlegt. Fühlen Sie sich ganz wie zu Hause, entspannen Sie und lassen Sie sich etwas Gutes tun. Aller Stress der Woche, aller Streit und alle Sorgen – sie können zwar nicht einfach aus dem Leben verschwinden, aber vielleicht etwas leichter werden, wenn wir sie in Gottes Hände legen. *(kurzer Moment der Stille)*

Kyrie

- Du lässt alle zu dir kommen. Herr, erbarme dich.
- Du gibst lebendiges Brot, keine Speise, die verdirbt. Christus, erbarme dich.
- Du bist selbst das Brot vom Himmel, das der Welt das Leben gibt. Herr, erbarme dich.

Lesungstexte

- Ex 16,2-4.12-15
- *für Kinder:* »Der dicke König Matti und die Angst« von Ute Mordhorst, illustriert von Ina Biber; München (Lentz) 2001
(Eigentlich könnte König Matti zufrieden sein, jeden Tag steht reichlich Essen auf dem Tisch, und seine Diener verwöhnen ihn. Wenn da nur die Angst nicht wäre! Niemand findet heraus, woher die Angst kommt, sie ist da und nicht zu fassen. Am Schlossteich wartet die Lösung: »Tu etwas! Tu endlich einmal selber etwas. Selber, selber...«)
- Joh 6,24-35

Predigt

Liebe Gemeinde, verehrte Gäste.
Die einen packen ihre Koffer für den Urlaub, die anderen schultern ihre Kameras und stecken Papier und Bleistift ein. Die einen genießen den Sommer, die anderen haben sogar ein bisschen Horror davor. Die einen haben eine mehr oder weniger erfüllte Zeit am Strand oder sonst wo, die anderen müssen schauen, wie sie ihre Seiten füllen; sie arbeiten nämlich für eine Zeitung, einen Fernsehsender oder eine Rundfunkanstalt. Sie füllen das berühmte Sommerloch. Die Themen gehen aus, wenn das Alltagsgeschäft mit seinen Skandalen und Skandälchen eine Pause macht.
(Helmut Kohl und seine Millionen baden im Wolfgangssee, der Hannoveraner August ist von der Expo wieder zuhause und hat bloß noch einen ein-

zigen lächerlichen Prozess zu führen, Queen Mums Geburtstag geht auch wieder vorbei und – ach, wie schade – nicht einmal Prinzessin Diana stirbt zweimal.) (Der in Klammern gesetzte Abschnitt ist durch jeweils aktuelle Ereignisse zu ersetzen.)Auch der Rabbi ist scheinbar verreist, in ein unbekanntes Luxushotel am See von Tiberias. Der hätte noch einen Ausweg gewusst, der hätte schnell mal ein kleines Wunder gezaubert, und schon wäre die Welt um eine Schlagzeile reicher geworden.

Eigentlich hat er genug von den Menschenmassen; sonst wäre er nicht abgereist. Er hat wohl den Hals gestrichen voll. Alle wollen etwas von ihm, dauernd, pausenlos. Tags zuvor hatte er vor fünftausend Menschen gesprochen und sie alle satt gemacht – von nur fünf Gerstenbroten und zwei Fischen. Brot – und ein jeder der fünftausend Esser empfindet etwas anderes mit seinem Bissen Brot in der Hand. Noch am Abend ist Jesus mit seinen Jüngern abgefahren, mit einem Boot über den See Genesareth. Das große Publikum des Tages hat nichts mehr mitbekommen von dem seltsamen Ereignis auf der Überfahrt. Was trieb er wohl für ein Spiel mit seinen Jüngern, dass er so selbstvergessen auf dem Wasser ging und ihnen nachkam ins Boot? Urlaubsreif? »Und sie fürchteten sich.« (Joh 6,19) Vor ihm.

Brot und Spiele. Mit ihm konnte man sich fühlen, als wäre man im Zirkus von Rom. Kein Wunder, dass es Leute gab, die mehr sehen wollten, noch einmal Brot und auch einmal ein Schauspiel so wie dieses letzte. Sollen sie ihm nachpilgern, mit Sonnenbrille und gezücktem Bleistift, den Fotoapparat vor dem Bauch, wie man sie kennt, die Sensationsjäger. Jesus schickt die Leute wieder nicht weg, gibt ihnen ein Interview nach dem anderen, lässt sich auf sie ein, diskutiert mit ihnen. »Lasst die Kinder zu mir kommen; hindert sie nicht daran.« (Mk 10,14 par) Die Jünger hätten sie sicher gern los gehabt, auch Jüngern wird der Trubel einmal zu viel. Doch kein Urlaub.

Sie haben sich abgemüht, ihm nachzurennen, ihn aufzustöbern, und sie stehen da, noch ganz außer Atem. Das Brot hat sie stark gemacht, aufzubrechen. »Siehst du, hier sind wir, wir haben keine Mühen gescheut.« Und wie kleine Kinder, die ihre Kraft überschätzt haben, sind sie schon wieder hungrig. »Wie Schafe, die keinen Hirten haben« (Mk 6,34 par), warten sie darauf, dass sie einer »zum Ruheplatz am Wasser« (Ps 23,2) führt. Sie wollen nicht immer nur aufbrechen, sie wollen endlich auch einmal ankommen, etwas haben, wovon sich lange zehren lässt. Sie glauben daran, dass Jesus ihr Verlangen stillt. Mit immer neuem Brot, mit Wunderschauspielen wird es nicht gehen. »Müht euch nicht ab für die Speise, die verdirbt.« Kleine Happen stillen keinen großen Hunger. Kleine Wunder füllen noch kein Sommerloch. Jesus stillt ihr Verlangen nicht, er führt sie weiter, er leitet sie auf rechten Pfaden.

»Was müssen wir tun, um die Werke Gottes zu vollbringen?« Nichts. Aber im Ansatz ist die Frage richtig gestellt. Wir müssen etwas tun, wir müssen weiterarbeiten, wir dürfen nicht stillstehen und meinen, jemand stillt schon unser Verlangen, unseren Hunger, unser Sommerloch. Jeder hat seine eigene Arbeit zu leisten. Gott vollbringt seine Werke selbst. Er hat die Väter in der Wüste mit dem Manna beschenkt, er hat ihnen das nackte Überleben gesichert. Sie sollten weiterwandern bis nach Hause – und manche kamen nicht bis nach Hause, ins Gelobte Land, und wanderten trotzdem. Der Mensch hat weiterzuwandern. Das ist sein Teil. Er muss erst einmal *das* vollbringen. Zufrieden werden wir erst dann sein, nie mehr hungern und nie mehr Durst haben werden wir erst dann, wenn wir nicht mehr dem Brot nachjagen, den kleinen Happen, die so nach Leben aussehen, sondern wenn wir die wahren Zeichen erkennen, die hinter dem Brot stehen. Brot heißt Leben, heißt Kraft für den Weg, bedeutet Erfüllung und ist alles Notwendige. So etwas können die Menschen sich nicht selbst spenden, auch Mose wäre dazu nicht imstande gewesen, nur der Vater im Himmel.
Jesus hatte nicht einfach Brot vermehrt. Jesus hatte mit jeder seiner Taten Leben geschenkt, Kraft gegeben und Erfüllung, er hatte gegeben, was immer notwendig war. Dem darf man nachjagen. Wir dürfen nicht stillstehen, ehe wir ihn nicht aufgestöbert und zur Rede gestellt haben. Er geht noch heute durch unsere Zeit, überall da, wo Leben geschaffen und bestärkt wird. »Sobald Zweige saftig werden und Blätter treiben, wisst ihr, dass der Sommer nahe ist.« (Mk 13,28 par) Und in diesem Sommer ist kein Platz fürs Sommerloch. Es ist einfach nur Sommer.

Fürbitten

- *Idee: Bei Jesus kann man ausruhen, den Weg finden, aufbrechen müssen wir selber.*
- *Seitlich aufgebaut ist eine »Strandszene«: (Yucca-)Palme, Sonnenschirm, Liegestuhl, einige (religiöse) Bilderbücher, alles möglichst auf hellbraunem Stoffuntergrund; für den Weg dahin: sechs große gelbe (Karton-)Fußstapfen (Aufschrift s.u.)*
- *Nach den Fürbitten haben die Kinder Zeit, einzeln den Liegestuhl auszuprobieren und sich ein Buch zu holen. Dabei müssen sie nur eines beachten: Sie dürfen nur über die Fußstapfen zum »Strand« gehen, und am besten merken sie sich beim Gehen sorgfältig jedes Wort.*

Guter Gott. Dein Sohn hat mit seinem Wort und seinen Taten Wärme unter die Menschen gebracht. All das strahlt noch heute auf uns aus und schafft Sommer, sogar im tiefsten Winter. Damit wir den Weg in diesen Sommer finden, bitten wir dich:

1. Für alle, denen es geht wie sieben Tage Regenwetter. Schenke ihnen Menschen, die ein Lächeln für sie übrig haben und ihre Sorgen teilen wollen. *Gott, du Sonne im Herzen:*

Kinder legen die ersten beiden Fußstapfen aus (beginnend an einer der ersten Bankreihen, so dass der letzte Fußstapfen am »Strand« endet): »Lachen!« und »Zuhören!«

2. Für alle, die leben wie im Schneckenhaus, die sich nicht trauen, einen Schritt auf andere zuzumachen. Schenke ihnen Menschen, die ihnen die Hand reichen und die ersten Schritte mit ihnen gehen wollen.

Die nächsten Fußstapfen: »Helfen!« und »Miteinander!«

3. Für alle, die der zwischenmenschlichen Wärme nicht trauen, weil sie zu oft enttäuscht wurden. Schenke ihnen Menschen, die es ehrlich mit ihnen meinen und viel Geduld für sie aufbringen wollen.

Die letzten beiden Fußstapfen: »Ehrlichkeit!« und »Geduld!«

Du hast uns deinen Sohn gern gesandt, du vollbringst deine Wunder gern für uns – hilf uns auch, dass unsere Aufgaben in der Welt gelingen. Darum bitten wir dich durch Christus, deinen Sohn. Amen.

19. SONNTAG IM JAHRESKREIS
Die sieben Sachen

Einführung

Beim Einzug wird der Koffer mitgetragen; vielleicht mag einer der liturgisch Tätigen auch eine Sonnenbrille aufsetzen...

Dass heute so viele in der Kirche sind! Ich habe keine Lust. Aber ausschlafen wollte ich auch nicht, denn so einen Sonntag muss man nutzen. Man will ja schließlich was erleben! Also packen wir unsere Koffer. Das taten schon die Menschen, die Jesus nachgefolgt sind. Die wollten auch was erleben. Der Sommer, wie wir ihn letzte Woche hier in der Kirche hatten, ist noch nicht vorbei. Jesus ist nur ein Stück weiter gereist. Und wir immer hinterher. Seit Wochen geht das so. Wir haben uns nun einmal entschieden.

Mitten drin werden wir nachdenklich. Jesus macht uns aufmerksam auf unser Gepäck. Haben wir das Richtige mitgenommen auf die Nachfolge – und vor allem: Haben wir *alles* dabei, alles was wir brauchen? Spüren wir erst einmal dem Gepäck nach, das bereits auf den ersten Blick zu viel, zu schwer und vollkommen unnötig ist:

Kyrie

- Mit Krach und Streit sind wir belastet, du befreist uns.
  Herr, erbarme dich.
- Mit Kleinigkeiten und Terminen sind wir belastet, du schenkst uns Ruhe. Christus, erbarme dich.
- Mit der Qual der Wahl unter all den vielen Richtungen, die uns Erfüllung versprechen, sind wir belastet, du hast alles, was wir brauchen. Herr, erbarme dich.

Lesungstexte

- 1 Kön 19,4-8
- *für Kinder:* »Alles paletti!« von Agnès Boukri, mit Bildern von Émilie Chollat; Berlin (Altberliner) 2000

(Urlaub ohne Papa. Ob Papa zuhause allein zurechtkommt? Immer heißt es: »Alles paletti!«, doch Papa findet sich nicht wirklich zurecht, und auch Mama ist ohne Papa manchmal ziemlich hilflos. Da merkt man erst, was einem alles fehlt!)

- Joh 6,41-51

Predigt

Liebe Gemeinde, verehrte Gäste.

Die sieben Sachen. Man muss doch seine sieben Sachen packen, wenn man fortfährt? Zahnbürste und frische Wäsche zum Wechseln, Tickets und Reiseführer, Pass und Scheckkarte, und den Hausschlüssel, damit man am Ende des Urlaubs nicht vor verschlossenen Türen steht. »Komm gut wieder!« wird man oft verabschiedet – Fortfahren und Wiederkommen gehören zusammen. Meistens sind es doch etwas mehr als sieben Sachen, was man sich einpackt, und doch sagt man so. Man könnte auch sagen: alles. Alles, was wir brauchen. Die Sieben, das wissen Sie sicher, ist die Symbolzahl für Vollständigkeit.

Jeder hat seine sieben Sachen beisammen. Für manche aber dürfte es gern noch etwas mehr sein. Die Juden waren aufgebrochen, haben Jesus aufgestöbert am See von Tiberias, haben ihm keine Ruhe gelassen und wollten ein Zeichen. So weit waren wir letzte Woche. Sie sind bei ihm geblieben, auch als es kein Zeichen für sie gab, sondern nur Worte. Worte, die den Menschen nicht halb so gut schmeckten wie das Brot, das er einmal für sie vermehrt hatte. Sie wollten mehr. Was sie bekamen, war ein ums andere Mal nicht genug. Sie hatten ihre sieben Sachen gepackt, um ihm nachzureisen, und wollten mit acht Sachen zurückkehren.

Und dann bekommen sie nichts als nur das Blaue vom Himmel. »Ich bin das

Brot, das vom Himmel herabgekommen ist.« Der Himmel über ihnen ist wolkenlos und voller Sonne. Heiß ist es am See von Tiberias. Es könnte so schön sein, wäre man nicht wegen Jesus hier. Zwei Dinge beginnen die Leute sich zu fragen: Warum sind wir aufgebrochen, haben alles andere stehen und liegen lassen; was wollten wir eigentlich? Und: Wer ist das wirklich, Jesus; was will eigentlich er?

Es ist bei den Menschen ganz offensichtlich nicht so, dass sie unbefangen in Jesu Nähe kamen wie einmal die Kinder, von den Eltern gebracht (Mk 10,14 par). Da hatten nur die Eltern ihre Absichten, die Kinder ließen sich staunend darauf ein, dass Jesus sie segnete. So bekamen sie, was sie nicht erwartet hatten und nicht einmal richtig verstanden. Und es bereicherte sie doch. Jesus respektiert es, wenn man sich auf Begegnung einlassen kann.

Es ist aber auch nicht so wie bei jener Frau, die genau wusste, was sie wollte, die sich im größten Getümmel zielstrebig an Jesus heranmachte, um durch die Berührung seines Gewandes von schwerer Krankheit befreit zu sein (Mk 5,25 par). Sie bekam, was sie erhofft hatte, und sie verstand, wie ihr geschah. Es bereicherte sie. Jesus respektiert es, wenn man weiß, was man will.

Am See von Tiberias sieht sich Jesus Menschen gegenüber, die nur eine schemenhafte Erwartungshaltung mitbringen. Da gibt es etwas zu holen, und Hauptsache, es gibt etwas, aber das, was es gibt, ist nun auch wieder nicht das Gelbe vom Ei. So ist das, wenn man nicht weiß, was man will, wenn man sich aber auch nicht darauf einlassen kann, was es wirklich gibt. Dann gibt es einem nichts und bereichert nicht.

Auf der einen Seite haben die Leute doch alles, was sie brauchen – jeder hat doch seine sieben Sachen. Das glauben sie von sich. Dann ist Jesus freilich nicht mehr als der Typ von nebenan, dessen Vater und Mutter sie gut kennen wollen, und der einzige, der vielleicht nicht alle Tassen im Schrank hat. Auf der anderen Seite stehen sie jetzt hier, weil sie doch nicht alles haben, und das spüren sie. Wie bei diesen Bilderrätseln, wo nur ein Bild vollständig ist, bei dem anderen fehlen irgendwelche Kleinigkeiten; nur – welche sind es? Man kommt nicht so leicht drauf. Auf den ersten Blick ist da kein Unterschied, so kann man sich auch im Leben darüber hinwegtäuschen, dass wir doch alles haben, was wir brauchen. Wir brauchen aber doch immer noch ein bisschen mehr... Könnte es denn sein, dass wir entgegen aller Selbsteinschätzung nicht alle sieben Sachen beieinander haben, dass das, was wir gern haben möchten, nicht das Achte, das Zusätzliche in unserer Lebenssammlung ist, sondern das Siebte, das eigentlich Fehlende? Bei uns heute genauso wie bei den Menschen damals, die mit ihrem Murren gegen Jesus doch ziemlich verloren am Ufer eines Sees stehen?

Die Kinder, die Jesus segnete, bekamen ein Gefühl dafür, dass das, was wir Menschen nur *tun* füreinander, nicht alles ist, dass wir auch etwas *sein* müssen füreinander – das ist ein ganz unsichtbarer und doch wesentlicher Bestandteil menschlicher Beziehung. Es fehlt etwas, wenn es das nicht gibt. Der Segen drückt aus, dass Gott auf jeden Fall, auch wenn es Menschen manchmal nicht gelingt, etwas *ist* für uns. »Ich bin der Ich-bin-da.« (Ex 3,14) Davon und damit kann man leben. Es ist Brot *vom Himmel*, eines, das es auf Erden oft genug nicht gibt. »Wer von diesem Brot isst, wird in Ewigkeit leben.« Die Kinder haben es nicht verstanden, aber gespürt. Man kann die Worte vom »Brot vom Himmel« nicht verstehen, man kann sie nur erspüren. Wenn man sich unbefangen auf sie einlässt.
Die Frau, die Jesus am Saum seines Gewandes berührte, hat die Gesundheit zurückerhalten, die ihr fehlte. Sie wusste, dass sie sich bei Jesus holen konnte, was ihr fehlte. Immer und jederzeit, egal auch, ob Jesus vorher informiert war oder nicht, immer geht der Mensch ganz und geheilt nach Hause. Davon kann man zehren. Es ist *Brot* vom Himmel, eines, das nicht verdirbt, nicht krank macht, sondern stärkt. »Ich bin das lebendige Brot.« Auch das braucht man nicht zu verstehen, aber greifen sollte man danach.
Wer nicht zugreift, ist wie ein Urlauber, der seinen Hausschlüssel vergessen hatte, als er losgefahren war. Im Urlaub ist es ihm nicht aufgefallen; er hatte ja alles, was er brauchte. Jetzt steht er vor verschlossenen Türen. Bei der Rückkehr nach Hause wird bewusst, was fehlt. Die Worte Jesu mögen kompliziert sein, und wir mögen der Meinung sein, das bräuchten wir alles nicht. Bei der Rückkehr in den Alltag wird uns bewusst, was uns fehlt zu unseren sieben Sachen.

Fürbitten

- *Die Idee: Wir packen den Koffer, um auf unserem Lebensweg Jesus nachzufolgen – und lassen uns dazugeben, was uns im Gepäck noch fehlt.*
- *Ein schöner alter Koffer; verteilt an die Kinder sind bereits: Zahnbürste und andere Toilettenartikel, einige Wäschestücke, Reisepass, Schmusetier, Geldbörse, Reiseführer (wahlweise Landkarte); eine schöne Bibel liegt auf dem Altar bereit*

Guter Gott. Immer sind wir auf dem Weg zu dir. Wir bitten dich:

1. Um alles, was unser Körper und unsere Gesundheit braucht. Ich bitte auch für die Menschen, denen das Notwendige fehlt. Hilf uns teilen. *Gott, Ziel unseres Lebens:*
In den Koffer kommen die Toilettenartikel und die Wäschestücke.
2. Um alles, was unseren eigenen Charakter, unsere Persönlichkeit stärkt.

Ich bitte auch für die Menschen, die wenig Vertrauen in sich selbst haben. Hilf uns, einander zu stärken.
Kinder packen Reisepass und Schmusetier ein.
3. Um alles, was uns voranbringt, um Situationen, in denen unsere Fähigkeiten bares Geld wert sind, um Wegweiser für unsere Lebensrichtung. Ich bitte auch für die Menschen, die am Leben verzweifeln. Lass uns einander weiterhelfen.
Kinder legen Geldbörse und Reiseführer (Landkarte) in den Koffer.
Und zu alledem legst du uns den Schlüssel ins Herz, der uns am Ziel dein Reich aufsperrt und uns als deine Kinder ankommen lässt.
Ein Kind darf die Bibel holen und in den Koffer legen.

Dafür danken wir dir durch Jesus Christus, unseren Begleiter. Amen.

20. SONNTAG IM JAHRESKREIS
Wirklich

Einführung
Träume sind Schäume, die Wirklichkeit zählt. Für manche gehört immer noch die Religion zu den Träumen und nicht zur Wirklichkeit, denn Gott ist weder greifbar noch beweisbar. Dass wir uns betäuben mit dem Gedanken an einen Gott, seinen Sohn und seinen Geist wie mit Opium, teilen auch im 21. Jahrhundert viele Zeitgenossen. Der Traum von einem Gott, der mit einem ewigen Leben belohnt und mit dem Jüngsten Gericht bestraft, mache die raue Lebenswirklichkeit erträglicher, reden sie uns ein.
Heute ist Schluss mit den Träumen. Unser Gott ist Wirklichkeit: »Mein Leib ist wirklich eine Speise, und mein Blut ist wirklich ein Trank«, spricht Jesus. Mit ihm haben wir wirklich etwas in der Hand, etwas, das die raue Lebenswirklichkeit nicht wie mit Drogen benebelt, sondern das stark macht und kräftig für die Wege, die wir zu gehen haben. Lassen wir uns darauf ein.

Kyrie
- Deine Hände bewirken das Heil der Menschen. Herr, erbarme dich.
- Deine Worte bewirken Umkehr und geben neue Orientierung. Christus, erbarme dich.
- Dein Sakrament bewirkt neues Leben für Leib und Seele. Herr, erbarme dich.

Lesungstexte

- Eph 5,15-20
- *für Kinder:* »Goldlockes Traum« von Brigitte Elsner; in: Theo Schoenaker, Britta Seeler-Kriemeyer (Hgg.): »Die Antwortfee und andere Ermutigungsgeschichten«; Freiburg (Herder) 1998, S. 37
(Das schöne Mädchen mit den goldenen Locken wird neidisch. Bald hat Goldlocke keine Freunde mehr. Eines Nachts träumt sie davon, wie schön es wäre, wenn niemand neidisch auf andere schaut, sondern darauf, wie man einander helfen kann. Das Mädchen nimmt sich vor, so zu sein. Die Geschichte endet mit der Frage: »Ob Träume wahr werden können?« Die Antwort, die mit den Kindern gefunden werden könnte, könnte lauten: Ja, Wirklichkeit wird, was du selbst dafür tust.)
- Joh 6,51-58

Predigt

Liebe Gemeinde, verehrte Gäste.
Sicher ist Ihnen schon mal etwas zu weit gegangen. Wenn Sie aber sagen müssen: »Das geht mir jetzt *wirklich* zu weit!«, dann ist alles zu spät. Die letzte Steigerung von »zu weit gehen« ist »wirklich zu weit gehen.« Das Wörtchen »wirklich« hat es in sich. Es hinterlässt seine Spuren in Beziehungen und in Wahrnehmungen und letztlich in dem, was wir Wirklichkeit nennen. Gute Fährtensucher und Spurenleser müssen wir sein, wenn wir verhindern wollen, dass uns einmal etwas *wirklich* zu weit geht.
Bemühen wir uns, seine Spuren in unserer Sprache zu verfolgen. Wir tun gut daran, erst einmal alles auf uns *wirken* zu lassen. Das, wofür wir uns in Ruhe Zeit nehmen, können wir kaum überstürzen, es kann weder zu schnell noch zu weit gehen. Das gilt für Worte, die jemand spricht, für Handlungen, die jemand ausführt, auch für Dinge, die wir wahrnehmen, und Situationen, die sich uns ereignen. Was auf uns wirken kann, bietet uns Gelegenheit zu Kontakt, Einordnung und Verarbeitung. Es ist die Brücke, die uns hilft, Worte und Handlungen nicht falsch zu verstehen, mit Dingen und Situationen vertraut zu werden. Was gründlich auf uns wirkt, das *durchwirkt* uns. Es wirkt so stark, dass wir uns nicht mehr entziehen können. Die erste Spur, die das *wirklich* gelegt hat – das Wirken – hat mit Zeit zu tun: erfordert Zeit und schenkt Zeit.
Was genügend Zeit hatte, auf uns zu wirken, uns zu durchwirken, was uns also *wirklich* vertraut ist, bleibt nicht länger außerhalb unseres Bewusstseins, das können wir weder weit von uns weisen noch verdrängen. Wir können nicht daran vorbei – und das führt uns auf die zweite Spur –, dass diese Worte, Handlungen, Dinge und Situationen in uns etwas *bewirken.*

Gefühle sind unsere erste Antwort, durch sie erfahren wir selbst, noch vor anderen Menschen, welche *Wirkung* etwas auf uns hat. Jede weitere Antwort, die wir geben, spiegelt unsere Gefühle oder kaschiert sie. Die zweite Spur – das Bewirken – berührt unsere Gefühle.

Die nächste Spur birgt eine große Spannung in sich: Wie gehen wir damit um? Wie sollen wir alles sortieren, was *wirklich* Emotionen verursacht hat? Was wird *wirksam* für unser Leben, und wird auch etwas wieder *unwirksam*? Was ist *wirkungsvoll* und bedeutsam, was klingt ab und erweist sich als *wirkungslos*? Manche Frage beantwortet das Unterbewusste für uns und trifft für uns eine Entscheidung, daher wird uns erst viel später bewusst: Manches, was in die Wirkungslosigkeit abgleitet, was uns irgendwann einmal wieder kalt lässt, das haben wir auch *verwirkt*, weil wir es nicht gepflegt haben. Spannung und Entscheidung, die Wirksamkeit, das ist die dritte Spur des *wirklich*.

Nach der Entscheidung entdecken wir eine vierte und letzte Spur. Es ist das, was wir tun, unser *Werk* und alles, was wir *bewerkstelligen*. Unsere Antwort auf alles Erleben von außen und innen. Ein Kreislauf beginnt, denn andere sind es nun, auf die unser Werk wirkt, die ihrerseits zu einer Antwort darauf und einem Werk finden werden. Das ist die Wirklichkeit. Was einem *wirklich* zu weit geht, zerstört den Kreislauf der Kommunikation, denn damit will man nichts mehr zu tun haben. Kommunikation beendet.

Wo aber sind wir angekommen, nachdem wir nun allen Spuren des Wörtchens »wirklich« gefolgt sind, nachdem wir sie analysiert und in einen Zusammenhang gebracht haben? Wir stehen vor Jesus. Wir hören ihn sagen: »Mein Fleisch ist wirklich eine Speise, und mein Blut ist wirklich ein Trank.« Und wir sehen die Juden am See von Tiberias, denen das alles wirklich zu weit geht. Für sie ist die Kommunikation mit Jesus nachhaltig gestört. In den folgenden Kapiteln des Johannes-Evangeliums kann man mitverfolgen, wie sogar die Jünger sich spalten, wie die Ablehnung unter den Juden immer größer wird bis hin zum Tötungsbeschluss des Hohen Rates. Ist Jesus wirklich zu weit gegangen? Oder wollten die anderen ganz woanders hin, und Jesus ist ihnen nicht mitgegangen?

Er sagt ihnen: »Niemand kann zu mir kommen, wenn nicht der Vater ihn zu mir führt.« (Joh 6,44) Letzte Woche haben auch wir es gehört. Wer sich nicht einlässt, kommt vom Weg ab. Der steht zwar körperlich nahe bei dem, den er aufsuchen wollte, aber im Geiste ist er kilometerweit weg. Der ist selber zu weit gegangen, ganz und gar *wirklich* zu weit. Das hat seine Wirkung: Die Leute verstehen Jesus nicht mehr.

Es gibt aber einen Weg zurück: Man muss sich Zeit nehmen und die Worte in Ruhe auf sich wirken lassen. Die Leute würden feststellen, dass da nicht

Worthülsen fallen, nur weil es sich so gescheit anhört. Da steht doch einer aus Fleisch und Blut, wirklich. Wenn man sich noch ein bisschen mehr Zeit nimmt, hört man auch noch einmal genau, dass dieser Mensch aus Fleisch und Blut sich als Speise und Trank anbietet. Das ruft doch Gefühle wach, daran kann man doch nicht vorbei. Es bewirkt doch etwas, viel deutlicher und massiver als jede Umschreibung. Er hätte es doch sagen können, wie wir es gelegentlich tun: Ihr dürft euch eine Scheibe von mir abschneiden, ihr dürft mich zum Fressen gern haben, ihr habt mich in der Hand und ihr führt auch ständig etwas von mir im Munde. Er aber sagt es so *wirklich*, damit es etwas bewirkt. Gott will nicht *wie* Nahrung für uns sein und *wie* Leben; Gott ist keine Metapher. Gott ist *wirklich* Nahrung und *wirklich* Leben.
Der Weg zurück zu Jesus ist nur erfolgreich, wenn wir auch die Spannung dabei aushalten, wenn wir uns ohne Scheu Gedanken machen, wie wirksam diese Worte für unser Leben sind, immer wieder. Unsere Werke werden es zeigen.

Fürbitten

- *Die Idee: Was wir mit unseren Händen tun, hinterlässt einen Abdruck; mit all unseren Handlungen bewirken wir etwas auf der Welt. Unsere Hände lassen sogar Träume Wirklichkeit werden.*
- *Für jedes Kind ein Schälchen voller Gips für einen Handabdruck. Geeignet sind z.B. Käseschachteln oder Portionsschalen aus der Fleischtheke im Supermarkt. Alles, was für den Gips benötigt wird (Pulver, Wasser, Eimer, Rührstab), steht griffbereit.*

Guter Gott. In dem Vertrauen, dass du unser Leben begleitest und unsere Hände führst, kommen wir mit unseren Bitten zu dir:
1. Die Minuten rieseln uns wie Pulver durch die Finger. Gib allen Menschen die Kraft, die Zeit als Wirklichkeit zu begreifen und jede Minute in die Hand zu nehmen und zu nutzen. *Gott, unser Vater:*
Ausreichend Gipspulver wird in den Eimer umgefüllt.
2. Vieles, was wir täglich erleben, berührt uns nicht mehr wirklich. Gib allen Menschen die Geduld, etwas zu machen aus ihren Erlebnissen, sie zu verarbeiten und reifen zu lassen.
Wasser wird eingerührt.
3. Nichts bleibt, wie es ist, wenn wir die Gelegenheit zur Veränderung nutzen. Gib allen Menschen den Mut, den Dingen und der Welt den unverwechselbaren Abdruck ihrer Taten zu schenken.
Zum richtigen Zeitpunkt dürfen die Kinder ihre Hände in den Gips eindrücken. Möglichkeit zum Händewaschen muss gegeben sein.

Du hast deinen Sohn gesandt, damit wir sehen, dass du wirklich für uns da bist, und damit wir nach seinem Beispiel handeln können. Dafür danken wir dir jetzt und alle Zeit. Amen.

21. SONNTAG IM JAHRESKREIS
Judasse

Einführung

»Wer Ohren hat zu hören, der höre.« Dieser Ausspruch Jesu begegnet uns häufig. Heute wird er auf die Probe gestellt. So viele Worte gibt es in unseren Messfeiern – viele wünschen sich mehr Stille und Besinnung. So lange Reden macht manchmal auch Jesus selbst – er, der Zeichen tun kann, die kein Wort der Erklärung brauchen. Warum strapaziert er seine Gefolgschaft so? Vielleicht mag er es einfach wissen: Wer hört mir wirklich zu, nicht nur mit halbem Ohr? Wer zuhört, kann nachfolgen. Wer nur die Hälfte hört und vom Gehörten wiederum nur die Hälfte verstehen will, bleibt auf der Strecke.

Heute brauchen wir dieselbe Geduld wie die Menschen damals. Die Worte Jesu sind nicht weniger und nicht einfacher geworden. Haben wir Ohren, um zu hören? Dann öffnen wir sie.

Kyrie

- Du sprichst die Sprache der Menschen, denn du liebst uns.
  Herr, erbarme dich.
- Du mutest uns viel zu, denn du verkaufst uns nicht für dumm.
  Christus, erbarme dich.
- Du trennst die Spreu vom Weizen, die Schafe von den Böcken,
  die Jünger von den Verrätern. Herr, erbarme dich.

Lesungstexte

- Jos 24,1-2a.15-17.18b
- *für Kinder:* »Aufpassen!« von Ingeborg Pilgram-Brückner. Dies.: »Komm, kleine Freude. Geschichten zum Träumen und zum Nachdenken«; Stuttgart (J. Ch. Mellinger Verlag) 1999, S. 43

(Vier Gedanken sitzen auf einem Baum. Sie wetten, wer die meisten Menschen für sich gewinnen kann. Die Wandergruppe, die unter dem Baum rastet, muss aufpassen: Nur

ein Gedanke verbreitet Freude, die anderen sind schlechte Laune, Gleichgültigkeit und Neid. Für alles können die Menschen Ohren haben, mal sehen, worauf sie hören... Übrigens sitzen die vier Gedanken überall. Auch wir müssen aufpassen.)

- Joh 6,60-69

Predigt

Liebe Gemeinde, verehrte Gäste.

Ich bin echt enttäuscht. Da habe ich Ihnen etwas erzählt, nichts Besonderes, kein Abenteuer, aber eben etwas sehr Persönliches, etwas, das ich nur Ihnen erzählen würde und sonst keinem, und jetzt reden Sie nicht mal mehr mit mir. Ich glaube auch fast, dass Sie es waren, die überall verbreitet haben, was ich angeblich gesagt haben soll – *so* habe ich's nämlich nicht gesagt. Warum haben Sie nicht gleich gesagt, dass Sie das eigentlich gar nicht alles hören wollten, dass es mal besser mein Geheimnis bleiben sollte? Wir haben uns doch so gut verstanden! Irgendwie habe ich gespürt, dass Sie nicht begeistert waren, aber ich habe mir nichts dabei gedacht. Sie haben mich hintergangen.

– Auch eine Erfahrung, die jede und jeder von uns gelegentlich macht: Man erzählt gern und offen, weil man Menschen vor sich hat, die wirklich etwas hören wollen, und irgendwann, früher oder später, stellt sich heraus, was die Leute wirklich hören wollten. Da klärt sich die Frage, die sich jeder insgeheim schon vorher stellt: Sind die anderen neugierig, brauchen sie Stoff und Geschichten, um alles weiterzuerzählen, um selbst eine Weile interessant zu sein und im Mittelpunkt zu stehen? Oder schätzen sie mich als Person und mit dem, was meine Erlebnisse aus mir gemacht haben, wie sie mich verändert haben?

Alles, was der Mensch erlebt, hinterlässt seine Spuren. Da sind die einfachen Vorkommnisse des Alltags nicht anders als die herausragenden Ereignisse, die einem ein- oder zweimal im Leben begegnen. Bei den einfachen Dingen fällt es nur nicht so auf. Sie prägen die Persönlichkeit eben versteckt und schleichend, dafür vielleicht sehr viel nachhaltiger. Deshalb hat jeder von uns ehrliche Zuhörer verdient, auch wenn er, wie man so sagt, »nichts erlebt« hat. Da sind es eben nicht die Geschichten, die man erfährt, sondern die Hintergründe, wie der Erzähler zu der Persönlichkeit geworden ist, die man vor sich hat. Und wer sich das bis zuletzt mit ehrlichem Interesse anzuhören vermag, lernt den anderen wirklich kennen. Das einfache Leben selbst ist oft sogar die spannendste Geschichte. Schade eigentlich, dass die meisten Zeitgenossen nur Appetit auf Sensationen haben. Der Geschmack am wirklichen Leben scheint verlorengegangen.

Da steht nun Jesus inmitten einer Menschenmenge, die ebenso neugierig und sensationshungrig ist wie unsere Gesellschaft. Ein Wunder – ja das wär' jetzt das richtige! Vor drei Wochen hat das angefangen. Das ist schon so lange her, dass man's kaum noch weiß. »Welches Zeichen tust du, damit wir es sehen und dir glauben?« (Joh 6,30) sagt die Menschenmenge. Dabei hatte sie doch gerade eines gesehen: die Brotvermehrung nämlich. Aber die Leute sind ja unersättlich. Und so entscheidet sich Jesus für eine schwerere Kost. Er erzählt und erzählt, und es kommt den Leuten sicher so vor, als hörte er niemals mehr auf – und was er da alles erzählt! Vom Brot und dem wahren, lebendigen Brot, von seinem Fleisch und davon, dass man es essen muss, um vom lebendigen Brot zu leben und niemals zu sterben. Das ist so kompliziert, so langatmig, so unrealistisch. Und das wochenlang! Die Leute haben das satt – »Was er sagt, ist unerträglich« – und sind doch noch hungrig. Sie haben es wohl in den falschen Hals bekommen, was sie da hörten.
Sie haben auch nicht gemerkt, dass Jesus ihnen eine ganze Weile lang mit jedem Satz mehr geboten hatte als nur Geschichten zum Bestaunen und Weitererzählen. Er ist persönlich geworden und fast intim. Er erzählt nicht etwa: »Ich bin da und da gewesen, und das und das ist mir passiert.« Nein. Er sagt: »Ich bin das Brot des Lebens.« Er erzählt von sich und zeigt das ganze Ausmaß seiner Persönlichkeit. Das zu hören und zu glauben würde wirklich satt machen. »Das Fleisch nützt nichts. Die Worte, die ich zu euch gesprochen habe, sind Geist und sind Leben.«
Aber was interessiert schon das Leben? Ein Stück Brot? Ein Stück Fleisch? So alltäglich ist das alles und doch so kompliziert gesagt, dass ein jeder den Kopf schüttelt. Genau da, wo es schwierig wird, wo Jesus den Menschen um sich herum offenbar ein bisschen zu viel zumutet, wenden sich die meisten ab. Es ist zwar nicht so, dass sie ihn vorher nicht ernst genommen hätten, dass sie ihm nicht geglaubt hätten oder nicht wirklich beeindruckt gewesen wären; schließlich bezeichnet der Evangelist die ganze Gefolgschaft als Jünger. Aber so mancher wollte doch eher den spektakulären Jesus sehen, der seine Sache macht und staunen lässt. Wenn er gar so persönlich wird, wenn er seinen Anspruch so hoch setzt, dann müssten am Ende auch die Jünger seinen Ansprüchen gerecht werden und ihrerseits Persönlichkeit zeigen. Vor so viel Offenheit haben viele Angst. Diese Angst seiner Umgebung begleitet Jesus bis zum Tod, wo dieselben, die ihn in Jerusalem jubelnd empfingen, »Ans Kreuz mit ihm!« schreien.
In der Tat – Jesus fordert Persönlichkeit und offene Entscheidung. »Wollt auch ihr weggehen?« fragt er die Zwölf, den engsten Kreis seiner Vertrauten. Und er erfährt, dass es auch die Menschen gibt, die bis zum Ende zuhören

und verstehen können, die seine Worte richtig aufnehmen und tatsächlich satt davon werden. Petrus sagt es offen und ehrlich: »Du hast Worte des ewigen Lebens. Du bist der Heilige Gottes.«
Es ist auch nicht schwer zu entschlüsseln, warum Jesus wusste, »welche es waren, die nicht glaubten, und wer ihn verraten würde.« Wer viel von sich zeigt, ahnt meistens schon, wie es aufgenommen wird, was er sagt. Dazu muss man nicht einmal Gottes Sohn sein. Und immer gibt es welche, die nicht ehrlich sein können, die nicht einmal den Mut aufbringen, offen zu sagen, was sie erwartet haben: ein paar Geschichten und dann nichts mehr weiter. Sie haben sich alles angehört, obwohl es ihnen zu viel geworden ist, und dann haben sie Jesus den Rücken gekehrt und am nächsten Tag womöglich alles ins Lächerliche gezogen. Damit haben sie Jesus längst verraten, noch bevor es Judas getan hat. Judasse gibt es viele. Aber zum Glück gibt es auch Petrusse. Damals wie heute.

Fürbitten

- *Die Idee: Jesus will uns nicht hinters Licht führen, er will, dass wir seine Botschaft entdecken.*
- *Einige Zeitungsberichte mit »spektakulären« Meldungen (z.B. »Bild«-Titelseiten), ein größeres Holzkreuz; das Holzkreuz ist mit den Zeitungsseiten verkleidet, so dass es nicht gleich als solches zu erkennen ist.*

Guter Gott. Du bist manchmal so unnahbar und nicht zu begreifen. In deinem Sohn Jesus Christus willst du uns dennoch zeigen, wie du bist. Durch ihn bitten wir dich:

1. Du bist manchmal ein wunderbarer Gott, denn du tust großartige Wunder. Aber du willst nicht deswegen bewundert werden, denn für dich ist jedes Wunder eine selbstverständliche Tat, aus Liebe zu uns. So sind wir nicht. Wir möchten gerne etwas Besonderes machen, damit uns die anderen sehen und beachten. Zeige uns durch dein Beispiel einen Weg zu mehr Selbstverständlichkeit. *Christus, höre uns.*

Kinder holen das eingepackte Kreuz aus einem Nebenraum und lesen einige Sensationen vor.

2. Du bist manchmal ein schwieriger Gott, denn du mutest uns viel zu, um dich zu entdecken. Du behandelst uns eben nicht wie kleine Kinder. Mache uns fähig, nicht nur bei Sensationen stehen zu bleiben, sondern an der Oberfläche zu kratzen und so zu dir vorzustoßen – denn du hältst unsere Welt zusammen.

Kinder reißen die Zeitungen herunter und legen das Kreuz frei.
3. Du bist manchmal ein ganz einfacher Gott, du bietest uns so einfache Zeichen wie das Kreuz aus Holz. Du willst uns im alltäglichen Leben begegnen. Mache uns hellhörig für die Geschichten anderer Menschen, die das Leben schreibt, und mache unsere Augen offen für die einfachen Zeichen deiner Gegenwart.

Nimm unser Beten an und sei uns nicht fern, du wunderbarer, schwieriger, einfacher Gott, damit wir den Weg zu dir finden durch Christus, unseren Helfer und Herrn. Amen.

22. SONNTAG IM JAHRESKREIS
Hübsche Fassade

Einführung
Die Bilder (s.u. Fürbitten) sind ausgelegt; bei der Einführung nimmt die Leitung einige davon zur Hand.
Über sechs Milliarden Menschen gibt es. Und wie viele mögen schon gelebt haben, seit es Menschen auf der Welt gibt? Unzählige. Trotzdem ist jeder anders. Der eine ist bekannt aus Funk und Fernsehen, hat immer ein strahlendes Lächeln und einen Witz auf Lager – doch zu Hause hat er ein behindertes Kind und kommt mit seinem Schicksal nicht zurecht. Die andere ist nur eine unbedeutende Putzfrau und arbeitet von früh bis spät – aber sooft es geht, fährt sie in ihre Villa am Meer, denn sie verschweigt allen, dass sie einmal sechs Richtige im Lotto hatte. Wieder einer schwingt große Reden gegen die Korruption – und nimmt am Nachmittag einen Haufen »Dankeschön-Leistungen« entgegen. Und dann gibt es welche, die reißen Ähren aus am Sabbat und gelten als schmutzige Verräter – doch sie wirken mehr Heil als diejenigen, die sie anklagen. Wenn wir nur öfter mal hinter die Fassaden schauen könnten…

Kyrie
- Du kennst alle Menschen, vor dir ist nichts verborgen.
  Herr, erbarme dich.
- Ob wir gehen oder ruhen, es ist dir bekannt. Christus, erbarme dich.
- Wohin könnten wir fliehen vor deinem Geist? Herr, erbarme dich.

Lesungstexte

- Jak 1,17-18.21b-22 (Vorschlag: ohne Vers 27)
- *für Kinder:* »Sascha und Elisabeth« von Gudrun Pausewang; in: Dies.: »Friedens-Geschichten«; Ravensburger Buchverlag 1987, 62002, S. 15
(Der schmutzige Sascha ist der wildeste Kerl und deshalb ganz einsam, die alte Elisabeth ist einsam, weil sie blind ist und nicht gehen kann. Elisabeth schaut hinter die Fassade von Sascha – eine wunderbare Freundschaft beginnt.)
- Mk 7,1-8.14-15.21-23

Predigt

Liebe Gemeinde, verehrte Gäste.

Ostberlin, 1979. Die Hauptstadt der DDR soll wachsen. Elite aus dem ganzen Land soll hier komfortabel wohnen. In nur drei Jahren wird die große Siedlung Marzahn aus dem Boden gestampft – Hochhäuser für 170.000 Menschen. Die Bauweise ist einfach: Wände und Böden sind vorgefertigte Betonplatten, die an Ort und Stelle mit etwas Mörtel und Dichtungsmasse zusammengesetzt werden. Für die Bürger ein Traum – jede Wohnung hat ihr eigenes Bad!

Was haben wir doch für eine tolle Gesellschaft, mögen sich die ersten Bewohner der Plattenbauten von Marzahn gedacht haben; und ihre Führer haben sie bestätigt, immer am Jahrestag der Republikgründung, wo man im Gleichschritt marschierte und die Fahnen schwenkte. Da war die hübsche Fassade einer demokratischen Republik nicht nur an den Häusern zu sehen, sondern auch an Gesten und Getöse.

Als der »Westen« kam, war alles anders. Plötzlich wollte jeder nur noch weg aus den »Platten«, und in der Tat mussten die Hochhäuser von Marzahn in großer Eile saniert werden: So wie sie alle in nur drei Jahren hochgezogen wurden, drohten sie alle innerhalb von wenigen Jahren zu verfallen. Die schönen Fassaden haben das Zeitliche gesegnet – wie die Gesellschaft, die sie erbaut hat. Und beide schneller, als sie es erwartet hätten.

Da kamen nun also die Wessis, und brachten einen neuen Anstrich mit. Man pinselte die Hauswände, man wischte die alten Strukturen beiseite, man gab dem Begriff Demokratie eine andere Farbe. Jetzt glänzt auch im Osten wieder eine hübsche Fassade.

Was aber mit den Menschen? Früher machten sie heimlich Witze über Ulbrich, Honecker und Co, aber zum Lachen war ihnen dabei nicht. Und heute wäre so mancher glücklich, wenn alles nur ein Witz wäre, was sich Unternehmer und Bürokraten mit ihnen leisten.

Ich kann dabei einige von Ihnen, liebe Gemeinde, denken hören. »Bei uns hat auch alles seine Zeit gebraucht mit dem Wohlstand«, »Die können auch nicht alles auf einmal haben«; »Und arbeiten wollen die auch nicht wirklich, das haben die doch gar nicht gelernt«, »Da kann sich jetzt jeder einen tollen Wagen leisten, und schon fahren die wie die Wilden, das kennt man doch gleich«. Ich höre auch ganz anders denken: »Da kommen die Wessis und meinen, sie wüssten alles besser«, »Die sind ja alle so verwöhnt, denen kann man gar nichts recht machen«, »Früher hatte man ja noch eine tolle Gemeinschaft untereinander, aber das ist jetzt vorbei, da schaut jeder nur noch, dass es einem selber gut geht«.

So ein schönes, vereintes, renoviertes Deutschland haben wir also, und hinter den Fassaden brodelt es, egal ob in West oder Ost. Ganz zu schweigen auch von Armut und Gewaltbereitschaft und Ausländerfeindlichkeit. Oft genug zeigen biedere Bürger beim Anblick eines Afrikaners oder Asiaten ihr wahres Gesicht, und haben dann noch die Stirn zu behaupten: »Ich habe ja nichts gegen Ausländer, aber...« Da kann man sein Haus noch so herausgeputzt haben und jedes Mal sauber die Hände waschen, wenn man sich zu Tisch setzt oder vom Einkaufen kommt, der Mensch wird davon kein besserer.

So sind auch die Pharisäer in unserem Evangelium keine besseren Menschen, weil sie sich waschen vor dem Essen und wenn sie vom Markt kommen und damit ihre Reinheitsgebote befolgen. Jesus schafft es einmal mehr, dass die Herren, die immer alles so genau wissen, sich hinter die Fassade blicken lassen. Die Sache an sich ist ja nicht ganz verkehrt: Wer mag schon sein Wurstbrot mit dreckigen Fingern essen? Selbstverständlich wäscht man sich die Hände. Aber man tut es nicht, weil es sich um ein feststehendes Gebot handelt, weil man es eben tun muss. Die Pharisäer haben aus der Überlieferung gelernt, was sie zu tun haben. Und tatsächlich ist es »Überlieferung der Menschen«, wie Jesus es ausdrückt. Nur wir Menschen sind fähig, Dinge zu befolgen, die man schon immer so gemacht hat. Nur wir Menschen brauchen Sicherheiten, Rahmenbedingungen, die nicht hinterfragt werden, weil jede Frage dazu nur verunsichert. Was da auf uns zukommt und fremd wirkt, vom Ossi oder Wessi bis zum Ausländer, lässt sich in diese Überlieferung schwerlich einordnen – wie auch, das gab's ja früher nicht.

Damit der Mensch sich an etwas hält, braucht es offenbar die Form der Überlieferung. Und dem lieben Gott legt man so etwas als Gebot in den Mund. »Alles was der Herr gesagt hat, wollen wir tun« (Ex 19,8), erklärt das Volk Israel feierlich, bevor Mose die Zehn Gebote bekannt gibt – daraus ist später geworden: »Wir werden es tun, ohne weiter danach zu fragen.« Dass sich der liebe Gott aber mit jedem seiner Gebote etwas gedacht hat, erfah-

ren wir spätestens, wenn wir die Zehn Gebote mit Geboten aus anderen Religionen vergleichen und erstaunliche Parallelen feststellen. Da werden ganz logische und im Grunde banale Dinge festgeschrieben – alles, was für das menschliche Leben und Zusammenleben wichtig ist. Das zeigt sich auch an den Reinheitsgeboten: Es ist eine ganz banale Erkenntnis, dass ein Wurstbrot eben nicht schmeckt, wenn man auch noch den Staub der Straße und den Schmutz der Arbeit mitisst. Und auf Dauer wäre es außerdem recht ungesund.
Darauf kommt man aber nicht, wenn man stur dem Gebot folgt und auch keine Ausnahme duldet. Heute hat man damit weniger Probleme. Wer heute beim Spazieren gehen einen Maiskolben klaut, macht sich höchstens Sorgen, dass es der Bauer gesehen hat, nicht aber, wenn er den Mais auch mit ungewaschenen Händen sofort anknabbert. Lustig, dass man sich darüber aufregen könnte! Die Jünger Jesu haben das noch als Befreiung erlebt.
Gleichzeitig hat Jesus ihren Blick auf Dinge gelenkt, die wesentlicher sind als schmutzige Hände. »Nichts, was von außen in den Menschen hineinkommt, kann ihn unrein machen.« Wer sich nämlich darüber Gedanken macht, will sich womöglich zu anderen Dingen keine machen. »Sondern was aus dem Menschen herauskommt, das macht ihn unrein.« Zum Beispiel die schöne Fassade, hinter der so viele Vorurteile und so viel Hass stecken, so viel Unzufriedenheit und Verbohrtheit, so viel Spießigkeit und Feigheit – ganz wie bei den Pharisäern im hübsch renovierten Deutschland.

Fürbitten

- *Die Idee: Wir schauen in die Fenster der Häuser, machen sichtbar, was hinter der Fassade geschieht.*
- *Ausgelegt sind Bilder (aus Zeitungen, Zeitschriften), die zu den Themen der Fürbitten passen: Szenen von Freude und Spiel, Tristesse und Einsamkeit, Gewalt und Krieg.*
- *Möglichst große Plakatfläche, gestaltet wie »Manhattan«, eine Silhouette aus mehreren Hochhäusern. Die Fenster müssen in Anzahl und Format den Bildern entsprechen; Nadeln oder Klebeband zum Befestigen der Bilder.*

Guter Gott. Du willst nicht, dass wir nur eine schöne Fassade präsentieren, du willst uns als offene, ehrliche Menschen mit Stärken und Schwächen. So bitten wir dich:

1. Ich bitte dich, dass alle Menschen ihre Freude zeigen können, ohne dass der Neid anderer wieder alles zerstört. Lass die Kinder unbeschwert spielen und lass ihre Freude ansteckend sein. *Gott, Vater aller Menschen:*

Die Bilder von Freude und Spiel werden von den Kindern in die freien »Hochhausfenster« geheftet.

2. Ich bitte dich, dass niemand sich verschließt vor der Not der anderen. Zeige uns die Fenster, hinter denen jemand einsam oder traurig ist, damit wir uns kümmern.

Die Bilder von Einsamkeit und Tristesse...

3. Ich bitte dich, dass niemand müde wird, etwas gegen Krieg in der Welt und Gewalt in der eigenen Umgebung zu unternehmen. Lass uns die Fenster aufreißen und laut für den Frieden sprechen.

Die Bilder von Krieg und Gewalt...

Die Welt ist voller Ereignisse. Hilf uns, dass wir uns ihnen nicht verschließen, sondern das Gute aus ihnen herausholen. Darum bitten wir dich durch Christus, unseren Bruder. Amen.

23. SONNTAG IM JAHRESKREIS

Appetit auf Leben

Einführung

Drei berühmte Affen gibt es: Der eine hält sich die Ohren zu, der andere hat die Hand vor Augen, der dritte verschließt sich den Mund. Nichts hören, nichts sehen, nichts sagen. Die drei Affen sitzen in jeder Gemeinschaft, in jeder Gruppe, in jeder Familie – in der Gesellschaft von damals und von heute.

Jesus trifft auf einen, der für die Gesellschaft des alten Israel stehen könnte: auf einen Taubstummen, auf einen, der nichts hört und auch nichts sagt. Bevor auch sein Augenlicht noch nachlässt, und er sich endgültig verschließt, fängt er den Blick des aufmerksamen Menschensohnes auf, zu dem man ihn gebracht hat. Keiner kann ihn aus seiner Verschlossenheit herausholen, keiner kann ihm das Leben und den Kontakt zu den anderen Menschen wieder schmackhaft machen. Soll Jesus es versuchen.

Jesus steht heute uns gegenüber. Allen unter uns, die sich vor so vielem die Ohren zuhalten, allen, die lieber wegschauen als hinsehen, allen, die sich ihren Teil denken, aber niemals den Mund aufmachen. Kann er uns helfen?

Kyrie

- Herr, du legst deinen Finger in unsere Wunden. Herr, erbarme dich.
- Christus, du reichst uns, was wir zum Leben brauchen.
  Christus, erbarme dich.
- Herr, du bist das Brot vom Himmel, an dem wir satt werden.
  Herr, erbarme dich.

Lesungstexte

- Jes 35,4-7a
- *für Kinder:* »Achmed« von Kurt Hock; in: Erich Jooß (Hg.): »Das Brotwunder«; Freiburg (Herder) 1995, S. 170

(Eine Urlaubsgeschichte. Mit Achmed kann man nicht nur gut spielen. Er kümmert sich auch, als der andere mit hohem Fieber das Bett hüten muss. Sie sprechen zwar nicht dieselbe Sprache, aber wenn einer einem die Stirn kühlt und wartet, bis die Mutter vom Einkauf wieder zurück ist, das versteht man auch so.)

- Mk 7,31-37

Predigt

Liebe Gemeinde, verehrte Gäste.

Ich habe hier die Packungsbeilage eines Medikamentes in der Hand. Es wird »traditionell angewendet zur Stärkung oder Kräftigung des Allgemeinbefindens.« Ich habe das erhalten, als ich nach einem Appetitanreger fragte. Es gibt eine ganze Reihe solcher Mittel; der Apotheker musste nicht lange überlegen. Es gibt sie als Packung mit 20, 50, 100 und sogar 1000 Kapseln, sie haben so sonderbare »arzneilich wirksame Bestandteile« wie Glutamin, Aminopropansäure und Cyanocobalamin – das ist die korrekte chemische Bezeichnung für Vitamin B-12. Traditionell scheint man ohne die Zufuhr von Vitaminen nicht mehr auszukommen. Vitamine sind »Lebendigmacher«. Und, zweimal die Woche vor dem Essen eingenommen, wie mein Präparat hier, sind sie auch Appetitanreger. So kann man das Allgemeinbefinden stärken und kräftigen: Wer wieder Appetit hat, fühlt sich gleich viel besser.

Appetitlosigkeit ist es aber nicht allein. Sie ist nur ein Zeichen, dass mit dem Menschen etwas nicht stimmt. Es gibt so schleichende Krankheiten, die nicht einmal vom Arzt wirklich festgestellt werden können. Ermattung und Müdigkeit, Lustlosigkeit und Apathie. Und dazu eben auch noch kein rechter Appetit. Zu solchen Zeiten geht man wie schlaftrunken durch den Tag und kann nachts doch nicht schlafen. Ursachen kann das viele haben. Stresssituationen aller Art, privat, in der Schule, im Beruf. Verletzungen, die andere einem zugefügt haben durch Ausgrenzung oder böse Worte. Auf Über-

lastung und seelischen Schmerz reagiert unser Körper. Wir ziehen uns mehr und mehr zurück, werden einsilbig und stumm. Und manchen Eindrücken und Einflüssen gegenüber werden wir taub. Wir lassen nichts mehr so recht an uns heran.
So kann man taubstumm sein, ohne die Sprache und sein Gehör wirklich verloren zu haben. Und so kann man zweimal wöchentlich Appetitanreger zu sich nehmen und ab und zu eine Tablette sogenannter »Aufheller« – Mittel, die gegen Depression helfen sollen – und wird nach Ende ihrer Wirkung nur noch taubstummer sein. Die Vitamine können nicht ersetzen, was der Mensch jetzt wirklich braucht.
Jesus zeigt uns, was ein Mensch braucht, dem kein Arzt und kein Medikament helfen kann. Der Taubstumme steht vor ihm, eine ganze Menschentraube um die beiden herum. Zunächst passiert nicht viel mehr, als dass Jesus den Kranken ernst nimmt mit seinen Bedürfnissen. Wer sich abgeschottet hat, taub und stumm für seine Umwelt geworden ist, kann sich nicht wohl fühlen im Mittelpunkt einer neugierigen Menschenmenge. Eine Sofort-Heilung hier und jetzt, wie die Leute es sich vorgestellt haben, wäre erfolglos gewesen. Jesus geht fort mit dem Mann, »von der Menge weg«. Er folgt ihm dahin, wo er sich meistens aufhält, in die Einsamkeit. Und dabei kann der Mann spüren, dass sich der andere, der Fremde, für ihn und seine Nöte wirklich interessiert.
Miteinander können sie nun den Finger auf die Wunden legen, die den Mann schmerzen. Was ist es, das das Ohr taub gemacht hat? Was konnte der Mensch nicht mehr hören, was hat im Ohr so wehgetan? Und weil die beiden allein miteinander sind, weil sich Jesus dem Mann ganz zuwendet und vertraut geworden ist, kann Distanz überwunden werden. Hat der Mensch zuerst nichts an sich herangelassen, lässt er endlich wieder Berührung zu. Und er merkt, dass diese Berührung gut tut. Sie wirkt ihre Wunder, indem der andere sie wahrnimmt und nicht mehr taub dafür ist. Das ist seine Chance, auch Worte wieder wahrzunehmen und zu hören, dass es auch Worte gibt, die gut tun.
Da ändert sich plötzlich ganz viel im Leben. Was hat man schließlich davon, sich zurückzuziehen und voller Depression in den Spiegel zu sehen? Was hat man aber davon, sich wieder zu öffnen und vielleicht neu verletzt zu werden? Man lernt mit Verletzungen umzugehen. Man kann das Leben genießen, auch wenn es manchmal verletzend ist. Und so bekommt der taubstumme Mann langsam wieder Geschmack am Leben. Jesus gibt ihm etwas von seinem Geschmack: »Er berührte die Zunge des Mannes mit Speichel.« Jesus macht Appetit am Leben. Und er schenkt einem Menschen, dem schon

alles ausgetrocknet war, dass ihm wieder das Wasser im Mund zusammenläuft beim Gedanken an all die Dinge, die das Leben zu bieten hat.
Es braucht nur noch ein kleines, bestätigendes Wort: »Öffne dich.« Es sind nicht nur die Ohren und der Mund, die sich auftun, sondern der ganze Mensch. Er öffnet sich seiner Umwelt wieder, er verliert Ermattung und Müdigkeit, Lustlosigkeit und Apathie. Er ist wieder wach für den Tag und die Menschen und schläft sich aus in der Nacht. Wahrscheinlich ist er nach diesem Erlebnis erst einmal richtig essen gegangen.
Jesus »hat alles gut gemacht; er macht, dass die Tauben hören und die Stummen sprechen«. Und er tut es nicht, indem er Medikamente verschreibt, Vitamine zuführt und Glutamin und Aminosäuren. Sein Vitamin ist auch ein »Lebendigmacher«, ein Appetitanreger, sogar ein Vitamin B: Berührung. Und danach fragen Sie im Bedarfsfall nicht ihren Arzt oder Apotheker, sondern einen Menschen, den Sie lieben.

Fürbitten

- *Die Idee: Schokolade macht glücklich – ist aber doch nur ein Zeichen für die Zuwendung, die wirklich glücklich macht.*
- *Kleine Portionen Schokolade für die Kinder, in Extra-Körbchen am Ausgang später auch für die Erwachsenen.*

Guter Gott. Unsere Welt kennt so viel Leid, dass manche Menschen bereits taub dafür geworden sind und stumm. Wir bitten dich:

1. Viele Menschen haben Hunger und hätten so viel Appetit auf Leben. Andere haben Nahrung im Überfluss und haben auf nichts mehr Appetit. Hilf uns teilen, damit Hunger gestillt wird und das Leben wieder schmeckt. *Christus, höre uns.*
2. Viele Menschen haben Angst, sich zu öffnen, weil sie oft genug schlechte Erfahrungen machen mussten. Hilf uns dabei, andere zu akzeptieren, wie sie sind, damit auch durch uns das Wort Jesu seine Wirkung zeigt: »Effata. Öffne dich.«
3. Viele Menschen vertrauen allein auf Medikamente, weil für sie die natürliche Begegnung mit anderen Menschen ihre Kraft verloren hat. Hilf uns, diese Kraft zurückzugeben, indem wir natürlich und selbstverständlich auf andere zugehen.
4. Viele Menschen, auch in unserer Umgebung, leben einsam und verbittert, weil sie sich vom Leben nichts mehr erwarten. Hilf uns dabei, anderen Mut zu machen, damit ihnen das Leben wieder schmeckt.

Denn du kannst uns helfen, du bist der Gott, der unser Ohr berührt und uns hellhörig macht, du bist der Gott, der Appetit auf das Leben macht. Wir danken dir, dass du dich zeigst durch...

Ministranten bringen die Körbchen mit Schokolade herein. Als Zeichen für den »Appetit auf das Leben« dürfen die Kinder sich ein Stück Schokolade nehmen (und essen).

24. SONNTAG IM JAHRESKREIS
Gespaltene Doppelgänger

Einführung

Manche Menschen kommen uns ganz und gar rücksichtslos vor mit dem, was sie sagen. Dabei stellt sich ab und zu heraus, dass sie nur ehrlich waren und sagten, was sie dachten. Das haben wir vielfach verlernt, aus »Rücksicht«. Und wir haben verlernt, die ehrliche Meinung und ehrliche Worte auszuhalten, auch dann, wenn sie uns nicht schonen.

Leute, die ehrlich sind, befinden sich in guter Gesellschaft: Auch Jesus konnte rücksichtslos ehrlich sein. Da können wir zum Beispiel heute hören, wie er zu einem der bedeutendsten Jünger, zu Petrus, sagt: »Weg von mir, Satan, geh mir aus den Augen.« Jesus hatte an Petrus Kritik zu üben, und er hat damit nicht gespart.

Bevor auch wir uns schonungslos die Meinung sagen lassen müssen, gehen wir von selber in uns, denken wir selber nach über die Kritik, die es an uns zu üben gibt, und schicken wir sie selber zum Teufel:

Ich bekenne...

Kyrie

- Du bist der Weg, die Wahrheit und das Leben. Herr, erbarme dich.
- Du willst nicht, was Menschen wollen, du erfüllst den Auftrag deines Vaters. Christus, erbarme dich.
- Wer dich kennt, kennt auch den Vater. Herr, erbarme dich.

Lesungstexte

- Jak 2,14-18
- *für Kinder:* »Das kleine Herzchen namens Eri« von Dieter Troll; in: Theo Schoenaker, Britta Seeler-Kriemeyer (Hgg.): »Die Antwortfee und andere Ermutigungsgeschichten«; Freiburg (Herder) 1998, S. 101

(Das Herzchen Eri will nicht nur pochen und schlagen, es will mehr tun. Der König der Gedanken schickt ihm viele Diener – die Gefühle –, mit ihrer Hilfe soll Eri die Welt entdecken. Aber das ist gar nicht einfach. Eri wird erleben, wie man sich verschließen kann, wenn der Diener Angst einen festhält. Die Geschichte vom ehrlichen Umgang mit den eigenen Gefühlen muss etwas gekürzt werden.)

- Mk 8,27-35

Predigt

Liebe Gemeinde, verehrte Gäste.

Der Mensch unterhält sich gern mit sich selber. Ich zum Beispiel kann eine geschlagene Stunde lang in meinem Lieblingssessel sitzen, meine Katze streicheln und mit mir selber über die guten und die schlechten Dinge eines vergangenen Tages reden. Es wird mir nicht langweilig. Ich kann mir auch andere Personen vorstellen, die, denen ich begegnet bin an einem Tag. Und denen werfe ich an den Kopf, was ich alles hätte sagen wollen, vorhin noch, als ich ihnen wirklich gegenübergestanden habe. Da höre ich mich plötzlich schlagfertige Wendungen sagen oder tiefgründige Bonmots. Ich bin sonst auch nicht auf den Mund gefallen, aber die Fantasiegespräche, bei denen ich Sprecher und Zuhörer gleichermaßen bin, stellen die Realität in den Schatten.

Das können wirklich nur wir Menschen: sprechen und sich dabei zuhören, tun und sich dabei zusehen, denken und sich darüber wundern. Es ist so, als sei man doppelt auf der Welt. Der eine spricht und tut und denkt, der andere verschränkt dazu die Arme und schaut zu.

Der 1985 verstorbene Philosoph Helmuth Plessner teilt diesen Doppelgängern bekannte Begriffe zu: Den einen, der handelt, nennt er das Selbst oder die Seele. Der andere, der darüber reflektieren kann, das ist das Ich (vgl. »Die Stufen des Organischen und der Mensch«). Beide gehören zusammen. Jeder kennt schließlich den inneren Streit, den manchmal die Vernunft gegen das Gefühl auszutragen hat oder umgekehrt, wenn Ich eben etwas anderes soll als meine Seele mir rät.

So einen Streit führt man zum Beispiel, wenn in einsamen Stunden die Selbstgespräche kommen, in denen sich vor allem das Gefühl zu Wort meldet und sagt: »Ach, hättest du doch…!« Und es ist gesund, diesen Streit zu führen und ihn auszuhalten. Am Ende stellt sich das Gleichgewicht wieder ein, und die Chancen sind gut, dass man später in vergleichbaren Situationen anders reagiert – so nämlich, wie man es mit sich ausgemacht hat.

Manche haben dieses Streiten verlernt oder schlicht aufgegeben. Manche lassen nur einem der beiden inneren Doppelgängern die Oberhand und unterdrücken den anderen. Manche leben ganz besonders angepasst an ihre

Umgebung und Gesellschaft – aus den unterschiedlichsten Gründen. Meistens ist es das Gefühl, die Seele, die zugunsten der Vernunft, des Ich, zurückstecken muss. Ein bisschen unflexibel und humorlos, ein bisschen verständnislos für Träume und Ideen, ein bisschen kühl und berechnend sind doch manche unserer Zeitgenossen. Sie wissen wohl, was sie wollen, bleiben aber stumm auf die Frage, was sie dabei fühlen. Auf subtile und unbewusste Weise hat sich die reine Vernunft vom Gefühl abgespalten.
Wir kennen einen Spezialisten für Spaltungen dieser Art. Der ist kein anderer als der Satan. Sein deutscher Name »Teufel« kommt aus dem Griechischen, wo man ihn »Diabolos« nennt. Der Diabolos, der Teufel, ist der, der wieder durcheinanderbringt und entzweit, was Gott geeint und zusammengefügt hat. Spalten und entzweien kann der Teufel auch den Menschen in sich, seine beiden Doppelgänger.
So ist mit den harten Worten, die Jesus dem Petrus entgegenschleudert, nicht der Jünger selbst verteufelt, sondern nur das, was in ihm vorgegangen sein muss. »Weg mit dir, Satan!« heißt auch: »Hör auf, dich innerlich zu spalten und akzeptiere doch, was du eigentlich fühlst. Dann wirst du merken, dass alles so sein muss, wie ich es gesagt habe.«
Deutlich spricht die Vernunft aus der Reaktion des Petrus auf die Todesankündigung seines Meisters. Sterben will niemand! Und einen so wichtigen Menschen wie Jesus lässt man nicht gehen! Das tut man nicht! Wer so denkt, ist verrückt! Der Tod passt nicht in das Schema der reinen Vernunft.
Jesus ist hart. Er lässt Petrus schonungslos sein Innerstes sehen. Es setzt sich damit das Wunder fort, das er soeben in Betsaida vollbracht hat. Die Verse unmittelbar vor unserem Evangelium erzählen von der Heilung eines Blinden. Dieser glückliche Mann hat nun wieder Augen für die Welt um ihn herum. Petrus ist mit anderer Blindheit geschlagen. Ihm müssen die Augen geöffnet werden für die Spaltung seines Inneren. Es muss auch ihm wiedergegeben werden, was doch einmal spürbar da war: Diesem Jesus einfach nachzugehen, weil er gerufen hat – das war doch auch nicht vernünftig, sondern nur so ein Gefühl. Und damals hat die Vernunft mitgemacht. Damals hat es die Seele zu Jesus gezogen, und Petrus ließ in einer bewussten Entscheidung sein Fischernetz liegen (Mk 1,18).
Inzwischen ist so viel Zeit vergangen. Der Meister spricht und handelt und denkt. Die Jünger staunen und sehen zu. Sie reflektieren, und ihre Reflexion gipfelt im Bekenntnis: »Du bist der Messias.« Was es aber heißt, Messias zu sein, wie viel inneren Streit es mit sich bringt, wie stark Jesus selbst gekämpft hat mit Gefühl und Vernunft, angefangen bei dem Teufel, der ihn in der Wüste versucht hat, bis hin zum Gebet am Ölberg: »Lass diesen Kelch

an mir vorübergehen.« Doch Jesus ist eins mit sich geblieben, er hat dem Teufel in der Wüste widerstanden und den Kelch angenommen. Und er kann offen reden über seinen Tod.
Manchmal braucht es eben eine Menge Gefühl, um das Richtige zu tun, weil die Vernunft allein doch manchmal nur an das eigene Ich denkt. Diesen Blick will Jesus seinem Jünger öffnen. Wer sein Leben retten will, weil es die Vernunft gebietet, wird sich täuschen. Das Leben, in das Jesus auferstanden ist, gibt es nämlich nicht in unserer Vernunft. Das hat man nur im Gefühl.

Fürbitten

- *Die Idee: Der Mensch ist gespalten und verloren gegangen; wir suchen ihn und bringen wieder zusammen, was zusammen gehört.*
- *Ein großer Plakatkarton mit der Aufschrift »Mensch«, in vier Puzzle-Teile zerschnitten und im Kirchenraum verteilt, dazu eine Korkwand und Reißnägel.*

Guter Gott. Mit unseren beiden inneren Doppelgängern kommen wir zu dir und bitten dich:
1. Oft wissen wir nicht, was wir tun sollen – die Entscheidungen fallen uns schwer und wir fühlen uns innerlich leer. Hilf uns, auf unsere inneren Doppelgänger zu achten, auf Vernunft und Gefühl, und darauf, was beide uns sagen. *Wir bitten dich, erhöre uns.*
Kinder holen Teil 1 und befestigen es an der Korkwand.
2. Manchmal sind wir wie zerrissen. Wir spüren nur mehr ein kleines Stück von uns und fragen uns, wo unsere Ideen und Träume, unsere Kraft und Lebensfreude hingekommen sind. Hilf uns auf der Suche nach allem Verlorenen, damit wir wieder eins mit uns sind.
Teil 2
3. So oft wird nur nach der einen Hälfte gefragt: »Was hast du gelernt und gearbeitet, was hast du geleistet?« Lass uns die andere Hälfte nicht vergessen, bei uns nicht und nicht bei anderen; lass uns auch fragen: »Wer bist du und was hast du gern, wie geht es dir?«
Teil 3
4. Wenn wir liebe Menschen verloren haben, fehlt uns ein Stück. Gib uns das Gefühl, dass sie bei dir gut aufgehoben sind und dass wir sie wieder sehen werden in einem neuen Leben.
Teil 4
Denn du, allmächtiger Gott, willst, dass wir als ganze Menschen dieses Leben nach dem Evangelium leben und das ewige Leben bei dir gewinnen. Darum bitten wir dich durch Jesus Christus, deinen Sohn. Amen.

In einer bizarren Welt

Einführung

Mit einem Fotoalbum in der Hand.

Ich blättere oft in meinen Fotoalben. Besonders gern suche ich mir die Bilder heraus, auf denen ich noch ganz klein bin. Da hatte ich noch Fantasie, und mit einer Zeitung in der Hand, die ich in kleine Stücke zerreißen konnte, war ich einen ganzen Tag glücklich. So wenig braucht man.

Heute brauche ich schon mehr, um einen Tag lang glücklich zu sein. Es geht wohl vielen so. Da möchte man gern etwas erleben, möglichst viel und möglichst Spannendes, aber an wirkliche Abenteuer traut man sich nicht heran. Zu gefährlich. Wir sind anspruchsvoller geworden, aber doch auch ein ganzes Stück ängstlicher als ein kleines Kind.

Jesus hat es nicht leicht, seine Jünger in das Abenteuer zu entführen, das Tod und Auferstehung bedeuten. Die Reise in diese spannende und gefährliche Zeit will gut geplant sein. Vielleicht empfinden wir es ähnlich spannend, aber gefährlich. Vom Sterben Jesu hören wir oft, aber würden wir mit ihm gehen?

Kyrie

- Du nimmst uns an der Hand, wo immer wir sind. Herr, erbarme dich.
- Du zeigst uns die Wege, auch die schweren. Christus, erbarme dich.
- Mach uns bereit, dir zu folgen. Herr, erbarme dich.

Lesungstexte

- Jak 3,16 – 4,3
- *für Kinder:* »Der Himmelsbaum« von Erich Jooß; in: Ders.: »Weißt du, dass die Sterne singen?«; Freiburg (Herder) 2000, S. 13

(Niemand hat Zeit für Jakob, außer einem Mädchen, das sich in seine Träume schleicht und ihn mitnimmt auf eine bizarre Reise. Auf ihrer Trompete spielt sie auch gegen die Angst, die Jakob vor dem grässlichen Drachen hat, der Feuer spuckt. Als Jakob aufwacht, liegt die Trompete auf dem Tisch.)

- Mk 9,30-37

Predigt

Liebe Gemeinde, verehrte Gäste.

Japanische Touristen sind inzwischen sprichwörtlich. In Japan kann man achttägige Europareisen buchen und auf diese Weise täglich eine bis zwei europäische Hauptstädte besuchen. Selbstverständlich gibt es da keine schönere Erfindung als den Fotoapparat. Zu Hause kann man dann überrascht feststellen, wo man überall gewesen ist. Täuschen wir uns nicht: Es sind nicht nur die Japaner, die ständig ihre Kameras vor dem Gesicht haben; dieses Phänomen kennen wir Deutsche auch. Jeder Urlaub war erst richtig schön, wenn man ihn nachbereitet hat und wenn man sich an kalten, regnerischen Tagen an den Bildern aus dem sonnigen Süden ein wenig wärmen kann.

Vor zweitausend Jahren hatte man das Vergnügen noch nicht. Da sind es ausschließlich die Momentaufnahmen der Erinnerung, mit denen man ein geheimes inneres Fotoalbum füllt. Da muss man schon anders bei der Sache sein und einen scharfen Blick haben, damit die Bilder im Gedächtnis später nicht verschwimmen. Da kann man auch festhalten, was kein noch so empfindlicher Film festhält: Stimmungen und Atmosphäre, Geräusche und Gerüche und das Gespür für den Boden unter den Füßen.

So sind sie ausgezogen und haben einen Urlaub der besonderen Art gemacht – Jesus und seine Jünger. Sie haben Urlaub gemacht von den Menschenmassen, die sonst ihre ständigen Begleiter waren. Sie wurden ja selber zu oft bestaunt, als seien sie eine Touristenattraktion, ein achtes Weltwunder. Im Licht der Öffentlichkeit kommt man selber nicht dazu, mehr Licht in den Sinn des eigenen Lebens und Glaubens zu bekommen. Deshalb will Jesus nicht, dass irgendjemand von ihrer Reise erfährt.

Wo sie jetzt ganz unter sich sind, schenkt Jesus den Jüngern einige Motive für das Fotoalbum der persönlichen Erinnerung. Er knipst für einen Moment das Licht der nahen Zukunft an. Ein Mal hat er es bereits versucht, doch da war es wohl zu laut, als dass man den Lichtstrahl wahrgenommen hätte. Letzten Sonntag haben wir davon gehört. Die Jünger haben es nicht an sich herangelassen, zu viel Vernunft hat ihnen das Gefühl dafür genommen, dass alles so sein muss, wie Jesus es sagt. Heute nun also der zweite Versuch. In der Einsamkeit. Vielleicht können sie die Botschaft jetzt besser annehmen. »Der Menschensohn wird den Menschen ausgeliefert und sie werden ihn töten«, so steht unter dem ersten Bild der Zukunft. »Doch drei Tage nach seinem Tod wird er auferstehen.« Das zeigt die zweite Aufnahme.

Es passiert, was passieren musste: Vielleicht waren die Jünger zu lange schon verwöhnt mit den monumentalen Zeugnissen des Gottessohnes, mit Wundertaten wie aus einem Hochglanzprospekt. Vielleicht kommen sie sich vor – sie, die von Einsamkeit bisher nicht viel gespürt haben auf ihrem Weg mit Jesus –, als hätte sie ihr Reiseleiter in eine fremde Kultur entführt, in eine seltsame Kultur des Todes und der Auferstehung. Die nahe Zukunft, die ihr Leben grundlegend verändern wird, steht vor ihnen wie ein bizarres Gebäu-

de, grässlich und großartig zugleich. Seinen Sinn verstehen sie nicht, und sie scheuen sich zu fragen, weil der Reiseleiter nun einmal die Route vorgibt. Sie machen sich nur ein Foto für die Erinnerung. Und dann kehren sie um.
Sie kehren heim in ihre vertraute Welt, zu Frau und Kind, denen man nun etwas zu erzählen hat. Wären sie jetzt ehrlich, dann müssten sie sagen, was sie zwar gesehen, aber nicht verstanden haben. Was sie aber tatsächlich zu erzählen haben, darüber schweigen sie doch lieber, denn es sind die banalen Probleme einfacher Bürger: Anstatt sich auf das einzulassen, was ihre Reise ihnen geboten hätte, waren sie mit sich und ihren Träumen beschäftigt. »Mein Haus, mein Auto, meine Yacht.« Das ist wie die Strandgespräche auf Mallorca. Da hätte man auch zu Hause bleiben können.
Wer aber etwas werden will, soll sich nicht schonen. Der muss sich schon einlassen auf diese fremde Kultur des Todes, auf das bizarre Gebäude, das aussieht wie ein hölzernes Kreuz, der muss sein Blut und sein Leben einsetzen – wie der Bergsteiger sich in Gefahr begibt, um zum Gipfel zu kommen. Das Leben muss eigentlich Abenteuerurlaub sein, dann hat man wirklich etwas erlebt. Dann kann man auch die Welt der Auferstehung entdecken.
Abenteuer und Gefahr und fremde Welten voller Ungewissheit sind nicht für alle etwas. Zu viele haben sofort Wenn und Aber auf den Lippen, haben Sorge, dass ihnen etwas passiert. Da könnte man so viel verlieren. Dann wäre auch nichts mehr mit Haus und Auto und Yacht.
Es gibt aber jemanden, der hat diese Sorgen nicht. Der hat ihnen die Hand gegeben und vielleicht einen Kuss, er hat dann eher unbeachtet daneben gestanden und hat sich alles angehört. Und insgeheim hat er sich wahrscheinlich gewünscht, auch dabei gewesen zu sein. Jesus hätte in ihm auch sicher einen anderen Zuhörer gehabt, einen mit großen Augen, einen, der vielleicht auch nicht alles verstanden hätte, aber mit eingetaucht wäre in die seltsame Welt, die Jesus seinen Jüngern auf der Reise erschließen wollte. Es ist das Kind, das Jesus unvermittelt in die Arme nimmt.
Wer mit so einem Kind auch die Fähigkeit aufnimmt, ganz dabei zu sein und einzutauchen, wer die Dinge wieder so sehen kann, wie er sie als Kind selbst noch sehen konnte, kann sich auch einlassen auf das Abenteuer, das in naher Zukunft einen jeden erwartet. Er nimmt Jesus auf und seinen Vater. Er nimmt Tod und Auferstehung an, nicht mehr als fremde und erschreckende Kultur, sondern als Teil der eigenen Lebenswelt.
Mit so einem Kind an der Seite, mit einem eigenen kindlich klaren Blick, ist man nicht länger ein sprichwörtlich japanischer Tourist auf dieser Erde, der nur seine Fotos macht und schnell weiterreist, sondern lebt selbst, bewusst und ganz und gar, im Land der aufgehenden Sonne.

Fürbitten

- *Die Idee: Einen klaren Blick für die Welt und das Fremde in ihr können wir schulen; eine »Ausstellung« hilft uns dabei.*
- *Abstraktes Gemälde mit großen Farbflächen, Skulptur, großer Bogen Papier mit Wachsmalkreiden und einer Korkwand zum Anpinnen, leerer Bilderrahmen.*
- *Die Dinge sind angeordnet wie zu einer Ausstellung und zunächst abgedeckt (bis auf die Korkwand).*
- *Das leere Papier ist so ausgelegt, dass Kinder es im Verlauf des Wortgottesdienstes bequem bemalen können (Decken und Kissen bereithalten); Thema: »Was ich im Kirchenraum entdecken kann.«*

Guter Gott. Wir sind auf der Reise zu dir. Wir haben deine Nachfolge angetreten wie damals deine Jünger. Oft verstehen wir dich genauso wenig wie sie. Mit unseren Stärken und Schwächen sind wir jetzt bei dir:

Kinder decken das Gemälde auf und suchen, was sich finden lässt. Dann:

1. Unser Leben bietet uns so viele Farben und Formen. Um das Wesentliche zu entdecken, um dich in unserem Leben zu entdecken, müssen wir genauer hinsehen. Gib uns einen klaren Blick für das Wesentliche. *Du Gott des Lebens:*

Kinder decken die Skulptur auf und befühlen sie. Dann:

2. Vieles im Leben kommt uns fremd und seltsam vor. Um den Sinn dahinter zu begreifen, müssen wir darauf zugehen und dem Fremden unsere Hand reichen. Gib uns eine sichere Hand bei allem Fremden.

Kinder holen ihr eigenes fertiges Gemälde, stellen es kurz vor und pinnen es an die Korkwand. Dann:

3. Jeder Mensch sieht die Welt mit anderen Augen. Um die Welt richtig zu sehen, muss man sie manchmal aus einer anderen Perspektive betrachten, aus dem Blickwinkel eines anderen Menschen. Gib uns auch den offenen Blick eines Kindes, um die Welt und dich darin zu entdecken.

Kinder decken den Rahmen auf und fassen hindurch oder stellen sich dahinter auf. Dann:

4. Der Tod ist für uns wie ein düsteres Bild in einem schwarzen Rahmen. Doch jeder muss durch diesen Rahmen steigen und wird erkennen, dass dahinter eine neue Realität wartet, kein düsteres Bild. Gib uns den Mut, unsere Toten in dein Leben zu verabschieden und auch selbst bereit dafür zu sein.

Denn du zeigst uns mehr vom Leben, als wir auf den ersten Blick wahrnehmen, wenn wir uns nur darauf einlassen. Darum vertrauen wir dir in Jesus Christus, unserem Herrn. Amen.

Greenaways Erntealtar

Einführung

Da geht es uns allen doch recht gut, und trotzdem malen wir immer wieder den Teufel an die Wand. Wir feiern unsere Produktivität, unsere Erträge, unseren Überfluss – und sehen schwarz, wenn wir die Zukunft betrachten. Es scheint, als schwebe sie über uns wie ein dunkler Schatten.

Nichts ist sicher, trotz unseres reichhaltigen Erntealtars: ob der Benzinpreis je wieder sinkt oder ob unsere Ersparnisse durch den Euro wirklich dieselben bleiben – vor allem aber unsere Renten nicht. Die aktuellen Themen sind wie die Dämonen, von denen das Evangelium heute berichtet und die einige Männer austreiben, die nicht zu Jesus gehören. Lassen wir uns überraschen, was Jesus dazu sagt. Was er sagt, soll auch für unsere Zeit gelten.

Es gibt noch mehr Dämonen als Ökosteuer, Euro und Rentenreform, weitaus größere Dämonen. Sehen wir sie uns doch einmal an, die Dämonen unserer Zeit:

Kyrie

- *Die Idee: In Kyrie und Fürbitten ergänzen wir den Erntealtar um die Dinge, die zur Welt noch gehören, negative (Kyrie) und solche, die positiv wirken können, wenn man sie verantwortungsvoll einsetzt.*
- *Kinder erhalten die Texte und die dazugehörigen Gegenstände: Kantele (oder ein anderes kleines Zupfinstrument), (Hand-)Trommel, Trompete; ein Abspielgerät für eine Bläserfanfare (Tonträger) ist vorbereitet. Alle drei Instrumente bekommen als Unterlage jeweils ein schwarzes Tuch.*

1. *Kind mit Kantele:* Ich bin der Hunger. Meine Töne sind leise und schwach. Die Reichen der Erde hören mich kaum. Hoffentlich kannst du mich hören. Hilf mir, dass ich überleben kann. *(Die Kantele wird gespielt)* Herr, erbarme dich.
2. *Kind mit Trommel:* Ich bin die Krankheit. Meine Töne sind dumpf und laut. Ich schlage die Menschen. Kaum jemand kann etwas gegen mich tun. Hoffentlich willst du etwas gegen mich tun. *(Die Trommel wird gespielt)* Christus, erbarme dich.
3. *Kind mit Trompete:* Ich bin der Krieg. Meine Töne durchdringen die ganze Welt. Ich blase ganze Völker fort. Und andere Völker bereichern sich durch mich. Hoffentlich willst du mit anderen Mitteln reich werden. *(Das Kind setzt die Trompete an, Musik kommt jedoch vom Tonträger)* Herr, erbarme dich.

Die Instrumente werden bei den Erntegaben abgelegt.

Lesungstexte

- Jak 5,1-6
- *für Kinder:* aus »Der Kleine Prinz« von Antoine de Saint-Exupéry: Der Kleine Prinz besucht den Planeten des Geschäftsmannes (Kapitel XIII); Düsseldorf (Karl Rauch) 1956

(Der Geschäftsmann zählt die Sterne, denn er besitzt sie – sagt er. Der Besitz ist gewaltig, doch in den Augen des Kleinen Prinzen ist Besitz etwas anderes: er dient dem gegenseitigen Nutzen. Der Besitzer sorgt sich um seinen Besitz. »Aber du bist für die Sterne zu nichts nütze«, sagt er dem Geschäftsmann.)

- Mk 9,38-43.45.47-48

Predigt

Liebe Gemeinde, verehrte Gäste.

Peter Greenaway ist ein vielbeachteter Filmregisseur. Seine Filme haben so seltsame Titel wie »Z.O.O.«, »Der Koch, der Dieb, seine Frau und ihr Liebhaber« oder »Der Bauch des Architekten«. Und seine Filme lassen sich nie als schön bezeichnen. Peter Greenaway spielt gern mit Farben und ihrer Symbolik, er lässt seine Darsteller surreal spielen und surreal sprechen inmitten einer surrealen, verwirrenden und fremden Welt. Seine Bauten im Studio und alle Gegenstände, die er braucht, machen seine Filme üppig. Sie machen sie, genau gesagt, zu üppig und zu überladen. Es ist eine schwer verdauliche Kost. Nach Greenaway-Filmen braucht man einen Schnaps.

Würde man Greenaway den Auftrag geben, in einem Film den Zustand unserer Gesellschaft einzufangen, er hätte heute gewiss seine Kamera dabei und säße bei uns in der ersten Reihe. Am Ende wäre in seinem Film das Bild einer Kirche zu sehen, die bis unter das Gewölbe angefüllt ist mit Obst und Gemüse, Getreide und Brot, Blumen und Gräsern. Es wäre ihm nämlich nicht genug gewesen, was er bei uns gefunden hätte. Er hätte aus nächster Nähe sogar die Fliegen aufgenommen, die auf den Erntegaben sitzen würden nach zwei, drei Wochen. Er würde niemanden schonen mit seinen Bildern.

Was hätte er aber gezeigt von der Gesellschaft mit seiner Aufnahme von einem allzu üppigen und allzu übertriebenen Erntealtar? Es wäre ja fast so, als hätte er sich lächerlich gemacht über die Arbeit der Frauen, die sich jedes Jahr wieder Zeit nehmen und wirklich Mühe machen, um den Altar zu schmücken! Lächerlich gemacht auch über die Bauern und Arbeiter, mit deren Händen es überhaupt erst möglich war, eine reiche Ernte zu haben! Lächerlich gemacht schließlich auch über den einen Sonntag im Jahr, an dem die Kirche Gott ihren Dank sagt für das Lebensnotwendige, das uns aus der Natur geschenkt wurde.

Das aber wäre nicht seine Absicht gewesen. In der Übertreibung liegt kein Spott. Es liegt darin die bittere Wahrheit, dass die Erträge unserer Felder und Ställe immer üppiger und reicher werden – der Butterberg ist sprichwörtlich. Es häufen sich Berge von Milch und Fleisch, von Rüben und Kohl und Getreide an in unserem Land, aber Geld gibt es keines mehr dafür. Der Berg muss immer noch höher werden, die Felder immer noch voller und die Ställe immer noch größer, damit man davon anständig leben kann. Zu viele mussten es bereits aufgeben. Zu viele haben hier keinen Platz mehr.
Es ist doch auch in anderen Bereichen so, dass man den Menschen selbst gar nicht mehr richtig wahrnimmt, sondern ihn nur mehr an seinen Erträgen, an Leistung und Produktivität misst. Der Mensch selbst hat keinen Platz mehr. Auch die Geldberge wachsen unaufhaltsam – nur nicht da, wo es nötig wäre, da begraben sie einen höchstens unter sich. Von außen gesehen geht es uns gut. Butterberg und Geldberg – und Müllberg. Ganz Deutschland ist ein Alpenland, eine Zugspitze neben der anderen. Aber damit werden nur die Täler immer tiefer und die Gräben zwischen arm und reich immer weiter.
Damit will keiner sich zufrieden geben. Es muss doch einer Schuld sein, dass es aus manchem Tal keinen Ausweg mehr gibt, dass manche nie mehr nach oben kommen! Ist es die EU mit ihrer Subventionspolitik? Ist es unser eigener Staat mit seinen Plänen? Sind es die Firmen- und Finanzgrößen mit ihrem unstillbaren Hunger? So viele Schuldige gibt es in unseren Reden, und alle sitzen sie auf unerreichbaren Gipfeln.
Wer aber ganz oben sitzt, hat auch nicht viel vom Leben. Da wird die Luft dünn, der Wind bläst einem kalt ins Gesicht und die Umgebung wird beherrscht von Eis und Schnee. Kein Wunder, dass die da oben nichts anderes mehr wahrnehmen als Erträge, Leistung und Produktivität – sie dürfen ja selbst nicht anders sein; beim geringsten Fehler stürzen sie für immer ab in die nächstbeste Gletscherspalte.
Aber es sind nicht nur »die da oben«. Jeder von uns schaut doch, dass er seinen eigenen Berg aufschüttet und sein Scherflein ins Trockene bringt. Jeder von uns spart sich seinen kleinen Wohlstandshügel zusammen, sammelt Aktien oder Zeugnisse, Pokale oder Fanartikel, Arbeitszeit oder Urlaubsfotos. Ist es nicht schön, wenn auf irgendeinem Gebiet die anderen weit unter uns im Tal zurückbleiben müssen? Es verlangt heute so viel Mut, für die eigenen Bedürfnisse auf die Straße zu gehen und zu riskieren, dass man einen Tag später bereits auf der Straße sitzt, damit »die da oben« von ihren Gipfeln geholt werden. Es verlangt ebenso viel Mut, zu den eigenen bescheidenen Bergen nicht mehr so viel beizutragen, sondern anzunehmen,

dass man damit zwar eher auf dem flachen Land wohnt, aber dafür auf gleicher Ebene mit seinen Nachbarn.
Und Peter Greenaway müsste die Übertreibungen seines Films korrigieren. Er müsste akzeptieren, dass unser Erntealtar hier genau richtig ist. Wenn der Butterberg, der Geldberg und auch der Müllberg ein wenig nur zusammenschrumpfen, kann auch die Kirche nicht mehr bis unters Gewölbe angefüllt sein. Die Erträge, die messbare Leistung und Produktivität sind nicht mehr alles und nehmen dem Menschen nicht mehr seinen Lebensraum. Dann hat der Mensch auch wieder genug Platz für sich, seine Träume und Ideale. So, wie unser Erntealtar aufgebaut ist, ist es richtig: An den Erträgen eines Jahres darf man sich freuen, aber sie liegen zu unseren Füßen und können uns nicht überrollen wie eine Lawine. Und sie verdecken nicht, was über das Leben hinaus für uns zählt: den Altar Gottes, den Schöpfer des Lebens, dessen Ertrag und Leistung nichts weiter war, als uns Menschen zu einem freien und mutigen Leben zu ermuntern.

Fürbitten

- *Die Idee: s.o. Kyrie*
- *An möglichst viele Kinder verteilt sind: großformatiges Rechengeld (in Schulen vorhanden), Medikamentenschachteln, bunte Kartons DIN A 5 mit der Aufschrift »Friede« in möglichst vielen Sprachen, eine oder mehrere Waage(n).*

Guter Gott. Heute sind wir hier, um für die Ernte des Jahres zu danken. Viele Erwartungen haben sich erfüllt. Doch manches ist unerfüllt geblieben Wir bitten dich:

1. Für alle, die hungern müssen, obwohl es Berge an Nahrungsmittel gibt, die täglich verderben. Hilf uns durch eine gerechtere Verteilung allen das Lebensnotwendige zu ermöglichen. *Herr, unser Gott:*

Die Waage(n) werden zum Erntealtar gebracht; die Kinder überlegen, was durch gerechte Verteilung nun verschwinden kann: die Kantele, das Zeichen des Hungers (wird weggeräumt).

2. Für alle, die mit schweren Krankheiten geschlagen sind, obwohl Berge von Geld zur Verfügung wären, ihre Not zu lindern. Hilf uns, für sie unsere Hände zu öffnen.

Geld und Medikamentenschachteln werden abgelegt, dafür wird die Trommel (das Zeichen der Krankheit) weggeräumt.

3. Für alle, die unter kriegerischen Auseinandersetzungen zu leiden haben, obwohl viele sich bemühen, die Berge zwischen den Menschen abzu-

tragen und friedliche Lösungen zu suchen. Hilf uns durch deinen Geist, damit wir durch den Glauben die Berge versetzen.
Der »Friede« kommt zu den Gaben dazu, die Trompete wird weggeräumt.

Zu dir kommen wir mit unserer Ernte, denn du sollst der Sinn und das Ziel unseres Lebens sein. Mit deiner Hilfe vertreiben wir die dunklen Schatten der Zukunft, die Dämonen unserer Zeit. So bitten wir dich durch Jesus Christus, deinen Sohn. Amen.
Jetzt werden auch die schwarzen Tücher eingesammelt und weggeräumt.

27. SONNTAG IM JAHRESKREIS
Drahtseilakt

Einführung
Die Rippe. Sie begegnet uns in der ersten Lesung. Aus der Rippe des Mannes formte Gott die Frau, so beschrieben es die jahwistischen Verfasser des Buches Genesis wohl um 1000 vor Christus. In der Tat gleicht sich das Gerippe, das Skelett von Mann und Frau bis auf Einzelheiten, die nur Fachleuten der Anatomie ins Auge fallen. Von wem die Rippe stammt, ist kaum maßgebend. Mann und Frau sind von Grund auf eins.
Dass es um die Rippen herum so viele Unterschiede gibt, ist nach Ansicht des Alten wie des Neuen Testaments der Grund dafür, dass Mann und Frau sich ergänzen und entsprechend zusammenfinden. Und dass sie sich wieder verlieren können, wenn die offensichtlichen Unterschiede größer werden als die ursprünglichen Gemeinsamkeiten. So braucht es Recht und Gesetz, um das Zusammengehören und Zusammenleben von Mann und Frau zu regeln, und Gesetze, um das Auseinanderleben und die Trennung zu regeln. Was die Gesetzeslehrer sagen, hören wir im Evangelium; wir hören auch, wie Jesus darauf reagiert. Es wird sich herausstellen: Für uns Menschen, die wir doch nicht nur Recht und Gesetz brauchen, sondern selbstbewusste freie Entscheidungen treffen wollen, kann das Zusammenleben ein Drahtseilakt werden.

Kyrie
- Du weißt: »Es ist nicht gut, dass der Mensch allein bleibt.«
  Herr, erbarme dich.
- Du sagst: »Liebe deinen Nächsten wie dich selbst.«

Christus, erbarme dich.
- Du gibst den Menschen die Freiheit der Kinder Gottes und lässt uns niemals fallen. Herr, erbarme dich.

Lesungstexte
- Gen 2,18-24
- *für Kinder:* »Paul trennt sich« von Martin Baltscheit; Frankfurt (Alibaba) 1996

(Das Thema Scheidung einfühlsam aus der Sicht der Kinder: Papa und Mama gehen im Streit auseinander. Paul sitzt zwischen den Stühlen. Er entwickelt Pläne: Mal möchte er beide zusammenhalten, mal denkt er über eine Wiedervereinigungsmaschine nach, und auch das Verdoppeln hilft nicht. Schließlich gibt es von ihm nur noch Einzelteile... Das Buch hat einen offenen Schluss, so kann mit den Kindern gut reflektiert und weiter überlegt werden.)
- Mk 10,2-12 (Kurzfassung)

Predigt
Liebe Gemeinde, verehrte Gäste.
Es gibt Fragen, die kennt jedes Kind, und die kennen alle Eltern: »Darf ich noch Fernsehn schauen?« »Darf ich bei Oma schlafen?« »Darf ich heute länger aufbleiben?« So sind sie, die Kinder. Dabei sind viele Eltern schon froh, wenn die Kinder solche Fragen noch stellen und nicht alles, was sie gerne möchten, als selbstverständlich erlaubt ansehen. Die Eltern haben ihren Kindern eben etwas zu sagen, und da wird gefolgt, sonst setzt es was. Vieles können Kinder bis zu einem gewissen Alter noch nicht richtig abschätzen, deshalb tragen die Eltern ja auch die Verantwortung: »Eltern haften für ihre Kinder.« Es ist nicht böse gemeint, dass die jungen Damen und Herren noch um Erlaubnis fragen müssen.
Nach und nach lernen Kinder aber, eigene Verantwortung zu übernehmen. Die Eltern lernen in dieser Zeit auch: Sie lernen, ihren Kindern nach und nach die freie Entscheidung zu überlassen. Dass dieser Prozess für beide Seiten schwierig ist, zeigen Fragen, die vor nicht allzu langer Zeit durchaus üblich waren, inzwischen aber fast undenkbar geworden sind: »Darf ich studieren?« und »Darf ich heiraten?« Das Berufsleben und das Liebesleben gehören zu den Bereichen, in denen ein jeder auf seine Art selig werden muss.
Ein eigenständiges, eigenverantwortliches, erwachsenes Leben zu führen bleibt trotzdem ein Drahtseilakt. Der Weg, den wir einschlagen wollen, weil er uns richtig erscheint, erweist sich viel zu oft als ein schmales Seil über alle Abgründe, die sich privat und beruflich auftun. Die Gesellschaft zeigt uns

deutlich, wohin wir abstürzen können, wenn wir uns nicht festhalten an ihren Normen und Traditionen. Anfangs waren die Eltern unsere Gesellschaft und gaben uns ihre Richtlinien. Jetzt sind es auch die Arbeitgeber und Arbeitskollegen, die Freunde und Feinde, die Politik und die Kirche und nicht zuletzt die Schwiegereltern. Sie alle haben uns eine Balancierstange für unseren Drahtseilakt in die Hand gegeben, an der wir uns festhalten können, die aber weiterhin anfällig ist für die Schwerkräfte, die während des Weges auf uns wirken.

Es passiert uns, dass unterwegs völlig ungefragt der Hinweis steht: »Das darf man und das darf man nicht.« Ob es uns immer gefällt, spielt keine Rolle – eine Rolle aber spielt, dass es uns ein Stück eigene Verantwortung, die wir so mühsam übernommen haben, wieder abnimmt. Jemand, der solche Vorschriften macht, wird schon wissen, was er tut. Und im Zweifelsfall, wenn dabei etwas schief geht, hat man ja nur befolgt, was einer gesagt hat. Zu erleben war das ganz deutlich in den Verhandlungen gegen die Mauerschützen an der langjährigen deutsch-deutschen Grenze oder, noch früher, in den Nürnberger Prozessen gegen nationalsozialistische Größen. Manchmal tut es gut, die Verantwortung wieder abschieben zu können, an »Vater Staat« zum Beispiel.

Auch Gott ist unser Vater, ein Leben lang. Damit reiht er sich ein unter diejenigen, die uns mit ihren Vorschriften und Gesetzmäßigkeiten ein Leben lang eigene Verantwortung vorenthalten oder, je nach dem, Verantwortung für uns übernehmen sollen, wann immer wir es wünschen. Den Wunsch danach haben die Pharisäer im heutigen Evangelium mit ihrer Frage: »Darf ein Mann seine Frau aus der Ehe entlassen?« Sie fragen indirekt, ob Gott es wohl zuließe. Pharisäer richten ihr Leben streng nach den Geboten Gottes aus – das weiß auch Jesus. Im Grunde können Pharisäer nichts falsch machen – das meinen sie zumindest selbst –, denn sie handeln so, wie Gott es vorschreibt, und der wird schon wissen, was er tut. Jesus treibt es auf die Spitze und führt die Pharisäer vor. Selbstverständlich können sie ihm genau sagen, was Mose, das Sprachrohr Gottes, zum Thema geboten hat: »Mose hat erlaubt, eine Scheidungsurkunde auszustellen und die Frau aus der Ehe zu entlassen.« Sie haben sicher nicht nur diesen einen Satz gesagt, sondern wie aus der Pistole geschossen alle Gesetze aufgezählt, die eine Scheidung genauer regeln.

Wie aus der Pistole geschossen sind die Gesetzeslehrer auch bereit, die Frauen abzuschießen. Das beweisen sie im Johannes-Evangelium: »Meister, diese Frau wurde beim Ehebruch auf frischer Tat ertappt. Mose hat uns im Gesetz vorgeschrieben, solche Frauen zu steinigen. Nun, was sagst du?«

Wir wissen, was Jesus sagt: »Wer von euch ohne Sünde ist, werfe als erster einen Stein auf sie.« (Joh 8,3-7) So hart wie Stein sind die Herzen der Pharisäer, weil ja auch die Zehn Gebote in Stein gemeißelt sind.
»Weil ihr so hartherzig seid, hat Mose euch dieses Gebot gegeben.« Wahrscheinlich wäre es besser für Ehepartner, wenn sie sich trennen könnten, bevor ihre Liebe versteinert vor lauter Konventionen und Normen, bevor sie beide erstarren vor dem erhobenen Zeigefinger der Gesellschaft und dem bohrenden Blick des Pfarrers und bevor es nach dreißig, vierzig Ehejahren einfach nicht mehr geht. Ist das denn eine Liebe?
Liebe ist es dann, wenn zwei Menschen zusammenhalten, obwohl kein Verbotsschild dasteht mit der Aufschrift: »Du darfst deinen Partner, deine Partnerin nicht aus der Ehe entlassen.« Liebe ist es, wenn zwei Menschen das Leben miteinander versuchen, obwohl es in gesellschaftliche Abgründe zu stürzen droht und obwohl da ein großes Verbotsschild steht mit der Aufschrift: »So darfst du nicht heiraten.« Liebe ist es, wenn sich zwei Menschen als *ein* Fleisch spüren mit einem Herzen, das klopft, und nicht als steinernes Denkmal des Eherechts.
»Was Gott verbunden hat, das soll der Mensch nicht trennen.« Über wen Gott seine Hand hält, der schafft den Drahtseilakt des Lebens mühelos, denn er hält sich nicht an der Balancierstange der Gesellschaft fest, sondern an seinem Partner. Über wen Gott seine Hand hält, den kann auch der Abgrund nicht schrecken, weil er wirklich Verantwortung für seinen Weg übernommen hat. Was Gott verbunden hat, hält auch ohne Vorschriften. Es sei denn, sie sind beide so hartherzig, dass man sie nicht einmal den ärgsten Feinden als Ehepartner wünschen würde.

Fürbitten

- *Die Idee: Wir spüren, was es heißt, gehalten und gestützt zu werden bei den Schritten auf den eigenen Füßen.*
- *Springseil (ausgelegt auf dem Boden); Sportbank bzw. Langbank (aus einer Schule), Augenbinde (beides zunächst nicht zu sehen)*

Guter Gott. In unserem Leben wollen wir auf eigenen Füßen stehen, und doch werden wir in viele Richtungen gezogen. Wir bitten dich:
1. Für alle Menschen, die den Boden unter den Füßen verloren haben. Gib ihnen Halt und Sicherheit und die Gewissheit, dass du den Boden niemals weggezogen hast. Zeig ihnen, dass sie den Boden nur einfach nicht mehr wahrnehmen konnten. *Herr, unser Gott:*
Ein Kind probiert auf dem Seil zu gehen – der Boden stützt.

2. Für alle Menschen, die noch etwas wagen und sich für die Welt, für die eigene Umgebung und die eigene Familie einsetzen. Gib ihnen den Mut, geradeaus zu blicken. Verhilf ihnen zu sicheren Schritten, damit sie ihr Ziel erreichen.
Die Bank wird hereingebracht und umgedreht aufgestellt. Ein Kind balanciert von einem zum anderen Ende.
3. Für alle Menschen, die eine lange und dunkle Zukunft vor sich haben, und für alle, die keinen Sinn mehr im Leben sehen. Gib ihnen Menschen an die Seite, die ihnen Halt sind und die sie sicher führen können.
Ein Kind bekommt die Augenbinde umgebunden, ein anderes / mehrere andere führt/en es auf dem Balken.

Denn du, allmächtiger Gott, hast uns den Weg zu dir gezeigt und willst, dass wir dieses Ziel erreichen, durch Christus, unseren Herrn und Wegbegleiter. Amen.

28. SONNTAG IM JAHRESKREIS
Kamele wie wir

Einführung
Ein sympathischer junger Mann begegnet uns heute. Er stellt sich Jesus in den Weg und will ihm nachfolgen. Das könnten auch wir sein. Wir stehen genau wie der junge Mann vor Gott und behaupten, als Christen würdige Nachfolger und Nachfolgerinnen zu sein. Alle Gebote hat er befolgt, der junge Mann – darum bemühen auch wir uns jeden Tag. Nur von seinem Reichtum kann er nicht lassen. Und geht traurig weg. Was uns manchmal hindert in der Nachfolge als Christinnen und Christen muss nicht Geld sein; es gibt so viel, was wir nicht lassen können. Bringen wir all die unnötigen und doch ewig mitgeschleppten Lasten unseres Lebens vor Gott hin: Ich bekenne…

Kyrie
- Du bist gekommen, um die Menschen zu retten, nicht zu richten. Herr, erbarme dich.
- Du verschaffst denen Ruhe, die mühselig und beladen sind. Christus, erbarme dich.
- Du hast Worte des ewigen Lebens. Herr, erbarme dich.

Lesungstexte

- Weish 7,7-11
- *für Kinder:* »Die Geschichte vom klugen Kamel« von Ursula Wölfel; in: Dies.: »Das Lachkind und 99 andere ausgewählte Geschichten«; Stuttgart (Thienemann) 1993, S. 224

(Ursula Wölfel liefert den Beweis: Kamele sind alles andere als dumm. Ein Kamel wird entführt. Als der Dieb sich in sein Zelt begibt, legt sich das Kamel in den Eingang, so dass der Weg für den Dieb versperrt bleibt. Durch sein Geschrei lockt er außerdem die Leute an, denen das Kamel gehört. Was man mit Körperfülle alles erreichen kann!)

- Mk 10,17-27 (Kurzfassung)

Predigt

Liebe Gemeinde, verehrte Gäste.
Sie sind ein Kamel. Und Sie auch. Und ich bin auch ein Kamel. Die meisten Menschen sind Kamele. Das ist jedoch hier, bitte, kein Schimpfwort! Ich will Ihnen erklären, warum es zwar kein ausgesprochenes Lob ist, aber eben auch kein Schimpfwort.
Als Reit- und Lasttiere sind sie in manchen Ländern unentbehrlich. Für Handelskarawanen werden sie heute noch mit Waren und Geldsäcken beladen, sie dürfen den Reichtum schleppen, der anderen gehört. Ihr Reichtum sind die Fetthöcker, die viel Nahrung aufnehmen, ihre 800 Wasserspeicherzellen für die problemlose Reise bis zur nächsten Oase, die schnellen Beine und ihre Gutmütigkeit. Es gibt also eigentlich nur gute Eigenschaften. Das reicht aber noch nicht aus, um Ihnen zu erklären, warum wir meistens Kamele sind und warum es nicht böse gemeint ist. Zufrieden werden Sie erst sein nach diesem einen und einfachen Argument: Weil es im Evangelium steht. Sie meinen, das müssten Sie irgendwie überhört haben? Sie meinen, da sei nur von ganz konkreten Menschen die Rede gewesen? Ja, auch... Lassen wir also zunächst das Kamel und reden wir erst einmal über die konkreten Menschen:
Da haben wir den Mann, der sein Leben nach Gottes Geboten ausgerichtet hat und nun offensichtlich selbst spürt, dass das allein noch nicht reicht. Er würde Jesus sonst nicht fragen. Er wäre sonst so überzeugt wie die Pharisäer – eine Gruppe im alten Israel, die ihr Leben ebenfalls streng nach den Geboten Gottes ausrichtet –, das ewige Leben bereits sicher zu haben. Dass er so überzeugt nicht ist, macht ihn für Jesus wohl so liebenswert. Und er nennt ihm kurz und bündig, was ihm noch fehlt: »Geh, verkaufe, was du hast, gib das Geld den Armen.« Das ewige Leben liegt ja in der Zukunft, und um in die Zukunft zu gehen, muss man die Zelte der Vergangenheit abbrechen.

»Du wirst einen bleibenden Schatz im Himmel haben.«
Jesus hätte ihm jetzt eines seiner unzähligen Gleichnisse erzählen können, nämlich das von dem Schatz im Acker, für den ein Mann alles verkauft, was er besitzt, um den Acker zu kaufen und den Schatz zu heben (Mt 13,44). Aber Gleichnisse sind nur etwas für Menschen, die die Wahrheit nicht direkt vertragen. Hier sagt Jesus es direkt und unverblümt: »Geh, verkaufe, was du hast, gib das Geld den Armen und du wirst einen bleibenden Schatz im Himmel haben.« Aber das war wohl etwas zu viel, vielleicht wäre das Gleichnis doch angebracht gewesen. Weil Jesus, wie es heißt, den Mann liebte, hat er für einen Augenblick wohl vergessen, dass es Menschen gibt, die sich nicht trennen können von Besitz und Vergangenheit, die zwar gerne möchten, aber den letzten Schritt nicht gehen. Aus Angst vor der Zukunft. Wollen und nicht tun – das ist der reiche Mann.
Wir haben aber noch andere konkrete Menschen: die Jünger Jesu. Sie sind bestürzt, weil nun alles aus zu sein scheint für den reichen Mann. »Wer kann dann noch gerettet werden?« Wer erfüllt die Maßstäbe zum Erwerb des Schatzes im Himmelreich? Wer kann ihn dann noch heben aus seinem Acker, wo er schon lange, lange Zeit vergraben sein muss und wo ihn noch niemand zu finden vermochte? Die Jünger selbst, und das ist ein gutes Zeichen, fiebern mit bei dem Gespräch zwischen Jesus und dem reichen Mann. Er ist ihnen nicht egal.
In dem reichen Mann erkennen sie sich selbst und ihre eigene Berufungsgeschichte. Sie waren nicht freiwillig gekommen, um mit Jesus zu ziehen. Jesus hatte sie damals nicht lange gefragt. »Kommt her, folgt mir nach! Ich werde euch zu Menschenfischern machen.« (Mk 1,17) Das ist so kurz und bündig wie die Aufforderung an den reichen Mann. Auch kein Gleichnis und kein Wunder. Die Fischer am See Genesareth haben die Wahrheit vertragen und haben alles zurückgelassen – sie haben es nicht einmal verkauft. Nicht wollen und doch tun – das sind die Jünger Jesu.
Zwischen den beiden Extremen, zwischen dem reichen Mann, der will und nicht handelt, und den Jüngern Jesu, die nicht wollten und doch gehandelt haben, genau in der Mitte der Geschichte steht das Kamel. »Eher geht ein Kamel durch das Nadelöhr, als dass ein Reicher in das Reich Gottes gelangt.« Die Menschen, die Jesus zuhören, sehen vor sich das Bild einer Handelskarawane, deren reich beladene Kamele durch ein ganz bestimmtes Tor keinen Zugang zur Stadt Jerusalem erhalten, weil es zu eng ist – alle nennen es das Nadelöhr. Vielleicht gelingt es einmal doch. Wenn die Kamele ein paar Waren und Geldsäcke nur abladen, das, was andere ihnen aufgeladen haben, kann es vielleicht schon gehen. Wenn die Stadt das Tor einmal etwas brei-

ter macht, kann es auch gehen. Wenn wir Menschen – und dazu sind die meisten bereit – auf ein bisschen nur verzichten, weil vieles uns doch nur aufgeladen wurde und uns nicht wirklich bereichert, dann können wir vielleicht schon ins Himmelreich gelangen. Wir müssen ihm nur noch entgegengehen. Wenn Gott selbst das Tor für uns verbreitert, damit wir es gerade noch passieren können, wenn Gott also seine Barmherzigkeit erweist, dann geht es auch. Selber wollen und ein Stück auch tun, und wollen, dass Gott etwas für uns tut – das ist der Mittelweg.
»Denn für Gott ist alles möglich« – sogar eine liebevolle Wohnung in seinem Reich und der unendlich wertvolle Schatz des ewigen Lebens für Kamele wie uns.

Fürbitten

- *Die Idee: Das Kamel ist zu schwer beladen; so kommt es nicht durchs »Nadelöhr«. Wir verteilen die Lasten unter uns, denn es sind nützliche Waren.*
- *Stellwand (Moderationswand), mit weißem Papier bespannt; auf dem Papier ist der Schattenriss eines großen Kamels zu sehen (Farbe, Karton od. Projektion per Tageslichtprojektor). Für die Kinder sind kleine Blätter mit ebenfalls einem Kamel darauf vorbereitet – zu Beginn der Fürbitten werden sie ausgeteilt. Es empfiehlt sich, an den Bankreihen, wo die Kinder üblicherweise ihre Plätze haben, Körbchen mit ausreichend vielen Klebestiften bereitzustellen.*
- *Zunächst ist das Kamel über und über bedeckt mit angehefteten Kartonteilen in diesen drei Formen (in jeweils anderer Farbe): Paragraphenzeichen, Buch, Herz.*

Guter Gott. Beladen mit unserem Wollen und Handeln stehen wir vor dir und bitten dich:

1. Deine Gebote wollen wir halten, denn sie helfen uns zum guten Miteinander. Hilf allen Menschen, danach zu handeln, damit dein Reich schon jetzt unter uns sichtbar wird. *Herr, unser Gott:*
Die Kinder dürfen dem großen Kamel die Paragraphenzeichen abnehmen und sich eines für ihr eigenes Blatt holen.
2. Von dem Wort deines Sohnes wollen wir uns betreffen lassen, denn es gibt unserem Leben Richtung und Ziel. Hilf allen Menschen, das umzusetzen, was es verlangt, damit wir dein Reich unter uns aufbauen können.
Jetzt werden die »Bücher« abgenommen.
3. So viel wollen wir gerne und tun es nicht. So vieles wollen wir nicht und tun es doch, weil es das einzig Richtiges ist. Hilf allen Menschen, dass sie Kraft haben für das, was ihr Herz ihnen sagt, damit niemand traurig weggehen muss.

Zuletzt die Herzen. Die Kinder können alle drei Symbole einkleben.

Wir verteilen die Lasten und helfen einander tragen. In deiner Hand liegt unser Leben, in deiner Stadt willst du uns empfangen, bei dir sollen wir das ewige Leben haben durch Christus, der uns leitet. Amen.

29. SONNTAG IM JAHRESKREIS
Zwischen zwei Stühlen

Einführung

Hoffentlich sitzen Sie gut. Hoffentlich reicht der Platz aus in unserer Kirche. Nicht, dass Sie stehen müssen! Für diesen Fall haben wir natürlich Reservestühle. Sie dürfen sich ruhig melden, dann bekommen Sie gleich einen Platz. Es werden sogar die Ehrenplätze sein.
Im Evangelium geht es um einen kleinen Streit, wer von den Jüngern die Ehrenplätze rechts und links von Jesus einnehmen darf. Wir haben sie hier – die Ehrenplätze. Schauen wir sie uns an, vielleicht eignet sich einer davon auch für uns:

Kyrie

- *Die Idee: Stühle, auf denen man sitzen kann im Leben, werden vorgestellt und ausprobiert.*
- *verschiedene Stühle: Barhocker, Priestersitz, kaputter Stuhl, schwarzer (schwarz verkleideter) Stuhl; dazu jeweils verschiedene Gegenstände als Ersatz für die Stühle (s. Fürbitten): Globus (auch aufblasbar), Freundschaftsband, großer Stein, Grablicht. Kinder holen einen Barhocker herein; er ist mit einem großen roten oder goldenen Tuch bodenlang verkleidet. Ein Kind darf ausprobieren und hinaufklettern.*

1. Wir sitzen so gern hoch oben. So kann man auf andere herabschauen. Du aber bist nicht gekommen, um dich bedienen zu lassen, sondern um zu dienen. Herr, erbarme dich.

Ministranten bringen den Priestersitz und erklären auf die verwunderte Frage des Priesters: Ein Pfarrer sitze auch so weit vorne und irgendwie herausgehoben, und außerdem gehöre ein Pfarrer zu den Menschen, die immer alles besser wissen. Ein Ministrant könnte den zweiten Abschnitt lesen:

2. Wir wissen gern alles besser und haben Rezepte für alle Lebenslagen. Du aber gibst den Menschen keine Ratschläge, sondern bist aufmerksam darauf, was du für sie tun kannst. Christus, erbarme dich.

Kinder bringen den kaputten Stuhl und versuchen, ihn zu reparieren. Sie müssen feststellen, dass das nicht geht.

3. Wir sehen so viel kaputt gehen auf dieser Welt: Familien, Völkergemeinschaften und unsere Umwelt. Manchmal sind wir traurig, weil wir nichts dagegen tun können. Du aber zeigst uns einen Weg aus dem Unglück und bezahlst mit deinem Leben als Lösegeld für viele. Herr, erbarme dich.

Der Priester stellt einen schwarzen Stuhl neben die anderen und setzt sich darauf zur Vergebungsbitte:

So viele Menschen haben ihr Leben lassen müssen, ohne von Schuld frei zu sein. Bevor unser eigenes Leben zu Ende geht und wir auf dem schwarzen Stuhl des Todes sitzen, Herr, lass uns arbeiten und unsere Schuld begleichen. Erbarme dich unser, nimm von uns Sünde und Schuld und führe uns einst in dein ewiges Leben. Amen.

Lesungstexte

- Hebr 4,14-16
- *für Kinder:* »Juli wird Erster« von Jutta Bauer, illustriert von Kirsten Boie; Weinheim (Beltz) 1996

(Juli hat zum Geburtstag ein Fahrrad bekommen. Das hat allerdings noch Stützräder. Und das trägt ihm den Spott von Wanja und Carolin ein. Bald kann Juli ohne Stützräder fahren, was für ein Gefühl! Nur das Wettrennen mit Wanja und Carolin endet in einem Fiasko. Aber als Juli dann gegen den viel älteren Dennis auf dem Mofa gewinnt, hat Juli wieder dieses wunderbar glückliche Gefühl.)

- Mk 10,35-45

Predigt

Liebe Gemeinde, verehrte Gäste.

Kennen Sie das Gefühl, zwischen zwei Stühlen zu sitzen? Zwei Stühle, das sind zwei Angebote, zwischen denen Sie entscheiden müssten, zwei Meinungen, die beide ihr Recht beanspruchen, zwei Forderungen, denen Sie nachkommen müssten. Auf zwei Stühlen gleichzeitig sitzen kann niemand, und auf zwei Hochzeiten tanzen auch nicht. So landet man in der Mitte, unsanft auf dem harten Boden, und ist sichtbar tief gesunken, obwohl man es doch beiden recht machen wollte. Tiefpunkt statt Hochzeit. Die Stühle links und rechts sind unbesetzt geblieben, und das befriedigt keinen.

Wie schön haben es da Jakobus und Johannes, die »Donnersöhne«, wie sie bei Markus auch heißen (Mk 3,17). Sie donnern daher mit ihrer festen Vorstellung von der Zukunft. In allem haben sie sich endgültig entschieden, zwischen den Angeboten, den Meinungen und den Forderungen ihrer Zeit und Situation. Jesus hat sie zu Jüngern berufen – das war ein tolles Angebot. Jesus lehrt »wie einer, der Vollmacht hat« (Mk 1,22), »und was sind das für Wunder, die durch ihn geschehen!« (Mk 6,2) – da kann man nur einer Meinung sein, selbst wenn Jesus da und dort abgelehnt wird. Und im Gefolge Jesu ist ein vernünftiger Ausgleich für seine radikalen Forderungen in Sicht. Das Reich Gottes! Was für eine Zukunft.

Mit ihrem Selbstbewusstsein machen Jakobus und Johannes ihrem Beinamen alle Ehre. »Lass in deinem Reich einen von uns rechts und den andern links neben dir sitzen.« Sie poltern ins Reich Gottes hinein, getragen von der Welle des Erfolgs und der Euphorie einer guten Entscheidung, mit einem lauten: »Auf uns habt ihr gewartet, und hier sind wir«. Dass da zwei Stühle stehen, in diesem Reich, rechts und links, macht ihnen gar nichts – sie besetzen einfach beide.

Ein bisschen ist es wie die »Reise nach Jerusalem«, ein Spiel, das Kinder gerne spielen. Man muss schnell sein, um einen Platz zu bekommen, denn die Stühle werden immer weniger. Den letzten beißen die Hunde. Es scheint so, als sei der Platz im Reich Gottes begrenzt. Wer zuerst kommt, erhält die besten Plätze, die Ehrenplätze, ganz vorne rechts und links.

Man kann doch sowieso an einer Hand abzählen, wer dort noch einen Stuhl kriegt. Letzte Woche, Sie erinnern sich, ist in diesem Spiel um das Reich Gottes wieder ein Stuhl weggenommen worden: Der reiche Mann hat verloren, weil er nicht verzichten wollte. Die Panik wächst. »Wer kann dann noch gerettet werden?« fragten sich die Jünger (Mk 10,26). Kein Wunder, dass die anderen sich ärgern, wenn zwei sich auf die wenigen Stühle drängeln, dass sie sich beschweren und nach einem Schiedsrichter rufen. Es geht ihnen allen ähnlich. Wer ist der nächste Verlierer auf der »Reise nach Jerusalem«?

Doch alle spüren, dass dies kein Spiel mehr ist. Unwiderruflich befinden sie sich alle, Jesus und seine Jünger und unter ihnen Jakobus und Johannes, auf der Reise nach Jerusalem. In wenigen Tagen werden sie dort einziehen und empfangen werden. Da umspült sie noch einmal die Welle der Begeisterung, von der sie sich getragen glauben auf ihrem Weg in die Heilige Stadt. Aber Jesus hat ihnen lange schon eine ganz andere Welle angekündigt: eine Welle der Gewalt, eine wahre Todesflut. Ehe sie sich's versehen, werden sie ihrer Entscheidung nicht mehr so recht trauen. Sie werden sich wünschen, einem anderen Angebot gefolgt zu sein, eine andere Meinung vertreten zu haben, eine andere Forderung erfüllt zu haben. Ehe sie sich's versehen, werden sie, wo sie doch auf beiden Stühlen sitzen wollten, rechts und links, zwischen den Stühlen sitzen.

Gewarnt sind sie: »Könnt ihr den Kelch trinken, den ich trinke, oder die Taufe auf euch nehmen, mit der ich getauft werde? – Ihr werdet.« Sie bekommen damit zwei Plätze zugewiesen, auf die sie sicher gern verzichtet hätten: Die Ehrenplätze auf dem Berg Golgotha, rechts und links von Jesus, warten immer wieder auf neue Gäste. Die zwei Räuber, die mit Jesus gekreuzigt werden, rücken gern ein Stück zur Seite.

Sie werden tief sinken, nicht überheblich auf Herrscherthronen sitzen, sondern unsanft auf dem Boden der Tatsachen. Sie werden keine Macht haben, die sie missbrauchen könnten, sondern selbst zwischen die Mühlen der Mächtigen geraten. Zwischen den Stühlen werden sie sitzen. Dort werden sie erkennen, dass auch Jesus nie auf einem Thron gesessen hat, sondern immer zwischen den Stühlen. Auf die Erde ist er gekommen, auf dem Boden ist er geblieben.

Das zu hören, tut gut. Es gibt heute so viele Menschen, die nicht wissen, welches Angebot sie noch wahrnehmen sollen, welcher Meinung sie sich anschließen sollen und welche Forderung nun wirklich berechtigt ist. Und wer sich nicht schnell entscheidet, dem wird der Stuhl noch unter dem Hintern weggezogen. Zu viele Stühle sind aufgestellt für unsere moderne »Reise nach Jerusalem«, für die Reise in unsere persönliche und gesellschaftliche Zukunft, und zu schnell werden die Runden gespielt und die Stühle weniger. Verlierer, die das Tempo dieses Spiels nicht mithalten konnten und schließlich unten am Boden sitzen, gibt es viele.

Es gibt einen, der sich solidarisiert, der dort auf dem Boden, zwischen den Stühlen, keinen allein lässt. Jesus ist nicht gekommen, um oben zu sitzen und Sieger zu sein. Er hat verloren. Und er zeigt uns, wie das Leben gehen soll: Das Reich Gottes ist dann mitten unter uns, wenn es vorbei ist mit der »Reise nach Jerusalem«, wenn restlos alle Stühle beiseite geräumt sind, wenn alle – noch ein wenig außer Atem, aber glücklich – auf dem Boden sitzen. Dann wird man merken, dass nicht nur die Donnersöhne rechts und links neben Jesus sitzen, sondern auch die beiden Räuber vom Berg Golgotha; und auch damit nicht genug: Rechts und links ist für uns alle Platz.

Nehmen wir die Stühle, die man uns anbietet, nicht so wichtig. Fördern wir nicht auch noch das Spiel, bei dem so viele verlieren. Gönnen wir uns lieber das Gefühl, auch zwischen den Stühlen auf dem Ehrenplatz zu sitzen.

Fürbitten

Guter Gott. Jeder Mensch hat seinen Platz auf der Welt und einen Stuhl, der zu ihm passt. Wenn wir zueinander finden wollen, müssen wir jedoch auf diesen Stuhl verzichten. Wir bitten dich:

1. Für die Mächtigen der Erde, die ganz besonders hoch sitzen. Hilf ihnen beim Abstieg von ihren Thronsesseln, damit sie unten auf dem Boden ihre Macht einsetzen für Gerechtigkeit und Frieden in der Welt. *Gott, unser Vater:*

Der Barhocker wird weggeräumt und stattdessen ein Globus aufgestellt.

2. Für die Menschen, die immer alles besser wissen und immer richtig sitzen. Hilf ihnen beim Abschied von ihrem gepachteten Recht, damit sie auch andere Menschen und andere Völker etwas gelten lassen.

Der Priestersitz wird weggetragen und stattdessen ein Freundschaftsband abgelegt.

3. Für die bedrohten Menschen auf dieser Welt, die auf einem wackeligen Stuhl sitzen und ihren Platz verlieren sollen. Hilf ihnen, dass sie starke Partner finden und sich zur Wehr setzen können gegen Hass und Gewalt.

Der kaputte Stuhl wird weggeräumt und stattdessen ein großer Stein abgelegt.

4. Für die Menschen, die tot sind und nicht mehr Platz nehmen können an unserem Tisch. Nimm sie auf in dein Reich und gib ihnen einen Ehrenplatz beim ewigen Hochzeitsmahl.

Der schwarze Stuhl wird weggeräumt und stattdessen ein Grablicht angezündet.

Denn du, großer Gott, bist so klein geworden, dass du auf einer Ebene mit uns gelebt hast. Du willst uns auch so groß machen, dass wir in deinem Reich auf gleicher Ebene mit dir sitzen können. Und darum bitten wir auch durch Christus, unseren Herrn. Amen.

30. SONNTAG IM JAHRESKREIS
Mantelsonntag

Einführung

- *mit einer Schachtel Streichhölzer und einer Kerze in Reichweite.*

So etwas verkaufen Kinder in Rio oder Bombay oder anderswo. Ein paar Cent bringt das, und andere können sich ein Feuer machen. *Die Kerze wird angezündet.* Schön warm, so ein Feuer, und Licht hat man auch, man kann auch im Dunkeln sehen.

Um Licht haben, Augenlicht, und menschliche Wärme spüren geht es auch im Evangelium. Da wird mehr bewirkt als nur ein kurzes Aufflackern von Streichhölzern und mehr auch als die Wärme einer Kerzenflamme. Da bekommt der Bettler am Straßenrand mehr als nur ein paar Cent, er erhält mit seinem Augenlicht genug Kapital für sein ganzes weiteres Leben. Jesus gibt uns wieder einmal ein Beispiel, wie wir umgehen könnten mit den Menschen, die so arm sind, dass sie am Straßenrand Streichhölzer verkaufen müssen in Rio, Bombay und anderswo, oder die unter menschlicher Kälte leiden bei uns gleich um die Ecke.

Kyrie

- Herr, du gehst an der Not der Menschen nicht vorbei.
  Herr, erbarme dich.
- Christus, du hörst unser Rufen. Christus, erbarme dich.
- Herr, du schenkst Licht, wo Dunkelheit ist, du schenkst Wärme,
  wo Kälte herrscht. Herr, erbarme dich.

Lesungstexte

- Jer 31,7-9
- *für Kinder:* »Das kleine Mädchen mit den Schwefelhölzern« aus der Märchensammlung von Hans Christian Andersen (versch. Ausgaben)

(»Sie hat sich wärmen wollen!« sagen die Leute, als sie an einem Neujahrsmorgen die Leiche eines kleinen Mädchens finden: erfroren. In der Nacht zuvor hat das Mädchen ihre Zündhölzer angemacht und Licht gesehen, Wärme gespürt, und Mauern waren zurückgewichen. Ein tragisches Märchen, das schildert, wie menschliche Kälte allzu oft ausgeht.)

- Mk 10,46b-52

Predigt

Liebe Gemeinde, verehrte Gäste.

Der verkaufsoffene Sonntag im Herbst bei uns in der Gegend heißt so schön »Mantelsonntag«. An diesem Tag soll Gelegenheit sein, sich einen neuen Mantel für den Winter zuzulegen oder etwas anderes Warmes.

Gut eingehüllt in warme Sachen kann die kalte Jahreszeit kommen. Auf den Straßen wird es spürbar anders werden, wenn der Wind pfeift. Hatte man vorher doch hin und wieder einen Blick für die anderen Spaziergänger, Einkäufer, Heimkommenden und Weggehenden, klappt jetzt jeder seinen Mantelkragen hoch und zieht Hut und Kapuze tiefer und sucht sein Ziel so schnell wie möglich auf. Die Menschen werden einsamer. Rainer Maria

Rilke bringt es auf den Punkt: »Wer jetzt kein Haus hat, baut sich keines mehr. / Wer jetzt allein ist, wird es lange bleiben, / wird wachen, lesen, lange Briefe schreiben / und wird in den Alleen hin und her / unruhig wandern, wenn die Blätter treiben.« (aus: Herbsttag, 1906)
Der Mantel ist auch ein Symbol gegen die Kälte zwischen den Menschen. Man muss sich heute warm anziehen, wenn man sieht, wie kaltschnäuzig wir miteinander manchmal umgehen, sei es in der Wirtschaft oder in den Familien. Da kann man sich oft nur noch selbst schützen. Eine dicke Haut ist auch so etwas wie ein Wintermantel; sie schützt vor dem sozialen Frost.
Mit so einem Mantel sitzt auch damals in Jericho einer am Straßenrand. Er hebt sich ab von den vielen Namenlosen, die Jesus begleiten als Menschenmenge. Der eine am Straßenrand ist der blinde Bettler Bartimäus. Er braucht seinen Mantel dringend, wie wir erfahren. Die Leute, die ganze Menge der Namenlosen, geht schonungslos mit ihm um und ist mit ihm schonungslos umgegangen, vermutlich seit er lebt. Ärgerlich werden sie, wenn er den Mund aufmacht. Wenn er doch auch noch stumm wäre!
Blind haben sie ihn schon gemacht. Irgendwann hat er seinen Mantelkragen hochgeklappt, um nicht mehr mit ansehen zu müssen, welch kalte Augen die Menschen haben. Er ist vielleicht dem Ratschlag gefolgt, den man immer noch hört, wenn jemand Unrecht bemerkt: »Kannst du nicht ein Auge zudrücken? Schau doch einfach weg.« Irgendwann geht vor lauter Zudrücken das Auge nicht mehr auf und einer ist blind – angewiesen auf die Richtung, die die namenlose Menge einschlägt, angewiesen auf die Parolen einer starken Gemeinschaft, angewiesen auf einen Führer, der schon weiß, wo's lang geht. Irgendwann ist man vor lauter Wegschauen so weit, dass man blindlings ins Verderben läuft.
Bartimäus, der blinde Bettler am Stadttor, ist der einzige Bewohner Jerichos, von dem wir hören. Was Jesus und die Jünger sonst in dieser Stadt sagen und tun, ist nicht bekannt. Zwei Sätze widmet der Evangelist Markus der Stadt: Im ersten kommen sie nach Jericho, im nächsten schon verlassen sie es wieder. Vielleicht spüren auch sie ein eisiges Klima. Nicht umsonst lässt Jesus in einem seiner Gleichnisse die beiden Gestalten, die einen ausgeraubten und halbtot geschlagenen Reisenden gleichgültig liegen lassen, nach Jericho hinabgehen (Lk 10,30ff). Da gehören sie hin.
Jericho war immer schon eine eiskalte Stadt. Als die Israeliten einst aus Ägypten ins Land zogen, schickten sie Kundschafter nach Jericho. Man wollte sie töten. Und wieder ist nur ein einziger Name bekannt neben all den namenlosen Bewohnern: Eine Frau mit Namen Rahab schützt die Fremden. Rahab ist eine Nutte. Das ist nicht viel besser als ein blinder Bettler.

Bartimäus und Rahab könnten sich die Hand geben. Rahab aber ist nicht blind. Sie drückt kein Auge zu und schaut nicht weg, als man ihre Gäste herausverlangt. Ihr ist es zu verdanken, dass die Israeliten siebenmal die Stadt umkreisen und siebenmal die Posaunen blasen und dass die Mauern einbrechen. Wenn die Mauern gefallen sind, wenn das Eis gebrochen ist, dann weicht auch die Kälte. Auch Mauern sind wie hochgeklappte Mantelkragen.

Der Verfasser des Hebräerbriefs deutet den Fall der Mauern von Jericho und schreibt: »Aufgrund des Glaubens geschah es, dass die Mauern von Jericho einstürzten.« (Hebr 11,30) Die ganze Geschichte Israels geschieht für den Schreiber aufgrund des Glaubens. Und Glauben heißt für ihn: »Feststehen in dem, was man erhofft, überzeugt sein von Dingen, die man nicht sieht.« (Hebr 11,1) Und wer sieht weniger als ein Blinder? Es ist ein Rest von Überzeugung, dass Bartimäus nach dem Jesus schreit, den er in der Menge vermutet, aber nicht sieht. Auch wenn er blind geworden ist für seine Umwelt, hat er die Suche nach dem Sinn des Lebens nicht aufgegeben. Er hat sich nicht klein kriegen lassen, auch wenn die anonyme Masse ihn zum Schweigen bringen will. Sehen kann er nicht mehr, aber rufen. Und es hebt ihn aus der Masse heraus, dass er als einziger in ganz Jericho mit seinem Namen bekannt ist. Wie damals Rahab, die Nutte.

Was hat dem Bartimäus eigentlich so geholfen, dass er zwar tief gesunken ist und blind wurde und angewiesen war, dass er aber seine Stimme nicht aufgegeben hat und seinen Namen noch weiß? Es ist sein Mantel. Mit ihm hat er sich gegen die Kälte in der Stadt geschützt, in einer Stadt, die die Mauern, die doch einmal eingestürzt waren, wieder hochgezogen hat.

So wird folgender Satz das wichtigste Detail im heutigen Evangelium: »Da warf er den Mantel weg, sprang auf und lief auf Jesus zu.« In Jesu Gegenwart hat zwischenmenschliche Kälte keine Chance. Er lehnt nicht ab, er klappt nicht seinerseits den Mantelkragen hoch und verschwindet – nein, er kümmert sich um diesen einen blinden Mann: »Was soll ich dir tun?« Das reicht bereits. Wer so schnell und zielsicher laufen kann, hat sein Augenlicht längst zurück, er muss es nur noch selber glauben. »Dein Glaube hat dir geholfen.« So stürzt die Mauer der Dunkelheit ein.

Ich hoffe, Sie haben sich am »Mantelsonntag« einen schönen, warmen Wintermantel zugelegt – nicht damit Sie mit hochgeklapptem Kragen zur Kälte im November auch noch die zwischenmenschliche Kälte beitragen können, sondern damit Sie geschützt sind, inmitten einer anonymen Menschenmasse ihren eigenen Namen bewahren und zur rechten Zeit die Stimme erheben können, auf dass allen die Augen aufgehen.

Fürbitten

- *Die Idee: Um hinzusehen, muss man erst den Mantelkragen weglegen.*
- *Im Vorfeld wurden, passend zu den Fürbittenthemen, (Werbe-)Plakate gesammelt: z.B. Caritas, Apothekendekoration, Werbestudios…*
- *Auf vier Staffeleien oder Moderationswänden sind die Plakate aufgezogen, zunächst jeweils von einem Mantel bedeckt.*

Guter Gott. Wir alle sind in der Gefahr, zu oft wegzuschauen und blind zu werden für unser Umfeld. Um einen klaren Blick bitten wir dich:
1. Um einen klaren Blick für Menschen, die unsere Hilfe brauchen, weil sie alt oder krank sind und allein nicht weiter wissen. *Herr, unser Gott:*
Kinder dürfen von der dazugehörigen Staffelei (Moderationswand) den Mantel entfernen und sich zum frei werdenden Bild äußern; ebenso bei den nächsten Fürbitten.
2. Um einen klaren Blick für Gewaltanwendung und Brutalität in unserer nächsten Umgebung, damit wir einschreiten.
3. Um einen klaren Blick für die Notwendigkeiten des Alltags: ein Lächeln, ein aufmunterndes Wort, eine ausgestreckte Hand.
4. Um einen klaren Blick für die Endlichkeit unseres Lebens, damit wir nicht dann alles besser machen wollen, wenn es zu spät ist.

Denn du sprichst für Bartimäus das heilende Wort und auch für uns und für die kommenden Menschen bis in alle Ewigkeit. Amen

31. SONNTAG IM JAHRESKREIS
Aller guten Dinge sind drei

Einführung

»Welches Gebot ist das erste von allen?« Diese Frage, die ein Schriftgelehrter im heutigen Evangelium formuliert, ist eine moderne Frage. Eltern würden sagen: »Du sollst Vater und Mutter ehren.« Geschäftsleute würden sagen: »Du sollst nicht stehlen – jedenfalls nicht in meinem Laden.« Und ein Jurist würde antworten: »Das kommt darauf an.« Scheinbar immer kommt es auf den Standpunkt an. Was mir am nächsten liegt, was gerade am günstigsten ist, muss das erste von allen Geboten sein.
Gibt es so etwas wie das erste und wichtigste Gebot? Eines, bei dem es auf keinen Standpunkt ankommt? Eines, das jeden Standpunkt überhaupt erst

bestimmt und jeden Schritt begleitet? Jesus wird es uns nennen. Denn sein Standpunkt ist in der Welt so sicher wie außerhalb der Welt, er besitzt den größeren Überblick und braucht den kleinlichen Eigennutz nicht, der unsere Gesetzesauslegung so oft beeinflusst.

Kyrie

- Du bist als Richter eingesetzt über die Völker. Herr, erbarme dich.
- Vor dir zittern Könige am Tage deines Zorns. Christus, erbarme dich.
- Recht und Gesetz kommen aus deiner Hand. Herr, erbarme dich.

Lesungstexte

- Dtn 6,2-6
- *für Kinder:* Aus dem Midrasch: »Wie König Salomo einen Platz für den Tempelbau fand«; in: Marc Alain Quaknin, Dory Rotnemer: »Der Rabbi, der seine Geschichten verschenkte«; Lahr (Kaufmann), Stuttgart (Klett) 1997, S. 7 *(König Salomo findet keinen Bauplatz für den Tempel – bis er eines nachts zwei Männer beobachtet, die am Fuße des Berges Moria Weizengarben von einem auf das andere Feld tragen. Er hält sie für Diebe. In der zweiten Nacht aber begegnen sich die Männer, sind erstaunt und fallen sich in die Arme. Der König erfährt: Der eine wollte für den anderen sorgen und von seinem Weizen etwas hergeben. Weil auch der andere so dachte, hatte keiner von beiden am Morgen weniger Weizen. Da, wo jeder an seinen Nächsten denkt und selber nicht leer ausgeht, soll man auch Gott verehren. Hier wird der Tempel gebaut.)*
- Mk 12,28b-34

Predigt

Liebe Gemeinde, verehrte Gäste.
Aller guten Dinge sind drei. Drei ist die Zahl der Vollkommenheit. Einen Verein z.B. kann man nur gründen, wenn es neben einem Vorsitzenden auch einen Kassier und einen Schriftführer gibt. Drei ist auch eine heilige Zahl. Selbst im Himmel gibt es vieles drei Mal. Gott selbst ist sich einig in drei Personen, im Vater, Sohn und Heiligen Geist. Und was dem Verein, der sich Menschheit nennt, für die Zeit bleibt, bis er in der Ewigkeit mit Gott verbunden ist, sind, wie Paulus schreibt, »Glaube, Hoffnung, Liebe, diese drei; doch am größten unter ihnen ist die Liebe.« (1 Kor 13,13)
Ausgerechnet die Liebe ist, wie mir scheint, nicht ganz vollständig. »Darum sollst du den Herrn, deinen Gott, lieben« und »Du sollst deinen Nächsten lieben« – »Kein anderes Gebot ist größer als diese beiden.« Sind aller guten Dinge plötzlich doch nur zwei? Fehlt da nicht etwas?

Das wäre ja fast so, als stünde ein Verein plötzlich ohne Schriftführer da. Da könnte man zwar immer noch prächtige Jubiläen und Fahnenweihen feiern, aber wer wüsste in hundert Jahren noch davon? Da würde einer fehlen! Ohne den Schriftführer bliebe jede Aktion und jede Feier ohne Nachwirkung; ohne den Schriftführer keine Chronik. Und im Himmel wäre es fast so, als gäbe es zwar Gott, den Vater im Himmel, und auch den Sohn, der hier auf Erden unter uns gelebt und uns am Kreuz erlöst hat, nicht aber die Gabe des Heiligen Geistes, der bis heute das Werk der Erlösung lebendig hält und uns mit dem Gott im Himmel verbinden kann. Da würde einer fehlen! Ohne den Geist wäre Jesu Wirken ohne Nachwirkung; ohne den Geist keine Kirche. Auch Paulus ist sich bewusst, dass es Glaube, Hoffnung *und* Liebe sein müssen, die den Menschen erst vollkommen machen: »Hätte (ich) aber die Liebe nicht, wäre ich nichts.« (1 Kor 13,2)

Da haben wir also die Gottesliebe und die Nächstenliebe als die beiden wichtigsten Gebote. Wo aber ist der Schriftführer, der durch die Geschichte der Menschheit aufzeigt, dass es sich auch lohnt, wenn der Mensch beides lebt? Wo ist der Geist, der die Liebe zu Gott und die Liebe zu den Mitmenschen verbindet? Wir kennen sie doch alle, die Leute, die in die Kirche laufen, wann immer dort ein Gottesdienst gehalten wird, und die auf dem Hinweg schon und auf dem Heimweg wieder kein gutes Haar an ihren Nächsten lassen. Es ist so schade, dass Gott lieben für sich allein offenbar auch geht. Es ist genauso schade, dass umgekehrt den Nächsten lieben offenbar auch dann geht, wenn einer überzeugter Atheist ist.

Jeden Tag geschieht zwischen diesen beiden gegensätzlichen Einstellungen eine Wertung. Ich kann auch nicht ganz daran vorbei, dass mir Menschen lieber sind, die mich als ihren Nächsten wertschätzen, auch wenn sie sich mit jedem zweiten Wort gegen Gott versündigen. Das müssen sie eben mit Gott ausmachen, aber ich bin aus dem Schneider. Diese Wertung erhält im heutigen Evangelium eine klare Absage. So wie Jesus es formuliert, gehört beides untrennbar zusammen. An erster Stelle nennt er das Gebot der Gottesliebe, das jedem Juden wohlbekannt ist, weil er den Satz »Höre, Israel, der Herr, unser Gott, ist einzig« jeden Tag betet. Dieser Satz, mit dem das »Sch'-ma Jsroël« beginnt, ist das Glaubensbekenntnis des Judentums. Damit muss denn auch der Schriftgelehrte einverstanden sein, der Jesus die Frage gestellt hat: »Ganz richtig hast du gesagt.« Doch die Nächstenliebe kommt hinzu. Matthäus macht es in seiner Version dieses Jesus-Wortes noch deutlicher: »*Ebenso* wichtig ist das zweite.« (Mt 22,39) Da muss doch etwas sein, das beides verbindet und gleichstellt! Da muss doch einer die Menschheitsgeschichte so geschrieben haben, dass man da nicht auskann, wenn man

richtig leben will! Was ist denn nun der Maßstab, an dem man wirklich messen kann, dass es eben nur so, nur zusammen funktioniert, der Maßstab, dass man feststellen kann: »Ganz richtig hast du gesagt«?
Der Maßstab ist der kategorische Imperativ. Ihn hat Immanuel Kant im Jahre 1788 aufgestellt und er lautet: »Handle so, dass die Maxime deines Handelns jederzeit zugleich als Prinzip einer allgemeinen Gesetzgebung gelten könnte.« (Kritik der praktischen Vernunft) Ein schwieriger Satz, und dennoch wird Kant dafür noch heute viel gerühmt. Er hätte es einfacher haben können, wenn er sich in der Bibel informiert hätte, wenn er z.B. die »Goldene Regel« bei Matthäus zitiert hätte: »Alles, was ihr also von anderen erwartet, das tut auch ihnen. Darin besteht das Gesetz und die Propheten.« (Mt 7,12) Das versteht jeder. Oder, und das wäre noch kürzer und verständlicher gewesen, er hätte das heutige Evangelium genau studiert: »Du sollst deinen Nächsten lieben *wie dich selbst.*« Wie Dich Selbst – drei einfache Worte, und alles ist vollkommen klar.
Man hätte nicht bis 1788 warten müssen, um zu begreifen, dass das Geheimnis der Gottes- und Nächstenliebe in jedem Menschen selbst verborgen liegt. »Wisst ihr nicht, dass ihr Gottes Tempel seid und der Geist Gottes in euch wohnt?« So steht es im selben Brief des Apostels Paulus wie seine Worte von Glaube, Hoffnung und Liebe (1 Kor 3,16). Wenn Gott selbst in uns wohnt, dann lieben wir nicht nur ihn allein, sondern auch uns selbst. Beides ist untrennbar verbunden. Wenn Gott in uns wohnt, dann wohnt er genauso auch in allen anderen Menschen. Dann lieben wir nicht nur Gott und uns, sondern auch den Nächsten. Wenn wir uns selbst nicht ausstehen können, wie können wir Gott eine Wohnung sein, geschweige denn ein Tempel? Wenn wir uns selbst nicht ausstehen können, wie können wir dann unbefangen auf unsere Mitmenschen zugehen? Der Geist Gottes, der in uns wohnt, schafft die Verbindung. Er schreibt die Geschichte des Vereins mit Namen Menschheit.
»Für jetzt bleiben Glaube, Hoffnung, Liebe, diese drei; doch am größten unter ihnen ist die Liebe« – die Liebe zu Gott, zu den Nächsten und zu sich selbst. Aller guten Dinge sind drei. Wie könnte es anders sein?

Fürbitten

- *Die Idee: Unser Herz lassen wir von den drei guten Dingen füllen, von Gottes Gegenwart, vom Gedanken an die Mitmenschen und von der Selbstachtung.*
- *Eine große Schachtel in Herz-Form; Dreieck mit Auge, kleineres Holzkreuz od. Christuszeichen (als »Gotteszeichen«); Gliederpuppe aus Holz, eine andere schöne Puppe od. Marionette (»Mitmensch«); Handspiegel (»Ich selbst«)*

Guter Gott. Auf unserer Erde haben wir mit vielen Unvollkommenheiten zu leben. Davon wird auch unser Herz manchmal leer. Du allein kannst alles ganz machen, du kannst unser Herz erfüllen. Wir bitten dich:

1. »Du sollst den Herrn, deinen Gott, lieben mit ganzem Herzen und ganzer Seele, mit all deinen Gedanken und all deiner Kraft.« Wie wenig Kraft haben wir oft, wie wenig Glauben an dich, unseren Gott! Bleib uns dennoch nahe und wohne in unserem Herzen, damit wir dich spüren. *Herr, unser Gott: Kinder bringen das Gotteszeichen und legen es in das Herz.*

2. »Du sollst deinen Nächsten lieben.« Wie wenig liegt uns oft an unseren Mitmenschen, wie gehen wir oft miteinander um! Gib uns immer wieder Gelegenheit, Menschen, denen wir begegnen, ins Herz zu schließen.
Kinder bringen die Holzpuppe und legen sie in das Herz.

3. »Wie dich selbst.« Auch mit uns selbst haben wir oft Probleme, wie wenig sind wir oft von uns selbst überzeugt! Gib uns den Mut, uns selbst anzunehmen, wie wir sind, weil du uns doch auch annimmst und in unserem Herzen wohnst.
Kinder bringen den Spiegel und legen ihn in das Herz.

Denn du hast uns als dein Abbild erschaffen und uns auch in dein Herz geschlossen. Dafür danken wir dir jetzt und in alle Ewigkeit. Amen.

32. SONNTAG IM JAHRESKREIS
Fingerabdrücke im Opferkasten

Einführung

- *mit einer Geldmünze in der Hand:*

So klingt Geld. *Die Münze wird auf den Boden geworfen.* Und Sie sind ganz aufmerksam. Ob Kleingeld oder Großgeld – jede Münze klingt nach einem gewissen Wert. »Wer den Pfennig nicht ehrt, ist der Mark nicht wert«, sagte man vor der Währungsreform und wohl auch jetzt noch, weil es sich mit Cent und Euro nur halb so gut anhört. Dennoch gleichgültig. Cent und Euro, Pfennig und Mark, Drachme und Schekel – der Klang des Geldes macht die Menschen seit jeher hellhörig.
So auch Jesus und seine Jünger am Opferkasten des Tempels. Eine alte Frau wirft zwei kleine Münzen ein. Hört Jesus aber auf das Geld? Hat er es nötig, auf dessen Wert zu achten und daraus zu schließen, wie viel Wert dem Men-

schen das Opfer damit war? Wenig Geld ist wenig Wertschätzung? Lassen wir uns überraschen. Auch wenig kann sehr viel sein, auch eine kleine Münze hat ihren Wert. *Die Münze wird vom Boden aufgehoben und verschenkt.*
Rufen wir Christus an, der uns selber überprüft, unsere Einstellung zu Geld und Wert, unsere wahre Wertschätzung der Mitmenschen:

Kyrie

- Du kennst uns Menschen, unsere Stärken und Schwächen.
  Herr, erbarme dich.
- Du liebst die Menschen ohne Unterschied. Christus, erbarme dich.
- Du erkennst unseren wahren, unschätzbaren Wert. Herr, erbarme dich.

Lesungstexte

- 1 Kön 17,10-16
- *für Kinder:* »Hast du mir was mitgebracht?« von Gudrun Mebs; in: Arbeitsgruppe Kinderkatechismus (Hg.): Vorlesebuch »Erzähl mir vom Glauben«; Lahr (Kaufmann), Gütersloh (Gütersloher Verlagshaus) 2002, S. 24 *(Tante Bärbel kommt zu Besuch. Ulli erwartet selbstverständlich, dass sie ihm etwas mitbringt. Aber ihre Tasche ist leer. Trotzdem bekommt Ulli von ihr etwas, worüber er sich freut. Nichts Materielles, kein Geld, sondern Zeit. Der Mensch ist das, was zählt.)*
- Mk 12,38-44

Predigt

Liebe Gemeinde, verehrte Gäste.
In der Tempelanlage des alten Jerusalem gab es große Schatzkammern. Nicht nur die Geschenke mächtiger Fürsten und reicher Bürger aus dem In- und Ausland wurden hier verwahrt, sondern auch die Gelder aus dem Opferkasten. Schon immer war es so, dass das eigene Seelenheil wenigstens zu einem Teil erkauft werden konnte. Für manche war es immer schon die einfachste Lösung. Dass das Seelenheil eine Währung für sich ist, zeigt schon die Tatsache, dass der Tempelbezirk von Jerusalem seine eigenen Münzen prägen durfte. Nur diese Münzen durften in den Opferkasten geworfen werden. Für alle anderen unreinen, heidnischen, weltlichen Zahlungsmittel gab es Geldwechsler.
Abend für Abend hatten im Tempel die Schatzmeister damit zu tun, den Opferkasten auszuleeren, seinen Inhalt zu zählen, das meiste davon wieder den Wechslern rückzuverkaufen und manches in festen Truhen wegzuschließen. Die Münzen des Tempelbezirks waren in ständigem Kreislauf. Und der Reichtum wuchs stetig.

Abend für Abend sitzen sie also an großen Tischen und sortieren die Münzen, die die Menschen am Tage eingezahlt haben. Der Tempelbezirk ist längst verlassen. Man braucht ja auch seine Ruhe, wenn es um die Finanzen geht. Das ist die Arbeit des Abends: die Münzen, die ganz durcheinander gekommen sind, wieder schön zu ordnen und wieder zu polieren, was schmutzig geworden ist durch die vielen Hände. Hinterher sind es kleine Türmchen und ein fester Betrag, in denen das einzelne Geldstück verschwunden ist. Kein Mensch redet mehr von denen, die es eingeworfen haben, denn morgen wird es bereits von einem anderen eingeworfen werden. Nur die Kasse muss stimmen.
So vieles bekommen sie nicht mit, die Herren vom Tempel, wenn sie sich nur mit ihrer Kasse beschäftigen. Sie wissen gar nicht, was es den Menschen heute bedeutet hat, diese Münzen zu wechseln und in den Opferkasten zu geben. Jede Münze hat heute einen ganz bestimmten Fingerabdruck erhalten. Die Fingerabdrücke könnten Geschichten erzählen, wenn man sie nicht übersehen und wegpolieren würde.
Der Abdruck, der auf besonders vielen und großen Münzen zu sehen ist, gehört den Schriftgelehrten. Er ist groß, denn die Finger sind schon fett geworden von den vielen und üppigen Mahlzeiten auf Kosten anderer Leute. Er trägt noch die Spuren von Gewürzen und auch vom Goldsaum am langen Gewand. Vielleicht ist auch das Haar einer schönen Frau noch hängen geblieben. Sichtbar ist auch der leichte Griff des Gleichgültigen, dem es nichts ausmacht, eine Menge Geld in den Kasten zu werfen. Er hat es nur noch ein wenig aufblitzen lassen vorher, damit auch alle es sehen. Er war sich dessen bewusst, dass er dieses Geldstück hunderte Male bereits in die Hand bekommen hatte und auch morgen wieder, blitzblank poliert, in die Hand bekommen würde. Der Beitrag, den er zu leisten hatte an die Wechsler, war doch gering im Verhältnis zur Bedeutung dieses Augenblicks. Ein Geldstück, das jedes Mal stolz aufblitzt, als wäre es immer ein anderes und neues, das macht einen Menschen wirklich scheinheilig.
Vielen anderen Münzen, besonders auf den kleinen, sind die Fingerabdrücke alter Frauen eingeprägt; so viele von ihnen haben darauf ihre Spuren hinterlassen, dass kein Polieren mehr hilft. Da ist kein Glanz mehr – auf dem Geld so wenig wie in den Augen der Frauen. Es ist ein glanzloses, kleines Leben, das sie führen. Ihre Tage sind abgegriffen, weil so viele sie gebraucht und manchmal benutzt haben. Und es ist wirklich nicht nur *eine* Frau: Arme Witwen gibt es viele. Mit ihren unsicheren, zittrigen Händen nehmen sie sich immer die kleinen Geldstücke für den Opferkasten, immer, auch dann, wenn sie um das tägliche Brot fürchten müssen. Dass diese Münzen besonders abgegriffen sind, ist ein Zeichen dafür, dass sie die Hoffnung nicht aufge-

geben haben. Das ganze Leben lang haben sie gezahlt, aber es ist ja nicht irgendeine Währung, sondern fürs eigene Heil.
Wie viele von den alten Frauen und armen Witwen heißen wohl Hanna? Wie viele dürfen ihr Heil tatsächlich in den Händen halten – so wie damals die alte Prophetin, die im Tempel den kleinen Jesus tragen durfte. So wie sie warten viele. Und nicht ganz umsonst.
Jesus ist erwachsen geworden. Er sitzt im Tempel dem Opferkasten gegenüber. Und was die Schatzmeister am Abend nicht wissen können und nicht wissen wollen, das erfährt Jesus schon am Morgen. Er braucht nicht einmal die Fingerabdrücke, er sieht ja, wie sie entstehen. Er ist den Geschichten der Menschen, den Scheinheiligkeiten und dem Stolz, den Armseligkeiten und der Hoffnung, ganz nahe. Er beobachtet die Gelehrten bei ihrem Tun, aber nicht nur sie, die immer im Rampenlicht stehen. Er sieht auch die alte Frau, die sie alle übersehen hätten, wenn er nicht auf sie hingewiesen hätte. »Euer Lohn im Himmel wird groß sein.« (Mt 5,12) Das gilt besonders für sie. Dem Herrn, der diesen Lohn zu vergeben hat, ist sie nicht entgangen.
Ich glaube, dass Jesus aber auch wütend geworden ist bei diesem Anblick. Die arme Witwe hätte es verdient, dass ihr zum Recht verholfen würde. Seine Botschaft auf ihre Hoffnung war ihm wohl selbst manchmal zu wenig. Seine Wut entlädt sich auch einmal, als er die Tische der Geldwechsler umstößt und die Händler hinauswirft aus dem Tempel (Joh 2,13-25). Aber Jesus ist kein Gesellschaftsrevolutionär, sondern nur ein Menschenrevolutionär. Was er die große Menschenmenge über die Schriftgelehrten lehrt, seine Jünger über die arme Witwe und uns über beide ist dies: Habt einen Blick für die Menschen. Lasst euch nicht blenden von einem funkelnden Goldstück und nicht täuschen von einem matten Pfennig. Hinter jedem Tun steht ein Mensch mit seiner Geschichte. Um sie geht es.
Und jeder von uns kann beginnen, diesen Blick zu schärfen, wenn er nur in seine eigene Geldbörse sieht. Jede Münze trägt einen Fingerabdruck.

Fürbitten

- *Die Idee: Wenn man das Geld umdreht, kommt man darauf, was wichtiger ist.*
- *6 verschiedene Lehr-Geldstücke aus einer Lehrmittelsammlung, jeweils auf ein buntes A 4 Papier geheftet und an einer Stellwand aufgehängt; auf der Rückseite der Papierbogen ist je ein Buchstabe aufgedruckt, was zusammen das »Lösungswort« ergibt: Mensch.*

Guter Gott. Du achtest nicht darauf, was einer hat, sondern nur darauf, was einer ist. Das könnte auch für uns selbstverständlich sein. Wir bitten dich:

1. Viele Menschen müssen ihr Geld zweimal umdrehen, bevor sie es ausgeben. Sie sind arm. Und sie leiden darunter, dass reichere Menschen sie deshalb nicht wichtig nehmen. Für sie bitten wir: Gib ihnen genug Selbstvertrauen und lass uns unsere Vorurteile abbauen. *Herr, unser Gott:*
Kinder dürfen zwei beliebige Münzen samt Papierbogen umdrehen. (Ebenso bei den nächsten Bitten. Am Ende werden die Buchstaben geordnet.)
2. Viele Menschen leben einfach so dahin und schauen sich nicht nach den anderen um. Vieles ist ihnen wertlos. Für sie bitten wir: Mach sie aufmerksam auf die anderen, dass sie sich lieber zweimal umdrehen, bevor sie einen anderen verletzen.
3. Alles im Leben hat zwei Seiten. Lass uns das Leben immer von beiden Seiten betrachten, nur dann haben wir es ganz im Blick.

Du nimmst unser ganzes Leben an, jeden Menschen, wie er ist, und hältst uns deinen Lohn bereit in der Ewigkeit. Amen.

33. SONNTAG IM JAHRESKREIS
Countdown

Einführung
Das Ende steht vor der Tür. Bald, schon nächste Woche, endet das Kirchenjahr. Für uns kein Grund zur Besorgnis: Wir wisse ja, dass auch wieder ein nächstes folgt. Die Nikoläuse stehen schon lang in den Regalen und warten auf das neue Kirchenjahr, das mit dem Advent seinen Anfang nimmt.
Was wäre, wenn es anders käme? Das heutige Evangelium zwingt uns, diese Frage zu stellen, diese unbequeme, beängstigende Frage nach dem Ende. »Dass das Ende vor der Tür steht«, sagt Jesus seinen Jüngern. Und er gibt ihnen die Zeichen bekannt, an denen dies zu erkennen sein wird. Es sieht ganz so aus, als sei der Countdown schon angezählt…

Kyrie
- Du, Herr, lehrst uns, unsere Tage zu zählen. Herr, erbarme dich.
- Du, Christus, wirst wiederkommen in Herrlichkeit.
  Christus, erbarme dich.
- Du, Herr, willst das Leben der Menschen, nicht den Tod.
  Herr, erbarme dich.

Lesungstexte

- Dan 12,1-3
- *für Kinder:* »Undicht – drei Tage noch« von Volker Friebel; in: Ders.: »Schlüssel in kleine Hände. Phantasiereisen, Geschichten und Vorstellungsübungen«; Freiburg (Herder) 1997, S. 70

(Das Dach im Haus des Kobolds ist leck, und keiner weiß Rat, nichts hilft. Da schreibt der Kobold sich selbst einen Countdown: »Noch drei Tage« steht auf dem Zettel, der erinnert ihn daran, dass er nicht mehr aus kann. Nach drei Tagen ist es so weit. Er repariert sein Dach selbst; es hält. Eine Frist zu haben ist manchmal eben sehr wichtig.)

- Mk 13,24-32

Predigt

Liebe Gemeinde, verehrte Gäste.

Das Ende steht vor der Tür. Die Zeugen Jehovas haben es schon viele Male vorausberechnet, aber sie haben sich jedes Mal geirrt. Das letzte Ultimatum ist 1997 verstrichen. Ohne Folgen.

Botschaften vom Weltuntergang sind so aufregend, als würde irgendwo eine Bombe ticken, deren Explosion gewaltiger sein würde, als man es sich je hätte vorstellen können. Bisher war es eine Spezialität von James Bond, in letzter Sekunde das Ticken zu stoppen und die Bombe zu entschärfen. Seit Jahrzehnten ist er der Retter der Welt, zweidimensional auf der Kinoleinwand. 007 wird für das Ende der Welt, wie die Bibel es voraussagt, keine Glückszahl sein. Denn die Bombe, die wir suchen, ist nicht greifbar.

Das Ende steht vor der Tür. »Diese Generation wird nicht vergehen, bis das alles eintrifft.« Die Bibel richtet sich ja an uns moderne Menschen. Heute ist es so weit. Der Vater im Himmel, der allein die Stunde kennt, hat den Countdown angezählt. *(Auf der Liedanzeige wird die 10 eingeblendet.)* Sie schlagen Ihr Gotteslob auf? Sie tun das, weil Sie die Nummer eingeblendet sehen? Das ist reine Gewohnheit? Vielleicht ist es gerade mehr als reine Gewohnheit. Vielleicht haben Sie Recht. Vielleicht sollte ich es auch aufschlagen. Wir sollten jedem Hinweis nachgehen. Vielleicht erfahren wir dort mehr über den Countdown, der angelaufen ist.

»In Krankheit«, so lautet die Überschrift, die wir finden. Mit Krankheit fängt das Ende an. Die Diagnose unserer Gesellschaft verheißt nichts Gutes. So viel Ausgrenzung und Hass, dass einem die Lust vergehen könnte, ein Mensch zu sein. So viele, die sich selbst nicht leiden können. So weit ist es schon, dass die Menschen an sich selbst am meisten leiden. Sind wir eine Krankheit? Und damit ist noch kein Wort über die regelmäßigen Klimakonferenzen

gefallen. Was ist das für ein Signal, dass es solche Konferenzen überhaupt braucht! Die ganze Erde muss vor uns geschützt werden Sind wir nicht nur eine Krankheit, sondern sogar globale Krankheitserreger?
(Liedanzeige: 9)
»In Not und Dunkelheit.« Vor zweihundert Jahren schon war in der berühmten Sammlung »Des Knaben Wunderhorn« (hg. v. Brentano/Arnim) zu lesen: »Der Mensch liegt in größter Not! Der Mensch liegt in größter Pein! Je lieber möcht ich im Himmel sein!« Schon so lange geht das. Die Not der Gegenwart und das Dunkel um die Zukunft sind schon lange unsere Begleiter. Der Countdown läuft nicht erst seit einigen Minuten, das Ende der Welt ist lange schon angezählt. »Denn tausend Jahre sind für dich (Gott) wie der Tag, der gestern vergangen ist« (Ps 90,4). Und so bemüht sich jeder Tag aufs Neue, uns die Tatsache des nahen Endes gegenwärtig zu machen, damit wir sie begreifen. Die Zeichen der Zeit haben wir wohl immer noch nicht begriffen. Die Sonne hat sich verfinstert und der Mond scheint nicht mehr.
(Liedanzeige: 8)
»Bitte um Vertrauen.« Dunkel ist es, weil wir das Vertrauen verloren haben. Man braucht nicht um Vertrauen bitten, wenn man es noch hat. Vertrauen ist gut, Kontrolle ist besser. Alles ist besser als Vertrauen. Die vielen schlechten Erfahrungen – wir sind misstrauische Menschen geworden und keine vertrauensvollen. Sind wir wenigstens vertrauenswürdige Menschen geblieben? Dann hätte die Bitte um Vertrauen auch Erfolg.
(Liedanzeige: 7)
»Umkehr und Buße.« Nichts ist zufällig. Wieder kommt ein Mosaikstein hinzu auf der Suche nach den Gründen für das nahe Ende. Aus Krankheit und Dunkelheit, aus Not und Vertrauensverlust sollen wir umkehren. Kann man aber damit etwas verhindern? Wenn der Weg zum Ende schon bereitet ist, wenn das unser Schicksal, unsere Bestimmung ist, kann man dann etwas ändern? Wie wäre es, wenn wir gar nicht umkehren auf dem *Weg*, sondern nur in unseren *Einstellungen* zu diesem Weg? Wenn wir in Gott wieder mehr Vertrauen hätten, dann könnte für uns auch das Wort des Propheten Jesaja wahr werden: »Bei Tag wird nicht mehr die Sonne dein Licht sein, und um die Nacht zu erhellen, scheint dir nicht mehr der Mond, sondern der Herr ist dein ewiges Licht, dein Gott dein strahlender Glanz.« (Jes 60,19) »Es wird keine Nacht mehr geben und wir (eigtl. sie) brauchen weder das Licht einer Lampe noch das Licht der Sonne.« (Offb 22,5) Sie kann sich beruhigt verfinstern.
Auch unsere Einstellung zu uns selbst kann sich umkehren. Wer die Men-

schen nur als Krankheit und als Krankheitserreger sieht, wird kein Vertrauen entwickeln. Er wird sie niemals als Wegbegleiter entdecken auf dem einen Weg, den Gott uns gewiesen hat.

(Liedanzeige: 6)

(»Gebete zu Jesus Christus«) Kehren wir auch um in unserer Einstellung zum Ende selbst, das uns erwartet, und fluchen wir nicht auf Jesus Christus, weil er es uns ankündigt, sondern beten wir zu ihm. Lernen wir etwas dazu. Lernen wir doch selbst aus dem Vergleich mit dem Feigenbaum. Jesus sagt nicht: Wenn er seine Blätter abwirft, wisst ihr, dass der Winter naht und mit ihm der Tod. Er spricht davon, dass der Baum saftig wird und grün und dass der Sommer nahe ist. Das Ende ist der Sommer, nicht der Winter. »Ich bin gekommen, damit sie das Leben haben« (Joh 10,10), sagt Christus, nicht den Tod.

Das verdient unser Vertrauen. Wir haben es zurückbekommen.

(Liedanzeige: 5)

Schreckt uns der Countdown noch? Genau die Hälfte ist verstrichen. Und sehen wir selbst nach, was uns bleibt auf dem Weg zu Gott: Hingabe,

(Liedanzeige: 4)

Glaube, Hoffnung, Liebe,

(Liedanzeige: 3)

Anbetung, Lob und Dank.

Wenn es uns gelingt, unser Leben in dieser positiven Grundstimmung zu leben, wird der Countdown niemals einen Untergang einleiten. Immer hat es genug Menschen gegeben, die gern gelebt haben. Deshalb ist niemals eine Weltuntergangsprophezeiung eingetroffen. Sein Ende erlebt jeder zu seiner Zeit, und die Stunde kennt »nicht einmal der Sohn, sondern nur der Vater«. Das war immer schon so, seit es Menschen gibt. Keine Generation ist vergangen, bevor das alles eintraf. Durch die Dunkelheit musste jeder gehen, um neues Vertrauen zu gewinnen. Das war vor tausend Jahren nicht anders als an dem Tag, der gestern vergangen ist. Countdown ist immer.

Der Apostel Petrus schreibt: »Beim Herrn (ist) ein Tag wie tausend Jahre und tausend Jahre sind wie ein Tag. Der Herr zögert nicht mit der Erfüllung der Verheißung...; er ist nur geduldig mit euch, weil er nicht will, dass jemand zugrunde geht.« (2 Petr 3,8-9) Das Ende steht vor der Tür, der Sommer ist nahe.

(Liedanzeige: 2, dann 1, dann 0 und dann aus)

Fürbitten

- *Die Idee: Für alles gibt es eine Zeit; wir sollten auf sie achten, damit wir gut ans Ziel des Lebens gelangen.*
- *größere Stoppuhr (einen Sportlehrer fragen!), Wecker mit echtem Läutwerk, Sanduhr; die drei Uhren sind in Tücher verpackt.*

Guter Gott. Zu oft denken wir nur an das Ende und das Ziel – und vergessen dabei den Weg zum Ende und zum Ziel. Wir wollen dich bitten:

Kinder packen die Sanduhr aus und werden zum Thema Zeit geführt; dann:

1. Die Zeit vergeht uns manchmal viel zu langsam, bis etwas fertig ist oder bis wir etwas erreicht haben. Zu oft aber gelangen wir nicht zum Ziel unserer Wünsche, sonder erleben ein böses Ende, weil wir so ungeduldig waren. Hilf uns allen, von den Körnern der Sanduhr zu lernen, damit wir die Wege gut wählen und unsere Zeit sinnvoll nutzen.

Die Sanduhr wird umgedreht.

Kinder packen die Stoppuhr aus – Thema Sport; dann:

2. Für Sportler sind Goldmedaille und Weltrekord das Ziel, zu oft sind sie aber am Ende statt am Ziel, wenn sie der Dopingtest überrascht. Der Weg nach oben ist falsch gelaufen. Hilf uns allen, wie faire Sportler zu leben und auf die Kraft zu vertrauen, die du uns geschenkt hast, damit wir ans Ziel gelangen und nicht vom Ende überrascht werden.

Die Stoppuhr wird aktiviert.

Kinder packen den Wecker aus – Thema Aufstehen; dann:

3. Am Morgen setzen wir uns gern Ziele für den ganzen Tag, zu oft sind wir aber am Ende mit den Nerven oder mit der Kraft, bevor das Ziel erreicht ist. Der Weg zum Erfolg ist falsch gelaufen. Hilf uns allen, dass wir uns nicht übernehmen auf unserem Weg.

Der Wecker wird aufgezogen (die Weckzeit sollte eingestellt sein entweder auf einige Sekunden nach Start oder auf das ungefähre Ende der Messfeier, soweit das abzuschätzen ist).

Denn du willst nicht, dass uns das Ende wie ein Dieb überrascht, sondern dass wir an das Ziel gelangen, das du uns verheißen hast – dein ewiges Vaterhaus. Darum bitten wir durch Christus, unseren Wegbegleiter. Amen.

Die Königswürde erlangen

Einführung

Mit Firmlingen habe ich vor einiger Zeit etwas ausprobiert: Ein Mitglied unserer kleinen Gruppe bekam für exakt fünf Minuten »die Macht« – er (bzw. sie) konnte die anderen Gruppenmitglieder und mich als Leitung tun lassen, was immer ihm (ihr) einfiel. Einzige Vorgabe: Es sollte etwas herauskommen, etwas entstanden sein oder sich verändert haben. Nach Ablauf der fünf Minuten haben wir ausgewertet. Was meinst du, was könnte in diesen fünf Minuten alles geschehen sein? *(ein kurzes Gespräch mit den Kindern)*
Das Ergebnis war, auch noch nach dem dritten Versuch – wo doch schon zwei Auswertungen gemacht waren – ganz ähnlich: Die »Könige« wussten zunächst nicht so recht, was sie mit ihrer Macht anfangen sollten. Sie gaben schließlich fast nur solche Befehle, die andere durch sinnlose Tätigkeiten bloßstellten (z.B. im Kreis herumlaufen lassen), und solche, die ihrem eigenen Nutzen dienten (z.B. ließen sie sich eine Flasche Limo holen).
Es kam bei unseren Versuchen nichts heraus – unsere »Könige« waren nutzlose Machthaber. Keiner wollte Könige haben, aber alle wollten welche sein. Diesen Zwiespalt der »Macht« sollten die Firmlinge spüren.
Heute, am Christkönigsfest, stehen wir einem anderen Machthaber gegenüber. Kein König für fünf Minuten, sondern ein König der Ewigkeit. Trauen wir ihm zu, dass er sein Königtum zum Nutzen der Menschen ausübt? Was ist das überhaupt – das Königtum Jesu Christi?

Kyrie

- Du hast den Thron deines Vaters verlassen, um unter uns Menschen zu leben. Herr, erbarme dich.
- Du hast dich nicht über andere erhoben, du warst der Diener aller Menschen. Christus, erbarme dich.
- Dir hat Gott, der Vater, alle Macht im Himmel und auf der Erde gegeben. Herr, erbarme dich.

Lesungstexte

- Dan 7,2a.13b-14
- *für Kinder:* »Du groß, und ich klein« von Grégoire Solotareff; Frankfurt a.M. (Moritz) 1996 *(Der heimatlose kleine Elefant findet Unterschlupf beim Löwen, dem König der Tiere. Der übt immer stärker seine Macht aus, und meint es nicht mal*

böse. Als der Elefant ihm zu groß wird und er sich nicht mehr wie der König vorkommt, schickt er ihn fort. Jahre später wendet sich das Blatt...).

- Joh 18,33b-37

Predigt

Liebe Gemeinde, verehrte Gäste!

»Dieser König, der so vieles falsch gemacht hatte und selbst eine Hauptursache für das totale Scheitern der Monarchie war, bewies vor dem Tod wie in früheren dramatischen Situationen Mut und Charakter.«[2] So steht es in einem bedeutenden modernen Geschichtswerk. Jesus steht vor Pilatus und bietet ihm mit seinen knappen Antworten die Stirn. Mut und Charakter eines Helden, der nichts mehr zu verlieren hat. Pilatus stürzt den Monarchen des jüdischen Volkes, denn als solchen hat man ihm Jesus ausgeliefert. Jesus steht vor ihm als Hauptursache seines eigenen Scheiterns, falsch gemacht hatte er besonders eines: Er hat es nicht anders gewollt.

Fortwährend belehrt er seine Jünger, »der Menschensohn müsse vieles erleiden; er werde getötet.« Als Petrus ihn beiseite nimmt und ihm deswegen Vorwürfe macht, erwidert Jesus grob: »Weg mit dir, Satan, geh mir aus den Augen. Denn du hast nicht das im Sinn, was Gott will, sondern was die Menschen wollen.« (Mk 8,31-33) Diesen Menschen entzieht Jesus sich eines Tages am Ufer des Sees von Tiberias, denn er musste erkennen – so berichtet Johannes –, »dass sie kommen würden, um ihn in ihre Gewalt zu bringen und zum König zu machen.« (Joh 6,15) Geschehen ist es doch. Auf die bohrende Frage des Pilatus scheint Jesus sich in sein Schicksal zu ergeben: »Du sagst es, ich bin ein König.« Hat Jesus dem Willen der Menschen schließlich doch nachgegeben? Steht heute, am Christkönigsfest, vor uns ein Monarch wider Willen, ein noch dazu gescheiterter Monarch?

Es ist an der Zeit, ein Missverständnis auszuräumen: Das moderne Geschichtswerk, mit dem diese Predigt begann, sagt uns nichts über Jesus. Es beurteilt das Verhalten einer tragischen Persönlichkeit der Neuzeit. Der gescheiterte König, mit dem eine ganze Monarchie endet, und der doch Mut und Charakter beweist, ist Ludwig XVI., König von Frankreich, der als Louis Capet im Jahre 1793 das Schafott der Französischen Revolution bestieg. Ludwig XVI. und Christus? Passt das zusammen? Der zeitgenössische deutsche Maler Johann Gerhard Huck meinte das – und gestaltete die Szene der Hinrichtung als Andachtsbild: Ludwig XVI. als Christus, von Pilatus der Menge vorgeführt.

So abwegig es uns erscheinen mag – können wir nicht etwas daraus lernen? Auf der einen Seite ein König, der am Ende nicht nur abgesetzt, sondern auch

aller Ehren beraubt ist und als einfacher Bürger stirbt. Auf der anderen Seite der einfache Mensch Jesus, der den Königsmachern entkommen will und am Ende doch noch König ist. Aber was für ein König! Wenn wir im Originaltext der Bibel nachschlagen, ist es keineswegs so, dass Jesus den Erwartungen der Menschen, der Juden, des Pilatus nachgibt. Wörtlich übersetzt heißt es nämlich nicht: »Du sagst es, ich bin ein König«, sondern: »*Du* sagst, dass ich ein König bin.« (Übs.: Rudolf Pesch) Die Frage des Pilatus ist nicht mehr als eine Unterstellung.
Von seinem Königtum hat Jesus eine entschieden andere Vorstellung als Pilatus. »Mein Königtum ist nicht von dieser Welt«, sagt er. Was es wirklich auf sich hat mit diesem seinem Königtum, hat Jesus in vielen Gleichnissen längst selbst erklärt. Das deutlichste Gleichnis ist eines, das wir bei Lukas finden: das von einem Mann vornehmer Herkunft, der auszog, »um die Königswürde zu erlangen und dann zurückzukehren.« (Lk 19,12ff) Die Einwohner seines Landes wollten dies verhindern, weil sie ihn hassten, es gelang ihnen jedoch nicht. Der Mann kehrt als König zurück, bestraft die Bösen und belohnt die Guten.
Das Königtum Jesu bedeutet Gerechtigkeit. Die Krone wird Jesus erst verliehen. Und die Wiederkunft des zum König Erhobenen stellt uns Jesus selbst vor, wenn er bei Matthäus (s. Mt 25,31ff) von dem König erzählt, der am Ende der Zeiten zu Gericht sitzt über die Völker, und die Bösen von den Guten scheidet: »Und sie werden weggehen und die ewige Strafe erhalten, die Gerechten aber das ewige Leben.« (Mt 25,46) Das ewige Leben ist die Krone dieses Königs, er muss sie sich erst verdienen, indem er selbst in den Tod geht und aufersteht. Das hat er seinen Jüngern nie verschwiegen. Als Petrus ihm Vorwürfe macht, hatte er mehr gesagt als nur, »der Menschensohn werde getötet«. Er hatte auch gesagt: »Aber nach drei Tagen werde er auferstehen.« (Mk 8,31 s.o.) Der Mann aus vornehmer Herkunft, um mit Jesu Gleichnis zu sprechen, holt sich die Königswürde gegen alle Widerstände. Er kommt zurück, um Gerechtigkeit zu bringen und denen, die sie verdient haben, die Krone des ewigen Lebens.
In der Zwischenzeit hat der vornehme Mann den Dienern sein Geld anvertraut. Sie sollten damit wirtschaften, bis er wiederkäme. Was Jesus zurücklässt, wenn er von Pilatus weg und in den Tod geht, um die Königswürde zu erwerben, ist sein Gedankengut. Er hat den Menschen seine Gerechtigkeit und den Willen zum Leben mitgegeben. Solange noch Ungerechtigkeit herrscht, solange unter den Menschen noch Tod gewünscht und gebracht wird, ist das Königtum noch nicht von dieser Welt. Wenn Menschen meinen, Königtum bedeute Macht und Reichtum, werden sie das Ende Ludwigs XVI.

teilen und als arme Bürger entlarvt werden, und man wird sagen: »Du bist ein schlechter Diener.« Wenn wir aber das Gedankengut Jesu bewahren und damit wirtschaften, so dass in unserem Umfeld ein wenig mehr Gerechtigkeit geschieht und das Leben Freude macht, werden wir am Ende keine armen Bürger bleiben, sondern wie die Diener im Gleichnis über die Städte herrschen. Die Krone dieses Königtums ist uns schon übergeben, es gilt, was die Offenbarung des Johannes uns rät: »Siehe, ich komme bald; halte, was du hast, dass niemand deine Krone nehme!« (Offb 3,11; Übs. Luther).

Fürbitten

- *Die Idee: Wahre Macht hat, wer gerecht sein kann und das Leben achtet. Kronen, die uns daran erinnern, wollen wir uns machen.*
- *Für jedes Kind: ca. 30 cm Zackenband aus gelbem Papier (mit eingeschnittenen Enden, so dass sich eine Krone ergibt, wenn man die Enden ineinander steckt); Farbstifte*
- *Eine fertige Krone ist als Muster vorbereitet (darauf sind auch Waage und Sonne zu sehen; s.u.).*

Guter Gott. So viele Menschen wollen Macht haben und übersehen doch, dass die Menschen von Gerechtigkeit mehr Nutzen hätten. Wir bitten dich:

1. Für alle, die sich gern eine Krone aufsetzen, denen Macht angeboten und überlassen wird. Das sind Erwachsene genauso wie Kinder, die in Schulklassen oder Gruppen Macht ausüben wollen. Hilf ihnen, für ihr Tun Verantwortung zu sehen und zu übernehmen. *Herr, unser Gott:*

Die Kinder erhalten das Zackenband.

2. Für alle, die unter der Macht anderer leiden. Das sind Erwachsene genauso wie Kinder, die von anderen Kindern oder von Erwachsenen unterdrückt werden. Hilf ihnen, Mut und Kraft zu finden, dass Gerechtigkeit geschieht.

Die Kinder schreiben »Gerechtigkeit« auf jede zweite Zacke (wer noch nicht schreiben kann, bekommt Hilfe oder darf eine Waage zeichnen).

3. Für alle, die mit dem Leben und der bestehenden Ordnung nicht zurechtkommen. Das sind Erwachsene genauso wie Kinder, die entmutigt werden durch den Satz: »Das ist nun mal so.« Hilf ihnen, dafür einzutreten, dass das Leben sinnvoll wird und Freude macht.

Auf die restlichen Zacken schreiben die Kinder »Leben« (oder zeichnen eine Sonne). Anschließend stecken sie ihre Krone zusammen.

Du gibst uns die Kraft, du willst, dass wir leben, du lädst uns ein in dein Reich durch Christus, unseren König. Amen.